JN046471

カピッツァの手紙

〈編・訳〉
斯波弘行

ふくろう出版

はじめに

　本書で取り上げるピョートル・レオニードヴィチ・カピッツァ（1894-1984）はロシアの実験物理学者である。理論物理学者レフ・ダヴィドヴィチ・ランダウ（1908-1968）と並んで20世紀のロシアを代表する物理学者で、2人ともノーベル物理学賞を受賞している。

　ランダウは物理学のさまざまな分野で独創的研究をし、門下からは2名のノーベル賞受賞者を含む第一級の理論物理学者を輩出した。教育においては弟子のリフシッツと共に「理論物理学教程」という最高レベルの教科書のシリーズを書き、今でも理論物理学を本格的に学ぶ若者によって読まれている。

　一方、カピッツァについては、研究の全体像と生涯はランダウほどには知られていない。研究者としてのカピッツァのユニークなところは、物理学と工学の両面で類い稀な才能を発揮したことである。そのカピッツァの研究の中で特に大きな業績を挙げると、

(1)　若くしてケンブリッジ大学に派遣され、E. ラザフォードの弟子になり、1920年代にはそこで強磁場を生み出す全く新しい方法を開拓し、実現可能な磁場の強さの上限を飛躍的に上げたこと、

(2)　ヘリウムを大量に液化する新しい方法を考案し、その後のヘリウム液化法の基礎を作ったこと、

(3)　こうして得られた液体ヘリウムを用いて、液体ヘリウムが十分低温で粘性なく流れる「超流動状態」という不思議な状態になることを発見したこと、

(4)　エンジニアとしての才能を活かして、工業への応用として重要な液体酸素を大量生産する新方法を生み出し、産業に貢献したこと

などである。それ以外にもさまざまな問題で研究業績がある。最晩年の1978年には液体ヘリウムの「超流動」の発見によって、ノーベル物理学賞を受賞した。授賞の理由は「低温物理学分野における基本的な発明と発見」であった。

このような輝かしい業績だけを見ると、カピッツァは研究者として順調な生涯を送ったように見えるが、実はそうではなかった。何しろ、彼が生きたのは、イギリス時代を除けば、スターリンの支配する共産党政権という異常な政治体制下であり、カピッツァをはじめとする国際的に活躍していたソ連の多くの研究者にとってはその環境は極めて厳しかった。そのため、カピッツァの研究者としての人生には多くの困難があり、大雑把に言って、2つの大きな転機があった。

　まず、ケンブリッジ大学で大きな研究成果を挙げ、毎年ソ連に帰国して研究所を訪問し、研究交流をしていたカピッツァは、1934年の訪問の際、突然、イギリスへ戻ることを禁止され[1]、以後、祖国に「幽閉」された。このためイギリスにある自分が考案し、作成した実験装置が使えなくなり、途方に暮れたカピッツァは、研究分野を変えることを真剣に考えるが、師ラザフォード[2]が彼に手を差し伸べた。ラザフォードの支援によって、イギリスがカピッツァの実験装置をソ連政府に売り、モスクワに新設された「物理問題研究所」に実験設備がイギリスから移設され、それによってカピッツァの研究の継続が可能になった。こうして当初の予定より2年遅れで液体ヘリウムの基礎研究に本格的に取り組むことが可能になり、ついに低温の液体ヘリウムの示す「超流動」の発見として実った。その一方で、1930年代に酸素を大量に生成する新しい装置を考案した。これは鉄鋼産業などに広く応用できるため、国への大きな貢献になった。

　カピッツァにとっての第2の転機は第2次世界大戦直後に訪れる。ソ連の原爆開発の委員会に委員として参加することを要請され、それを受諾する

---

1) 実は、カピッツァが1934年に自分から望んでソ連へ戻ったように読者を誤解させる記述をしている本や論文がある。この点について注意が必要である。
2) アーネスト・ラザフォード（1871-1937）：ニュージーランド生まれの物理学者。原子の構造を実験的に明らかにした。1919年からキャヴェンディッシュ研究所長。その門下からはJ. チャドウィック、J. D. コッククロフトといったノーベル賞受賞者を輩出した。

が、委員会の議長のベリヤ[3]と意見が合わず、スターリンに委員の辞任を申し出る。カピッツァの辞任の申し出の背後には、カピッツァが考案した工業的応用が可能な大量に酸素を得る装置について、科学的な根拠なく否定する政治的な動きがあったことにも関係している。1946年スターリンはカピッツァの申し出を受諾して、原爆問題の委員会の委員としての任務を解除し、同時に、彼から物理問題研究所所長の地位を剥奪した。このためカピッツァは研究所での研究が続けられなくなった。不屈のカピッツァは、やむなく自分のダーチャ（郊外にある小屋である）を「研究所」として使い、そこでできる小規模の新しい実験研究を長男セルゲイの助けを借りながら始めた。所長の地位に復帰できたのは、スターリン死後から少し経った1955年のことであった。1946年から約10年間、物理問題研究所での研究の可能性を奪われ、研究を継続できなかったことは研究者としてのカピッツァにとって大きな損失であるだけでなく、ソ連の科学界にとっても致命的な損失であった。それによって第2次世界大戦後に急速に進歩した欧米の研究に遅れることになった。

　実は、カピッツァという人間を知る上で彼の手紙は極めて重要である。彼は、その生涯に、驚く程多くの（時に非常に長い）手紙を書いた。要するに、彼は稀に見る筆まめな人間であった。それらの手紙からカピッツァの研究と生活と思想を読み取ることができる。つまり、カピッツァの手紙は彼の「自伝」とも見ることができる。手紙を通してカピッツァの人柄がよく分かるだけでなく、政治家宛の長い手紙の中で、カピッツァはソヴィエトの学術体制について厳しい批判を展開している。カピッツァは妻や母親へも多くの手紙を書いているが、彼に特徴的なのはソ連共産党の指導者 I. V. スターリン[4]に

---

3) ラヴレンティ・パーヴロヴィチ・ベリヤ（1899-1953）：1938年から1945年までソ連内務人民委員。内務人民委員部というのは内務省に対応する組織で、秘密警察などの警察関係を一手に掌握していた。

4) イオシフ・ヴィッサリオーノヴィチ・スターリン（1878-1953）：1922年から1953年まで、長期間ソ連共産党書記長として、権力を握り、独裁者として君臨した。

書いた手紙が多数あることである。さらに、V. M. モロトフ[5]、G. M. マレンコフ[6]、N. S. フルシチョフ[7] などの政治家へも多くの手紙を書いている。その数は数百通に上る。その中には、理論物理学者 V. A. フォック[8] と L. D. ランダウが逮捕されたとき、彼らを救出するために政府の指導者宛に出され、解放に尽力した手紙もある。政治家宛の手紙では科学研究について易しく説き、同時に、ソ連の科学研究の問題点を率直に指摘しているものがあり、興味深い。

　科学者宛の手紙では、アーネスト・ラザフォードとその弟子たちとの交流に加えて、ニールス・ボーア[9]、さらに一見カピッツァと正反対の性格を持ち、人付き合いをしないことで知られる理論物理学者中の理論物理学者であるポール・ディラック[10] とは気が合い、手紙を交わしている。ディラックとは終生親友関係にあった。また、ラザフォードはカピッツァにとっては師であり、父親のような存在であった。

　さらに、カピッツァは手紙を通して若い世代の研究者を育てることの重要性を訴えたり、反体制的物理学者 A. サハロフについてアンドロポフ、ブレジネフ宛に自分の考えを述べた手紙もある。カピッツァ自身は反体制派ではなく、また、共産党員でもなかった。政治的立場はサハロフとは異なるが、

---

5) ヴャチェスラフ・ミハイロヴィチ・モロトフ（1890-1986）：1930年から1941年までのソ連の首相。

6) ゲオルギー・マクシミリアーノヴィチ・マレンコフ（1902-1988）：スターリンの死亡後の1953年から1955年まで首相。

7) ニキータ・セルゲーエヴィチ・フルシチョフ（1894-1971）：1953年から1964年までソ連共産党中央委員会第1書記、1958年から1964年まで首相。

8) ヴラディーミル・アレクサンドロヴィチ・フォック（1898-1974）は量子力学の基礎的理論の構築に大きく寄与した。物理学には、例えば、「ハートレーーフォック理論」のように、フォックの名前の付いた言葉が多い。苗字はロシア語の発音から言えば「フォーク」の方が近いが、彼の名前のついた物理の用語では「フォック…」が広く使われているので、本書では「フォック」を用いる。

9) ニールス・ボーア（1885-1962）：デンマークの理論物理学者。古典力学から量子力学を発見的に導き（前期量子論）、量子力学の樹立に貢献した。

10) ポール・ディラック（1902-1984）：イギリスの理論物理学者。量子力学を数学的に美しく、一般的な形に定式化した。また、統計力学と量子力学の関係を明らかにした。

研究者としてのサハロフを尊敬し、擁護した。

　カピッツァの手紙の中にはカピッツァの科学への見方、研究への姿勢、人柄が現れているので、読んで非常に面白く、永く価値を失わないであろう。

　カピッツァの手紙がこれほど多数残った背景には、長年カピッツァの秘書を務めたP. E. ルビーニンの存在が大きい。彼はカピッツァの手紙を整理して、残し、適宜出版して、現在でも読める形にしたのである。

　カピッツァの生涯はいくつかの時期に区分できる。本書ではカピッツァの手紙の中から重要と思うものを選び、各時期に分けて並べた。妻および母親と交換した手紙も多いが、本書では研究者としてのカピッツァに焦点を当てるため、それらは少数に抑えている。本書の末尾にカピッツァと親しかったP. ディラックとL. ランダウがカピッツァをどう見ていたのかを記した短い文章を添え、補足とした。

　本書に掲載した手紙は、以下に挙げるカピッツァの書簡集［A］を中心に選んでいる。［A］から選んだ手紙は82通、また、［B］からは22通、［C］からは5通、［D］からは5通選んだ。各手紙の日付の後に記した［A］とか［B］などの記号は以下に示す手紙のソースを示す。

［A］П Л Капица: Письма о науке［科学についての手紙］(1930-1980)（Московский рабочий, Москва, 1989）1930年から1980年までの50年間に書かれた科学に関わりがある手紙を集め、編集した本である。155通の手紙がカピッツァの秘書を務めたP. E. ルビーニンによって選ばれ、編集されている。

［B］J. W. Boag, P. E. Rubinin, D. Shoenberg: Kapitza in Cambridge and Moscow-Life and Letters of a Russian Physicist（North-Holland, 1990）には手紙の英訳（あるいは手紙の原文が英語の場合は原文）が載っている。掲載されている手紙は、［A］とかなりオーバーラップがある。手紙はP. E. ルビーニンが編集し、カピッツァと共同研究をしたD. シェーンベルクが手紙の英訳をし、研究についての解説をしている。

［C］Петр Леонидович Капица - Воспоминания, Письма, Документы

［回想、手紙、資料］（Москва, 1994）には研究者たちの回想録と共に、一部の手紙が収められている。

［D］インターネットに公開されている一部のカピッツァの手紙。その場合には手紙のソースを記している。

　手紙には多くの人名や出来事が出て来る。それらについては、［A］～［C］を参考にしながら、簡単な説明を脚注として付け加えた。例えば、脚注の末尾に［A］と記してあるときは、それが［A］の脚注の訳であることを示す。

第1章　カピッツァの研究と生涯
　　　　　　—手紙の背景

　カピッツァの手紙を読む前に、予め彼の研究と生涯を概観し、第2章以下への導入としよう。

ピョートル・レオニードヴィチ・カピッツァ（1894-1984）

1.1　カピッツァの家庭と大学生活

　カピッツァは1894年にサンクトペテルブルク近くのクロンシュタットで生まれた。父親レオニード・ペトローヴィチ・カピッツァ（1864-1919）は軍人で技師、母親オリガ・イエロニモヴナ・カピッツァ（1866-1937）の旧姓はステブニツカヤである。彼女は教師で、児童文学と民俗学を専門としていた。カピッツァの工学的才能は父親から受け継いだようである。

　1912年にカピッツァはペテルブルク理工大学の電気機械学部に入学した。大学での指導教授はアブラム・フョードロヴィチ・ヨッフェ（1880-1960）であった。指導者としてヨッフェを選んだことはカピッツァの人生に大きな

幸運をもたらした。というのは、ヨッフェは、学生の研究の指導だけでなく、イギリス、ドイツ、フランス、オランダ、デンマークなどの物理学研究における先進西欧諸国にロシアが仲間入りできるように、国内の研究所の建設など研究体制の整備に尽力し、優秀な若者を西欧の第一級の研究機関に送って、そこで教育を受けさせることが必要と考えていた。カピッツァはその恩恵を受けたのである。ヨッフェの門下からは、P. カピッツァ、N. セミョーノフ（1956年ノーベル化学賞受賞者）、I. クルチャートフ（ソヴィエトの原爆、水爆開発者）、Ya. フレンケリ（理論物理学者）など多彩な人材が育った。この時代のロシアを理解する上で、第1次世界大戦が1914年に始まり、1918年まで続き、ロシア革命が1917年に起ったことを心に留めておく必要がある。カピッツァは1915年に、数ヶ月間ポーランド戦線で負傷者を運ぶ救急車の仕事に従事した。

　大学においてカピッツァはいくつかの研究を行った。その中にはウォラストン線、すなわち、細い白金線の作成の研究があるが、注目すべき仕事は、N. N. セミョーノフといっしょに、原子の磁気モーメントを実験で決める可能性を提案したことである。論文は1922年に連名で出版された[11]。カピッツァとセミョーノフの提案は不均一磁場と原子ビームとの相互作用に基づくもので、これと同じアイデアに基づいて O. シュテルンと W. ゲルラッハが実験を行い、1944年にノーベル物理学賞を受賞した。カピッツァは1919年に大学を卒業し、1919年から1921年までペテルブルク理工大学で教師として働きながら、研究を続けた。

　家庭生活では、カピッツァは1916年にナデージダ・キリロヴナ・チェルノスヴィートヴァと結婚した。ところが、1919年から大流行した「スペイン風邪」（インフルエンザ）によって、まずカピッツァの父親が、続いて若い妻と2人の小さな子供が亡くなるという不幸に見舞われた。カピッツァは仕事をすることができない程に精神的に落ち込んだ。

　1921年春に、ヨッフェは、第1次世界大戦とロシア革命で中断されていた

---

11) 論文はCollected Papers of P. L. Kapitza Vol.1 (ed. by ter Haar, 1965)に載っている。

科学研究上の連携を再建し、研究設備と学術雑誌と本を買うために西欧諸国に向けて出発する科学アカデミーの委員会のメンバーにカピッツァを入れた。

1.2 イギリスでの成功

ヨッフェはカピッツァと一緒にケンブリッジに行き、カピッツァをキャヴェンディッシュ研究所の研修生として採用してほしいとラザフォードに頼み、採用された。カピッツァはこうしてこの研究所で仕事を始め、研究に集中することによって、家族を失ったことによる心の傷から抜け出そうとした。

キャヴェンディッシュでのカピッツァの研究は目覚ましかった。まず、1923年に初めてウィルソン霧箱を磁場中に置き、アルファ粒子の飛跡が磁場中で曲がるのを観察した。このとき強い磁場を実現することが必要だと認識した。それまでの方法では磁場を発生するコイルに直流の電流を流すので、コイルが加熱する。この加熱のため、発生できる磁場は低い磁場に限られていた。そこで、カピッツァは1924年に短時間電流を流して、強磁場（50テスラの強度）を実現する新しい方法を考案した。これによって、電流を流すのを短時間にしてコイルの加熱を抑え、実現できる磁場の強度の上限を大幅に塗り替えた。こうして研究所におけるカピッツァの評価が上がり、研究者としての国際的地位も高くなった。数ミリ秒の短時間であっても測定には十分で、このような強磁場を用いて物質のさまざまな性質への磁場の影響を調べることが可能になった。1つの応用例として、1928年に一連の金属の電気抵抗が磁場の強さにどう依存するかを調べ、強い磁場の下では抵抗が磁場に比例して増大することを示した[12]。また、物質に強い磁場を掛けるとビス

---

12) 金属の抵抗の磁場依存性は金属の純度に依存する。不純物が十分少ない時には、金属中の伝導電子が磁場中で螺旋運動をするようになり、量子化される。それは抵抗が磁場の関数として振動的に依存する振舞いとして反映する。この現象はシュブニコフとド・ハースにより1930年に発見され、現在では「シュブニコフード・ハース振動」と呼ばれている。一方、カピッツァが測定した金属ではこのシュブニコフード・ハース振動が観測されなかった。これは金属中の不純物濃度が十分低くなかったためと思われる。

マスの結晶などが歪む磁歪現象も研究した。

　カピッツァは、まだ大学院生であった1922年に、物理学の最新の成果を自由に議論するセミナーを開始した。これは「カピッツァ・クラブ」と呼ばれ、研究所の研究員との交流の場となった。カピッツァ・クラブについては本書の最後に掲載するディラックの回想に記されている。

　1923年にケンブリッジ大学の博士号試験にパスし、1925年にはキャヴェンディッシュ研究所の磁性研究の副所長に任命され、トリニティ・カレッジのメンバーにも選ばれた。1926年に、ケンブリッジ大学総長の出席のもと、カピッツァの磁性実験室の開所式がキャヴェンディッシュ研究所において行われた。1929年にはカピッツァはロンドン王立協会（イギリス科学アカデミー）の正会員に選ばれ、ほとんど同時に、ソ連科学アカデミーはP. L. カピッツァを準会員に選んだ。1930年には王立協会の教授に、また、ケンブリッジ大学のモンド研究所の所長に任命された。この研究所は強磁場と低温の分野でのカピッツァの研究を支援するために特別に作られたものである。

　イギリスで仕事をしている間、カピッツァはずっと祖国とのつながりを保っていた。彼は、事実上、西欧におけるソ連の科学の代表で、レニングラードとモスクワの若い研究者の多くが、カピッツァの斡旋のお陰で、ロックフェラー財団の奨学金を受け取り、西欧の主要な研究センターで研修を受けることができた。キャヴェンディッシュ研究所はソヴィエトの物理学者に対して開かれていた。当時この研究所は世界で最良の物理学研究所で、ここでは継続的に、Yu. B. ハリトン[13] など何人かのソヴィエトの研究者が滞在して研究していた。

　カピッツァは、1927年に、工学者のアレクセイ・ニコラーエヴィチ・クルィロフの娘のアンナ・アレクセーエヴナと再婚した。こうして家庭の安定が得られた。

　強磁場に続く大きなテーマとして、カピッツァは低温の生成を選んだ。液

---

13) ユーリー・ボリソヴィチ・ハリトン（1904-1996）はラザフォードの下で研究をし、後にソ連の原発開発のために働いた。

化が最も難しいヘリウムの液化はオランダのカマリン オネスが20世紀初めに実現したが、その液化プロセスは多段階で複雑であった。カピッツァはもっと単純なプロセスでヘリウムを液化すれば、たくさんの研究室で液体ヘリウムを研究できるだろうと考え、新しい方法を考案した[14]。1934年4月、断熱法によるヘリウム液化のための彼が作った装置で液体ヘリウムが得られた。液体ヘリウムは他の物質を低温に冷やし、物質の極低温での性質を研究することを可能にするだけでなく、低温の液体ヘリウム自体（ヘリウムⅡと呼ばれる）が通常の液体とは異なる性質を持つ不思議な「量子液体」である。後に、カピッツァはヘリウムⅡが粘性のない「超流動状態」にあることを発見した。

1.3　イギリスへ戻ることを禁止され、以後ソ連で研究を行う

　イギリスでの研究が順調に進んでいた1934年8月に、カピッツァは前年の例に従って、レニングラード、モスクワ、ハリコフでの講義と助言の旅に出掛けた。カピッツァはハリコフのウクライナ物理工学研究所の顧問をしていたのである。カピッツァ夫妻は9月の初めにレニングラードに着いた。そこでは周期表を初めて作成したD. I. メンデレーエフ（1834-1907）の生誕100年を記念する国際会議が開催され、カピッツァはこの会議に参加したのである。その後、イギリスに帰国しようとしたところ、突然、共産党政権によって出国を禁止された。これはカピッツァにとっては青天の霹靂であった。何しろ研究設備はイギリスにあり、また、2人の子供もイギリスにいたからである。自分の研究設備を奪われたカピッツァがこの危機からどう抜け出すか悩んでいた姿は、この時期の彼の手紙に見える。

　妻のアンナ・アレクセーエヴナだけが2人の息子のいるイギリスに帰り、

14）P. Kapitza: Proc. R. Soc. London A **147**, 189（1934）"The liquefaction of helium by an adiabatic method" に発表された。

カピッツァは離れた妻と手紙で連絡をとる状態が続いた。

　1934年4月にカピッツァが開発し、モンド研究所において彼の指導の下に建設されたヘリウム液化機が稼働し、液体ヘリウムの最初の数リットルをもたらしていた。ソ連からケンブリッジに帰還してからすぐに低温物理学の研究に取りかかる積もりでいたが、それが不可能になってしまった。ケンブリッジにはカピッツァの実験設備だけでなく、彼の学生たち、研究員たち、さらに、是非会いたいと思っている師のラザフォードがいた。

　1934年末、政府は出国を禁止したカピッツァのためにモスクワに物理問題研究所を建設する決議をし、1935年初めにカピッツァを物理問題研究所の所長に任命した。しかし、問題は研究所の実験設備をどうするかであった。これについてはラザフォードがカピッツァのために尽力した。彼はモンド研究所にあるカピッツァの設備をカピッツァの物理問題研究所に売るように進めてくれて、最終的に1935年の終わりに、ケンブリッジ大学の評議会はその売却に同意した。

　さらに、物理問題研究所での設備の立ち上げのため、モンド研究所でカピッツァの研究を助けていた助手を短期間モスクワに派遣することもラザフォードの厚意で実現した。このラザフォードの厚意がカピッツァの研究を早期に軌道に乗せるのに大いに役に立った。

　1936年初めに妻のアンナ・アレクセーエヴナが子供たちといっしょにイギリスからモスクワへやって来た。ようやく、ソ連で家族といっしょの生活が始まった。

　研究では、鉄鋼業などの工業利用に重要な酸素の液化の仕事に取りかかった。酸素は空気から得るのが最善である。空気の組成は21％が酸素、78％が窒素、残りはアルゴンなどである。カピッツァは低圧でタービンエンジンのサイクルを利用して空気から液体酸素を得る新しい方法を考案した。これは大量の酸素の生産を可能にし、ソ連の産業への大きな寄与となり、共産党政権へのカピッツァの影響は大きなものになった。

　1930年代半ばには、スターリンによる圧制で、政治家のみならず、国際的に著名な多くの優れた研究者が逮捕され、銃殺されたり、収容所に送ら

れたりした。カピッツァは、1937年、レニングラードで逮捕された理論物理学者V. A. フォックを救出するため、スターリンに手紙を書いた。カピッツァの手紙の結果であろうか、フォックはすぐに釈放された。

　1938年には逮捕された物理問題研究所の理論部長のランダウを救出するためスターリンに手紙を書いた。しかし、すぐには釈放されず、カピッツァは1939年に再び手紙を書き、ランダウは優れた理論物理学者であるが、少々軽はずみな所があるので、自分が保証人になって、ランダウを監督すると申し出、ようやくランダウの釈放を勝ち取った。

　カピッツァが物理問題研究所で取り組んだ基礎物理学の最も重要なテーマは液体ヘリウムの性質の解明であった。液体ヘリウムは一定圧力下で温度を下げていくと、ラムダ点と呼ばれる温度を境に性質が一変する。ラムダ点より高温のヘリウムはヘリウムⅠと呼ばれ、これは普通の液体であるが、低温側の液体ヘリウム（ヘリウムⅡ）の性質は当時謎であった。カピッツァはヘリウムⅡでは粘性が限りなく小さいことを見出し、ヘリウムⅡに「超流動」という名前を与えた[15]。カピッツァはさらに超流動ヘリウムの性質について追求を続けた[16]。この超流動現象の理論的解明は物理問題研究所のL. ランダウが行い、これは後にランダウがノーベル物理学賞を受賞する業績になった。

　一方、カピッツァは工業用の酸素の生産にも力を注ぎ、それを推進するための政府の組織である酸素工業本部の責任者の地位に就いた。

1.4　9年間の公職剥奪から晩年のノーベル賞受賞まで

　1945年にアメリカは広島と長崎に原爆を投下した。冷戦時代が始まり、ソヴィエトはすぐに国家防衛委員会の決議によって原爆製造の委員会を組織

---

15) P. Kapitza: Nature **141**, 74 (1938). カピッツァとは独立にイギリスのグループも同じ結論に到達した。J. F. Allen and A. D. Misener: Nature **141**, 75 (1938)。しかし、論文が受理された日付はカピッツァの方が20日程早かった。

16) P. L. Kapitza: Phys. Rev. **60**, 354 (1941).

した。カピッツァはこの委員会のメンバーに加わることになった。議長は秘密警察のトップのベリヤで、委員会にはI. クルチャートフも参加した。しかし、カピッツァは議長のベリヤとは意見が合わなかった。スターリンに手紙を書いて、委員の辞任を申し出た。スターリンはそれを承認するが、同時に、1946年にカピッツァを物理問題研究所長の職を初めとする公職から解任した。このときの解任理由は、酸素の大量生産法をめぐって、カピッツァが自分の方法に固執し、ドイツの方法を導入しなかったからとされたが、内実はベリヤを中心とする政治的なものであった。実際、カピッツァは、後に、これが科学的に根拠のない非難であることを示して、反論した。

　公職から追放された後、カピッツァに残ったのは科学アカデミー会員の地位だけで、会員としての俸給で生活を支えた。モスクワの家も明け渡し、郊外のダーチャ（小さい小屋である）に移った。それでもカピッツァは弱音を吐くことなく、ダーチャを一種の「研究所」にして、そこでできる研究を始めた。流体力学の問題については、長男のセルゲイがカピッツァの実験の一部を手伝い、連名で論文を書いている。また、「大出力エレクトロニクスの問題」に取り組んだが、これは「レーザー」とつながる先駆的研究であるが、カピッツァは原子爆弾などと並ぶ兵器開発を目指していた。

　1949年にスターリンの70歳を祝う行事が科学アカデミーとモスクワ大学で開かれた。カピッツァも出席するようにと要請されるが、カピッツァはどちらの行事にも「健康上の理由から」欠席した。これに対して、モスクワ大学はカピッツァの大学での講義を行う権利を奪う形で報復した。1953年にそのスターリンが死亡し、同じ年にベリヤが逮捕された。

　しかし、カピッツァの公職復帰はすぐに進まず、1955年にようやく物理問題研究所所長の地位に戻った。約10年間物理問題研究所から離れていたことになる。この期間は、アメリカとヨーロッパで量子力学に基づく精密な実験技術が急速に進歩し、物理学のすべての分野に応用され、物理学の発展が加速した時期である。カピッツァにとって、また、ソヴィエトにとって、この貴重な時期に、彼が研究所を長期間離れていたことは大きな損失であった。

　1966年に、32年振りにイギリスを訪問した。これはイギリス物理学会の
ラザフォード・メダルを受け、ラザフォードについて講演「ラザフォード卿
の思い出」をするためであった[17]。この講演は名講演として評価が高い。
　晩年のカピッツァは環境問題、エネルギー問題、原子炉の事故の問題など
に関心を寄せていた。
　カピッツァは1978年ノーベル物理学賞を受賞した。受賞理由は「低温物
理学分野における基礎的発明と発見」であった。このとき同時に受賞したの
は、宇宙の背景輻射を発見したA. ペンジアスとR. ウイルソンであった。カ
ピッツァのノーベル賞講演は異例で、受賞理由とは関係ない「プラズマと制
御された熱核反応」というテーマであった。カピッツァは「自分は低温物理
学の分野を30年程前に去り、自分の研究所では今でも低温物理学の研究が
なされているが、私個人は今熱核反応が起るために必要な非常に高温でのプ
ラズマ現象を研究している」としてそれを講演の題目に選んだ。カピッツァ
はノーベル賞をもう少し早く受賞すべきだった。カピッツァはノーベル賞以
外にも多くの賞を受けている。例えば、レーニン賞は6回受賞し、イギリス
物理学会からはラザフォード・メダルを受賞している。
　こうして研究と人格両面で多くの人の尊敬を集め、90歳になる直前の
1984年4月8日、カピッツァはモスクワで亡くなった。

---

17) この講演はProceedings of the Royal Society A**294**, 123（1966）に掲載された。

第2章 ケンブリッジ時代
―強磁場とヘリウム液化を実現する新方法

　第1章に記したように、カピッツァは1921年にヨッフェに連れられてケンブリッジを訪問し、ラザフォードに紹介され、キャヴェンディッシュ研究所の研究生になった。カピッツァはすぐに研究所にとけ込み、才能を発揮し始めた。

　まず、強い磁場を実現するための全く新しい方法を提案し、実現可能な磁場の上限値をそれまでの値から大幅に上げ、さまざまな現象への強磁場の影響を調べることを可能にした。ラザフォードは彼を高く評価し、カピッツァは若くしてキャヴェンディッシュ研究所の磁性研究の中心人物となった。カピッツァは、さらに、低温を実現してヘリウムを液化する新しい方法に取り組んだ。そして、1929年にはロンドン王立協会の正会員に、1930年にはケンブリッジ大学のモンド研究所の所長になった。こうして1934年夏まではイギリスで、順調で充実した研究生活を送った。ケンブリッジ大学における研究の様子は以下の手紙から読み取ることができる。

磁性実験室にて。右からE. ラザフォード、J. D. コッククロフト、
P. L. カピッツァ。左端の人物は不明。

発信者：カピッツァ　　　　　　　　　　　　　　　　　　　　　　**[B]　[C]**
受信者：P. エーレンフェスト　　　　日付：1921年10月26日　発信地：ケンブリッジ

敬愛するパーヴェル・シギズムンドヴィチ [18]

　あなたにお手紙を差し上げるのは大きな喜びです。それは、あなたと考えを分かち合えるのが心地よいだけでなく、アブラム・フョードロヴィチ（ヨッフェ）と我が国の若い物理学者たちやロシアの大学をあなたがご存知で、したがって、知らない人とは思えないからです。あなたについてはペテルブルクで非常に多くを耳にしましたし、ペテルブルクではあなたについての記憶は古くなっていません。私はペテルブルクでお目にかかれなかったことをいつも残念に思っていました。

　告白しますと、私はまだケンブリッジでの暮らしに慣れたと言えず、ひとりぼっちで非常に寂しく感じています。私が接することになるラザフォードや他の物理学者たちの態度には私は満足していますし、それはより良くなりつつあります。仕事をするチャンスの点でここはいいところです。

　まず放射能実習をしなければなりませんでしたが、今はかなり本気の実験をしています。それは最も難しいというレベルではないとしても、ともかく非常に難しいものです。うまくできるかどうか分かりません。

　課題は次のようなものです。アルファ粒子がマイクロラジオメーターの乾板に当たります。アルファ粒子の飛跡のいろいろな部分にこの乾板に置けば、粒子がその運動エネルギーをどう失うか測定できて、エネルギーがすべてイオン化で失われたのかどうかを確かめることができます。この問題はラザフォードとガイガーによって以前に実験的に調べられています。しかし、

18）ポール・エーレンフェスト（1880-1933）は統計力学と量子力学を専門とするオーストリアの理論物理学者である。1907年から1912年まで5年間サンクトペテルブルクで研究し、その後、ライデン大学の教授になった。父親の名がシギズムンド・エーレンフェストだったので、ロシア風に父称シギズムンドヴィチを付けて、パーヴェル・シギズムンドヴィチ・エーレンフェストと称することもあった。エーレンフェストの妻はロシア人の数学者であった。

2人は彼らの方法の感度が十分でなかったために、飛跡の最後の40%を調べることができませんでした。

　マイクロラジオメーターは非常に高感度な機器です。私はおそらく好結果をもたらすであろう機器を作成しました。その感度は10^{-11}カロリーです。しかし、このようなよい感度の場合によく起るように、バックグランド効果が測定にいろいろな影響を与える可能性が生じます。

　しかし、この小さな成功が私に利益をもたらしました。というのは、実験に関する私の能力が信頼されるようになったのです。その結果、かなりの量のラジウムを使えるようになり、必要な器具を購入することが可能になりました。

　しかし、それにも拘らず、私とイギリス人との関係は近くなりません。私の考えでは、私たちの根本的な違いは、私が仕事を、言わば、「美的な楽しみ」と見ているのに対して、イギリス人はすべてを「ビジネス」にするという点にあります。それゆえ、若者は物理学への関心が狭く、自分の分野だけしか知らないように思えるのです。これは、おそらく、仕事には有益ですが、私のロシア人としての気質にとっては退屈なのです。（以下略）

| 発信者：カピッツァ | **[C]** |
| 受信者：N. N. セミョーノフ | 日付：1923年8月6日　発信地：ケンブリッジ |

　… 僕の考えでは外国に少し出掛けることが君にとって必要だと思う[19]。出張のため30-50ポンド位を手に入れて、ここに来ませんか。僕は君のためにビザを手に入れてあげます。手紙を下さい。人々がここでどのように働き、考えているかを見る価値が大いにあります。だから、ケチケチしないで。都合のいい月を選んで下さい。僕は君にあらゆる援助をします。

---

19) ニコライ・ニコラーエヴィチ・セミョーノフは、既に述べたように、学生のときカピッツァと共同研究をした友人である。後に、化学物理学の分野で顕著な業績をあげ、1956年ノーベル化学賞を受賞している。

　僕の方はどうかと言えば、状況は以下のような具合です。僕は強い磁場という非常に面白い問題にぶつかりました。これ迄に5万ガウスまで到達しましたが、僕の方法ではこれをさらに10倍にできます。この磁場はコイルに0.01秒という非常に短い時間作られて、それ以上長い時間はできません。それはコイルが強く加熱され過ぎるからです。この時間は自然にとっては非常に長い時間で、すべての興味ある現象は0.01秒よりはるかに短時間で落ち着きます。しかし人間にとってこれは短い時間で、普通の機器でこのような短時間に観測を行うのは不可能です。しかし、僕は固有周期3万分の1秒のオシログラフを作ることに成功しました。これを用いるとあらゆる現象を十分正確に測定できます。相対測定での誤差は0.5%であり、絶対測定での誤差は2%です。これは強磁性体を使って作った磁場のときの精度と同じです。精度をさらに上げることができますが、今はその必要ありません。

　私たちがした最初のことは、個々のアルファ粒子の速度の研究を開始することでした。僕は君に論文（予備的な覚書ですが）を既に送ったので、それについて記す必要はないでしょう[20]。読んで下さい。今この仕事は終わりつつあり、僕たちは磁性分野、それと並行して、磁気光学（ゼーマン効果、パッシェン－バック効果[21]）の測定に取りかかっています。

　このように、非常に興味深い領域が僕の前に広がっています。処女地を進まなければなりませんが、それは非常に興味あることです。ワニもまた夢中になっています[22]。僕たちは今十分な財源を持っています。僕にはまだ仕事があります。非常に強い放電を手に入れ（30アンペア、3万ボルト）、原子からすべての電子を引きはがし、それから電子を戻らせて、電子が戻るとき

20)　その論文というのは "Some observations on α particle tracks in a magnetic field" で、掲載誌は Proc. Cambridge Phil. Soc. **21**, 511 (1923) である。

21)　原子に磁場をかけたときのスペクトル線の分裂は磁場の強さに依存し、弱い磁場の場合と強い磁場の場合で分裂が異なることがある。後者での分裂をパッシェン－バック効果という。

22)　ワニはラザフォードのあだ名。このあだ名がついた理由は、1935年5月21付の妻への手紙の中の脚注に記した。

何が起るかを見る積もりです。

　僕たちにはグループがあり、僕は主要な発起人の一人です。このグループは僕たちのペテログラードでのグループのモデルのようなものです。ここにはボーア、エーレンフェストが来ました。（10月か11月に）フランクが来るはずです[23]。フランクは僕のところに滞在する予定です。もし君がその時に合わせてここに来られたら、非常に具合がいいのですが。

　僕はイギリス人たちとの暮らしに慣れ、関係は良好です。もっとも国民はいささかケチですが。しかし、職員たちは非常にいい人たちで、よく働き、粘り強いです。才能のある人がたくさんいます。

　僕は帰国するという考えを捨てていません。でも、恐らくペテルブルクで自分の実験を続けることはできないでしょう。というのは、非常に多額の資金が必要だからです。今実験を捨てるのは大きな不幸です。なぜなら人生においてこのような可能性は稀だからです。君も同意してくれると思います。（中略）

　ではさようなら。僕のことを忘れないで。

いつも君の　ピョートル・カピッツァ

発信者：カピッツァ　　　　　　　　　　　　　　　　　　　　**[A]**
受信者：E. ラザフォード　　　　　日付：1930年4月16日　発信地：ケンブリッジ

ケンブリッジ磁性研究委員会議長
親愛なるラザフォード教授

　私の強磁場研究が始まってから丁度8年が過ぎました。この仕事がどのような過程をたどってきたかについては、もちろん、よくご記憶と思います。最初の段階では、私は10万ガウスまでの磁場を特別な蓄電池によって実現しました。しかし、当時はこの磁場は数分の1秒しか持続しないので実験研究に利用できる可能性は少ないように見えました。それにも拘わらず、ウィ

---

23) このフランクが誰か正確には分からない。

ルソン霧箱中のアルファ粒子の軌跡が曲がることを発見し、また、ゼーマン効果の研究のためにこの磁場を利用することに成功し、この方法が極めて有望であることが実証されました。

　実際上完全にあなたのサポートとご配慮のお陰で、強磁場を得るためのこの方法をさらに進める実験が開始されました。私たちは蓄電池を断念し、特別な発電機から必要な大きい電力を得ました。果たしてあらゆる困難を克服できるかどうかに関して、一度ならず、疑いが生じたこの 2、3 年の研究を経て、私たちはついに30万ガウス以上の磁場を得る方法を発見し、その磁場で一連の実験を行いました。

　この2、3年間の強磁場を利用する研究で、広い研究領域が開かれ、それが何人かの研究者の人生をかけるに十分であることが示されました。それに加えて、磁場を用いる研究の最も興味深い領域は低温にあることが確かになりました。昨年私たちは低温の仕事に取りかかり、現在では、液体水素を得るための極めて効率のよい装置を手にしています。その設備は自分たちで作ったもので、絶対温度スケールで14度まで研究領域を広げることができます。私見では、私たちの磁気実験室は、誇張なしに、現代物理学の新領域での更なる研究のためのまたとない機会を手にしています。

　現在までに25,000ポンド以上の資金[24]がこの研究に使われました。しかしながら、目に見える成功にも拘わらず、実験室の立場は全体として不確定で、長く続く保証はありません。もちろん、結果や見通しが疑わしい可能性のある研究では、その初期にはこのような状況は自然なことです。しかし、今は、この研究の発展の今後の見通しはしっかりしたものになっていると期待できるように私には思えます。そこで、この問題を磁性研究委員会に提起することをお願い致します。

　磁性実験室の活動に責任を負う立場から、以下に、この研究の将来に関する私見を申し上げたいと思います。

　今日の物理学の研究の規模を15年あるいは12年前と比べると、その違い

---

24) 当時の1万ポンドは、現在の日本の通貨で大体1億円位である。

は極めて大きいものがあります。現在の物理学研究は広い範囲に及ぶので、以前よりも規模の大きい、複雑な装置を必要とします。昔は研究者が自分の研究に必要な機器を手に入れることができましたが、今は、多くの場合、そのような装置が存在する場所へ出掛けねばなりません。この新しい状況の結果、専門化された研究所が創設されるに至りました。例えば、ライデンの低温研究所や国立物理工学研究施設[25]、高電圧研究所群、ワイス教授[26]の磁性実験室などです。将来、同じような専門的研究所がますます建設されるであろうことは明白です。それは、レントゲン線研究所、高圧および高温実験室などです。 強磁場と低温を得るために私たちの実験室で採用している方法は非常に多額の資金を必要とし、現代物理学の極めて広範な研究領域で活用される可能性があるので、私たちの実験室が同じような組織化へ向けて進んで行くのは私には全く正当なことと思われます。

　現代の研究所は、組織の点から、2つのタイプに分類できます。第1のタイプにはキャヴェンディッシュ研究所と同じような大学の実験室が属します。そこでは若い人々が研究の仕事を学びます。一定数のスタッフが基礎教育に従事していて、彼らのほんのわずかな時間が研究の仕事に使われます。第2のタイプの研究機関は、例えば、いろいろな企業の実験室や国立の物理学研究所のように、大学には依存せず、専ら研究に従事しています。そこでは任期なし研究員が自分のすべての時間を研究に捧げています。私の考えでは、どちらの組織形態も磁性研究の発展には合いません。最良のタイプはこれら2つのタイプの中間の形態の研究機関のように思えます。理由は以下の通りです。まず第1に、真の科学研究の実験室は、新しく若い研究者を獲得する可能性を確保するために、大学とつながりを持たねばなりません。第2に、このような実験室における研究の仕事には非常に多くの時間が必要です。それゆえ、スタッフのほんのわずかな部分しか教育に割けません。しかし、

---

25) Physikalisch-Technische Reichsanstalt で、ベルリン郊外のシャルロッテンブルクにある。

26) フランスの物理学者ピエール・ワイス (1865–1940) と思われる。

実験室の研究員が新しいことすべてに通じていて、若者とのつながりを保っているためには、ある程度の量の高い水準の教育の仕事が必要です。第3に、さまざまな大学からの実習生のための環境を創らねばなりません。実験室の組織構造はこれらの要求に応えるものでなければならないと思います。

　実験室における実験技術は非常に複雑なので、高度な技術熟練度を持つ十分に訓練された実験室助手が必要です。この実験室助手は実習生たちが実験のルーティーン的な仕事の手順を習得しなくて済むようにし、あらゆる注意事項を守るようにする責任があります。例えば、液体ヘリウムの仕事では、経験のない若い研究者の怠慢と軽率さが原因で、数立方フィートのヘリウムがなくなり、研究所にとってその損失は相当に高くつく可能性があります。また、強磁場を利用する際に、不適切に行われた接触が危険な爆発を引き起こす原因になり得ます。このような研究所では大量の特殊な器具が仕事のために必要になるので、経験豊富な機械工、ガラス吹き工を抱えていなければなりません。このような考え方に従って組織された研究機関の良い例はカマリン オネスによって創設されたライデン大学にある極低温実験室です。

　しかし、このような研究所は極めて費用がかかることは確かです。必要な費用の例として、マクレナン教授[27]の評価を引用いたします。マクレナン教授の計算では、極低温実験室の1つの設備だけで10,000ポンドになって、建物の建設は15,000ポンド、経常支出は約3,000ポンド、6-8人の技術スタッフの給料は大体2,500ポンドです（これには研究スタッフの給料は含まれていません）。この評価は、間違いなく、このような機関が必要とする金額をほぼ正しく与えています。

　私たちの実験室の磁性研究の方法や低温の研究はこのような方針で発展、拡大しなければならないと私は考えています。しかし、この成長はゆっくりと、着実に行わねばなりません。定員の枠内で採用される新しい機械工あるいは研究員は慎重に選考し、訓練しなければならないからです。実験室の強

27）カナダのトロント大学の低温物理学者John Cunningham McLennan（1867-1935）であろう。

化と完璧な施設への転化には、おそらく、10年あるいはそれ以上の時間がかかるでしょう。しかし、今私にとっては、私たちの研究がそのような期間継続できると確信が持てることが重要です。私たちの実験室が、現在の形で、自分の予算と定員を持つ独立した組織と認められねばならないのはこのためです。また、実験室とケンブリッジ大学との関係をはっきりさせることも必要です。

　今のところ、磁性研究の将来は全く不確かです。受け取る補助金の期間は3年で満了しますが、配分される資金は、既に現在でも、増大しつつある研究への支出を支えるには十分ではありません。それに加えて、建物の問題があります。すなわち、実験室が占めているすべての部屋は一時的に大学から提供されたものです。それらは研究に非常に便利ですが、最近の拡張のときに実験室の隣りにあるすべての空いたスペースが一杯になり、更なる成長のための空いた敷地はもはやありません。現在の建物では2人以上の大学院生が研究することはできません。ですから、もし提案された計画が採用されるならば、実験室を拡張する必要性があるかどうかを2、3年の間に検討しなければなりません。さらに、補助金が3年で満了した後、私のスタッフと私自身の立場がどうなるかは全く未定です。

　補助金の満了の3年前にこの問題をあなたに提起するのは、もし私の仕事が中断されれば、これまでに得られた経験があっても、すべてを最初から始めるためには、2、3年が必要になるので、非常に慎重でなければならないからです。この点を是非ご理解頂きたいと思います。

　私の提案が果たして大学によって受け入れられるかについては自信がありません。なぜなら、私の理解する限り、私が行っている研究は、非常に間接的に教育と関係しているに過ぎないので、大学において行われるべきでなく、時折研究のために大学に入ってくるお金は上に述べたような開発に使うべきでない、という意見があるからです。

　もう一つ支援をあてにできる組織があります。それは科学技術研究局です。しかし、定常的な支援は科学技術研究局の伝統的な業務の範囲外にあると彼らが結論する可能性を排除できません。大学と科学技術研究局から拒否

される場合には、磁性研究委員会が、ロックフェラー財団と似た他の財源から必要な資金や寄付金を受けられるように試みることも多分可能でしょう。

　私がこの国のこの大学で仕事を続けることができることだけを望んでいることをあなたはおそらく確信しておられるでしょう。私はあなたからのたいへんなご援助、ご支援、ご配慮にこれからも感謝の気持ちを持ち続けるでしょう。キャヴェンディッシュ研究所における研究のこの10年間、私はそのお陰を被ってきました。しかし、それでもやはり、他所で似たような研究所を創設するという提案をいくつか受け取っており、それらを無視する訳にはいきません[28]。私の研究をさらに発展させ、私の研究と研究員たちを恒常的な基盤の上に乗せることが拒否される場合には、他所の提案を極めて真剣に検討し、場合によってはそれを受諾することが有りうるでしょう。もし私が極めて高価な設備を備えたこの実験室を見捨てれば、私の側からは恩知らずになりますし、あなたにとっては私と私の研究員に代わるスタッフを探すという困難が生ずるであろうことを、もちろん、私は理解しています。万一私が辞職する場合には、実験室の設備のすべての初期支出を完全に補償することを予め考えておくことが必要だと思っています。それは15,000ポンドから20,000ポンドになると思われます。これはまた新しい場所での私の状況を簡単にするでしょう。なぜなら、私はそこへ研究設備を移すことができるからです[29]。もしあなたが設備に関してこのような取り決めの可能性の問題を委員会に提起して頂けるならば、たいへん有難く思います。

　そして、最後に、液体ヘリウムについて記します。ご存知のように、水素

28）実は、1920年代後半にハリコフに「ウクライナ物理工学研究所」を創る計画が進み、カピッツァにもこの研究所のポストへの就任の打診が行われていた。おそらく、この手紙を書いていたカピッツァの頭の中にはウクライナ物理工学研究所などがあったであろう。この研究所の極低温実験室の主任には、結局、ライデンでシュブニコフード・ハース効果を発見したレフ・シュブニコフが着任した。カピッツァは、P. エーレンフェストと共に、この研究所の外部顧問になった。これについては次のI. V. オブレイモフ宛の手紙も参照して頂きたい。

29）カピッツァは1930年4月の段階で、ケンブリッジの自分の実験室の研究設備をソ連に売る可能性を予見していたように見える。

の液化装置は全くうまく動いています。今や、ヘリウムの液化機を創ること
に取りかかる準備が完全にできていると考えます。しかし、この新しい仕事
はほぼ5、6ヶ月かかるでしょうから、私の考えでは、今年それに取りかか
るのは適当でないでしょう。どんなことがあっても、私の手紙の最初の部分
で提起した問題が好都合に解決されない間は、それは実行する価値がないと
思っています[30]。（以下省略）

心から　あなたの P. カピッツァ

1933年のキャヴェンディッシュ研究所のスタッフと研究生の集合写真。
最前列右から2人目はP. M. S. ブラケット、3人目がカピッツァ、5人目
はC. T. R. ウィルソン、6人目（中央）が所長のラザフォード、その左隣
はJ. J. トムソン、その左2人目（すなわち、左端から4人目）はJ. チャド
ウィックである。ここに名前を挙げた6名はすべてノーベル賞を受賞して
いる。［Univerisity of Cambridge digital library より］

30）この手紙の文章は、カピッツァとラザフォードの間で予め合意されていた可能性
　　が高い。1930年の終りに、ラザフォードの提案によって、王立協会は、カピッツァ
　　のための特別な実験室の建設と設備に15,000ポンドを割り当てた。この金額は化学
　　者であり実業家であったルードヴィッヒ・モンド（1839-1909）の死後の贈与から
　　受けたものである。カピッツァは王立協会の教授で、研究者であり、新しい実験室
　　の所長に任命された。モンド研究所の開所は1933年2月3日に行われた。

発信者：カピッツァ		**[A]**
受信者：I. V. オブレイモフ	日付：1930年4月25日	発信地：ケンブリッジ

親愛なるオブレイモフ[31]

　シネリニコフの話では[32]、目前に迫ったハリコフ研究所の開設に関係した仕事のために、あなたは彼をロシアに緊急に呼び寄せるとのことです。私には何のご連絡もなく、このようなことをされたことに驚きました。というのは、まず第1に、シネリニコフのキャヴェンディッシュ研究所における仕事は、彼がハリコフに戻ってから取り組む予定になっている研究と密接に関係しています。また、私はあなたの研究所の顧問ですから、彼が仕事を中断するこのような措置は私と打ち合わせを経てからなされるべきでしょう[33]。第2に、あなたは私を非常に辛い状況におくことになります。人々がこのように突然仕事を放り出すと、ここでは非常に芳しくない印象を引き起こすことになり、キャヴェンディッシュ研究所で研究をするために、他のロシアの研究者がこ

---

31) イヴァン・ヴァシーリエヴィチ・オブレイモフ（1894-1981）は物理学者で、分子物理学、スペクトロスコピーの専門家である。ハリコフに創設されたウクライナ物理工学研究所の初代所長を1929年から32年まで務めた。彼は学生時代からのカピッツァの親しい友人であった。

32) キリル・ドミトリエーヴィチ・シネリニコフ（1901-1966）は加速器技術、原子核物理学、プラズマ物理学などを専門とする物理学者で、1928年から1930年までキャヴェンディッシュ研究所のラザフォードのところで働いた。

33) カピッツァは1929年5月にハリコフに創立されたばかりのウクライナ物理工学研究所の顧問に任命された。研究所の顧問の権利については、この研究所の所長であり組織者のI. V. オブレイモフは1929年2月8日付のカピッツァ宛の手紙で、「… 顧問というのは基本的なメンバーの1人で、指導部に属し、あなたにオファーがされるならば、あなた無しに、大きな一歩を踏み出すことはないでしょう。あなたの援助がたいへん必要になるでしょう。…」ソヴィエト連邦国民経済最高会議の科学技術局参事会議長 L. B. カーメネフは1929年1月23日にカピッツァにウクライナ物理工学研究所の顧問になるよう提案した。カーメネフは「我々はいまハリコフで、科学アカデミー会員 A. F. ヨッフェのレニングラードの研究所をモデルにして、物理工学研究所を組織しています。この事業は特別な意義を持つので、研究所の組織に顧問として参加して下さるようにあなたにお願いします。…」と書いている。[A]

こへやって来るように招待しようと私が思っても、困難になるでしょう。

　この手紙を受け取りましたら、合意していた期日より早く6月にシネリニコフを帰国させるという命令を撤回し、今回の事態に関して私に説明をして下さることを希望いたします。

　私が心から恐れているのは、あなたがとった措置は同僚たちや私とあなたの関係を損なう可能性があることです。研究者にとっては将来についての確固とした確信と自由が絶対に必要です。研究者の扱いを兵士と同じようにすることはできません。私見では、あなたの研究所が成功して発展するためには、あなたの研究員たちが幸せで、自由であることが必要です。なぜなら、科学における成功は人間によって達成されるのであって、実験器具によってではないからです。

　あなたが私の意見に対して配慮して下さることを希望いたします。

心より　あなたのP. カピッツァ

発信者：カピッツァ		**[A]**
受信者：R. ロバートソン	日付：1931年2月20日	発信地：ケンブリッジ

親展

親愛なるロバートソン[34]

　残念なことですが、実はサポジュニコフ教授が逮捕されたことをお伝えしなければなりません。彼に向けられた告発についてこれまで印刷された形で伝えられていないので、逮捕の理由が何であるか、私にはわかりません[35]。

　ロシアにおける現在の政治的状況から見て、サポジュニコフの外国の友人たちからの支援は非常に用心深く、十分な節度をもってなされなければならないことをあなたはよくご承知のことと思います。

---

34) ロバート・ロバートソン（1869-1949）はイギリスの物理化学者。爆発物に関する専門家。

35) ソ連の化学者で、爆発物の専門家のA. V. サポジュニコフ（1868-1935）は1930年にえん罪で逮捕された。拘禁され、死亡の直前に罪が取り消されて解放された。［A］

　新聞を通じてご存知のように、最近逮捕されたロシアの市民たちは、多くのケースで、外国政府とのつながりを理由に告発されています。もし同じような告発がサポジュニコフに対してなされるならば、彼の外国の友人たちのいかなる口出しも彼には利益よりも大きな害をもたらすことを、あなたはもちろんご承知でしょう。

　イギリスにいる彼の友人たちはこの件について公表される迄は待つべきだと私は思います。多分、ロシアの新聞に彼に対する告発が報じられるでしょうから。そこで、社会の注意をサポジュニコフ教授の研究業績と科学の発展に対する彼の仕事の意義に向けるようにし、ソ連政府への批判や政治的な問題に触れる声明は注意深く避けるようにと私は忠告いたします。よくご存知の通り、現在ソ連政府は科学の発展とロシアの研究者を支援するためにあらゆる可能なことをするよう努めていますが、外部からの干渉には、いかなるものであれ、極めて敏感です。

　私は、例えば、サポジュニコフ教授の研究活動に関して、教授の65歳を祝う記念出版をしてはどうかと助言したいと思います。もっとも、今年が生誕65年であるかどうか、確信はありません。他のやり方もあるでしょう。サポジュニコフ教授の仕事の意義を特に重視して、ロシアの化学者たちの業績についての論文を出版する可能性もあるでしょう。このような論文は、定評ある科学雑誌に出版されるならば、間違いなく、ロシアで読まれ、それゆえに、イギリスの友人たちはもとより、彼の運命を心配しているロシアの彼の友人たちによって活用されるでしょう。

　あなたがご自分の手紙で書いておられるロシア大使への訴えはどうかと言えば、私には、そのようないかなる訴えも間違いであると思います。そのような行動はしないようにお勧めします。というのは、それは政治的意味を持つものと解釈されうるからです。

　　　　　　　　　　　　　　　心より　あなたのP. カピッツァ

親展

親愛なるブラッグ教授[36]

　私はちょうど今ロスバウト博士[37] から手紙を受け取りましたが、そこには
ポラニー教授[38]について書かれています。私はこの手紙をポラニーの承諾無
しで書いています。ロスバウト博士からは、手紙を特別に内密のものとして
扱って欲しいと要請を受けました。

　ポラニーは、どう見ても、ドイツで起こっている恐ろしいジェノサイドの
犠牲者の1人です。ロスバウト博士からの情報によれば、しばらく前にポラ
ニーはマンチェスターの物理化学研究所を率いてほしいという申し出を受け
ましたが、そのとき彼はこのオファーを受諾できませんでした。状況が大き
く変わった今、その提案を復活させることができるかどうかを、彼は知りた
いと思っています。

　私自身はこの件について何も知りませんが、あなたは、きっと、この件に
ついてすべてご存知で、ユダヤ人の教授を援助する用意がおありでしょう。
ですから、この情報があなたにお役に立つかも知れないと私は考えていま

36）ブラッグは親子ともに物理学者なので紛らわしいが、ここは息子のウイリアム・
　　ローレンス・ブラッグ（1890-1982）である。父親ウイリアム・ヘンリー・ブラッ
　　グ（1862-1942）と共に結晶によるX線回折を研究し、共同でノーベル物理学賞を
　　受賞した。ローレンス・ブラッグは1919年から1937年までマンチェスター大学教
　　授、その後、ラザフォードの後を継いで、1938年から1953年までキャヴェンディッ
　　シュ研究所の所長を務めた。

37）Paul Rosbaud（1896-1963）と思われる。ロスバウトは冶金学者で、科学専門誌の
　　出版に従事した。

38）Michael Polanyi（1891-1976）であろう。ポラニーはハンガリー生まれのユダヤ人。
　　物理化学者で、後に科学哲学の分野に転じた。

す[39]。

　私はポラニーとは偶然会ったことがあるに過ぎませんが、ロスバウトは私の友人です。おそらくは、それが彼が私に手紙を送ってきた理由でしょう。

　心からの温かい挨拶とともに、あなたのご多幸をお祈り申し上げます。

心より　あなたのP.カピッツァ

発信者：カピッツァ　　　　　　　　　　　　　　　　　　　**[A] [B]**
受信者：N.ボーア　　　　　日付：1933年11月15日　発信地：ケンブリッジ

親愛なるボーア教授

　あなたの要請によって、たった今、ディラックがガモフ[40]の直面している困難を私に話してくれました。どんな人にとってもその人が最も気に入っている国と条件下で働くのが最良だと思います。ですから、もしガモフが研究場所を見出せるなら、彼にとっては外国で働くのがベストだと私は思います。特に、現在、ロシアでは原子核に関する実験あるいは理論の研究があまり多く行われていないからです。ガモフの能力は外国でこそはるかによく発揮されるでしょう。ガモフは、広い交際仲間がいるとき、仕事が最もうまく進む性格であるように見えます。

---

39) マンチェスター大学教授 W. L. ブラッグは1933年5月5日にカピッツァ宛に次の手紙を送った。「お手紙有難うございました。あなたがお手紙の中で触れた問題で、既に、いくつかの方策がとられています。ポラニーをここに獲得するために、うまく進めばいいと期待しています。」カピッツァは1933年に多くのユダヤ人物理学者が、イギリス、フランス、ベルギー、アメリカの大学で職を見つけるのを助けた。
40) ジョージ・ガモフ（1904-1968）はロシア生まれのアメリカの物理学者。原子核物理学（アルファ崩壊の理論）、宇宙物理学（ビックバン理論）、生物物理学など広い分野で功績がある。ガモフは1930年代初めからソ連を出国する機会を探していたが、ソ連政府からの許可が得られなかった。1933年にブリュッセルで開かれたソルヴェイ会議に出席の許可が出た。その機会にフランス、イギリスなどで短期間滞在し、1934年にアメリカに移り、以後、アメリカに永住した。アメリカへ移るまでM.キュリー、N.ボーアなど多くの友人がガモフを助けた。

ガモフがロシアに帰国しないことに対する主な反対の論拠は、外国で学びたいと思っている若いロシアの物理学者たちが出国の許可を得るのを極めて困難にするだろうということです。今約10人の若い物理学者が海外に行きたいと思っています。この問題は現在審議中です。もしガモフがロシア政府の許可なくヨーロッパに滞在し続けるならば、それは上記の若い人たちに障害をもたらすことになるでしょう。

　私の考えでは、この困難な状況を脱するにはただ一つの方法しかありません。それは、ロシアでガモフのヨーロッパ滞在について正式な許可が得られなければならないということです。これを実現する最善の方法は、ガモフがたとえ1年であっても仕事上の休暇を得ることです。そうすれば2年目には許可を得るのはより簡単になるでしょう。そのうち彼の不在は慢性的な病気に似た状態になって、それに慣れるでしょう。ガモフ自身にとっても、このような解決が、彼の移り気な性格から見て、最善だと思います。1年か2年して彼は考えが変わるかもしれません。彼の奥さんは母国が恋しくなるかも知れません。なぜなら、これが彼女の最初の海外旅行だからです。こうすれば、彼らにとって背水の陣にはならないでしょう。

　このような仕事上の休暇を得るにはヨッフェを通すのが一番ではないかと私は考えます。ヨッフェは、彼に正しく接近すれば、それを実現するに十分な影響力を持っていると私は確信しています。もしあなたがヨッフェに相談すれば、彼はあなたの望みを助けるために、出来ることはなんでもやるでしょう。コペンハーゲンから彼に電話することも1つの方法でしょう。（中略）

　ディラックはあなた自身がロシアに行く可能性もあるのではないかと私に言っています。そうすればあなたはこの問題を率直にヨッフェと議論することができるでしょう。

　それにしても、世界で最も国際的であると自認する国が、現実には、自国の市民が他国を訪問するのを非常に難しくしているという現在の政治的な状況は非常に悲しいものです。現在の状況がこのようになっているのは私には残念ですが、すぐに良い状況になるだろうと思います。

あなたと奥様に心からの挨拶を送ります。

　　　　　　　　　　　　　　　心より　あなたのP. カピッツァ

第3章　ソ連からの出国禁止とその後の研究

　ケンブリッジでの研究が順調に進み、ヘリウム液化の新方法の開発と応用に取りかかっていた1934年にカピッツァはソ連で開催される会議への出席と研究機関訪問のため一時帰国した。目的を終えてイギリスに戻ろうとしたとき、突然政府から出国を禁止された。当時のソ連の政権は研究者が外国に行くことを厳しく制限していることをカピッツァは知っていたが、自分は国際的に有名な物理学者なので大丈夫だろうと楽観していたと思われる。実験設備と研究員たちをケンブリッジに残しているので、研究の継続が不可能になった。困ったカピッツァは研究分野を生物物理に変更することまで考えた。ソ連政府は「物理問題研究所」という新しい研究所を作り、カピッツァを所長にした。これは異例の厚遇であった。しかし、実験設備をどうするか、装置の立ち上げのための技術スタッフをどう確保するかという大きな課題があった。そのとき、ラザフォードの厚意によってケンブリッジにあるカピッツァの設備をソ連政府が購入して移設することが可能になり、カピッツァのソ連での研究が可能になった。以下の手紙は、出国禁止となったカピッツァの迷いとモスクワで研究を始めるまでを伝えている。

発信者：カピッツァ　　　　　　　　　　　　　　　　　　　　**[A][B]**

受信者：妻　　　　日付：1934年10月5日　発信地：レニングラード、クラースナヤ・ゾーリャ通り

（抜粋）

ぼくのねずみさん[41]

　… 君が出発して、すぐ翌日ではなく、3日目にこの手紙を書いていま

41）妻アンナにカピッツァが付けたあだなである。カピッツァがなぜこの呼び名をつ
　　けたかは1935年5月21日付の妻への手紙の中の注に記されている。

28

す[42]。実は、昨日書きたいと思っていたのですが、レイプンスキー[43]が立ち寄り、その後彼が僕をサーカスを見に連れ出したためです。さあ、少し自分のことを話しましょう。もっともこの数日何も興味あることは起こっていないのですが。（中略）君の出発の後、自動車の保険に関して、自動車協会に電報を打ちました。その後、家に帰ったのですが、ひどく気分が落ち込みました。次の日の朝には、朝から散歩に出掛け、ストレルカ［レニングラードの岬状の名勝地］まで歩きました。朝には、また、ニコライ・ニコラーエヴィチ［セミョーノフ］から電話がありました。彼はモスクワから来たばかりで、僕のところに5時に来て、約1時間半いました。（中略）それから、彼は僕を車で君の父親[44]のいるヴァシーリエフスキー島まで連れて行ってくれました。僕は君のお父さんと夕べを過ごしました。（中略）4日目には、一日を植物園への散歩で始めました。温室を見て回りましたが、あるお年寄りが非常に分かり易い説明をしながら、案内をしてくれました。その後、朝食を食べて、仕事を始めました。条件反射に関するパヴロフの本を買い、今条件反射について勉強しています。（中略）

　僕の気分は憂鬱でもありますが、ずっと良くなっています。何か幸せな気分すらあります。実は、ヘリウムの実験を軌道に乗せ、その後、スカンジナヴィアへの旅行などがあったので、ケンブリッジでの最近の数ヶ月は疲れていました。今はこうして強いられた休暇が心地よく感じられます。（以下略）

君のペーチャ

---

42) ソ連政府からイギリスに戻って研究を続けることは認められないと伝えられ、妻はケンブリッジの子供たちの所に1人で戻り、カピッツァはレニングラードの自分の母親の所に残った。

43) アレクサンドル・イリイチ・レイプンスキー（1903-1972）は原子核物理、原子炉技術の専門家。1933年から1934年までキャヴェンディッシュ研究所で研究した。

44) アカデミー会員のアレクセイ・ニコラーエヴィチ・クルィロフである。

ソヴィエト連邦人民委員会議副議長 V. I. メジュラウク宛
メジュラウク同志[45]

　10月26日付のあなたのご連絡を10月31日の晩に受け取りました。そこには、私がソ連で行う研究について、あなたに提案をするように、と記されていましたので、以下に報告いたします。ご承知の通り、私のこれまでの基本的な仕事はケンブリッジの私の研究所で行ってきた低温磁性の探索という分野でした。この研究は現代物理学の中で技術的に最も複雑なものに属し、例外的によく技術を備えた研究基盤を持ち、質の高い研究員グループを擁することが要求されます。ケンブリッジでは自分の研究を13年間続けてまいりましたが、それだけでなく、実験室で現在備えている、他所にはない、独自の設備を創ることを通して、研究員たちの能力を伸ばしてきました。その際、私はイギリスの企業の援助を受けましたが、彼らは、恐慌のために、個人的な問題を喜んで引き受けてくれました。

　仮にこの研究を最初から始めるとすると、実験室のすべてを創らねばなりません。選考をしっかり行い、特別にトレーニングをした助手と機械工を持たないでは、また、設計図や技術的なデータなど無しに、ただ私の頭の中のアイデアによる指導のみであれば、どんな国であっても数年間がむしゃらに仕事をする必要があるでしょう。それも産業界からのしっかりした支援がある場合の話です。ソ連では技術的資源は十分にありますが、多くの材料が不足しています。そして、何と言っても、十分トレーニングを受けた助手が不足しているので、私がケンブリッジで研究していたのと同レベルの研究を遂行する責任を負わされても、それは不可能のように思います。これを遂行す

---

45) 人民委員会議副議長は副首相に相当する地位である。ヴァレリー・イヴァノヴィチ・メジュラウクは1934年4月25日から副議長の職にあった。なお、その時の議長（すなわち、首相）はヴァチェスラフ・ミハイロヴィチ・モロトフであった。

る唯一の方法は、既に申し上げているように、若い研究者をケンブリッジの私の実験室に派遣して、ケンブリッジにおける技術的経験を私の実験室からソ連に少しずつ伝えることでしょう。

　もう一度次の点を指摘しておきたいと思います。私は2、3年前にソヴィエトの若い物理学者たちが私の実験室で研究をするために国が派遣するようにと繰り返し提案し、彼らにそのような機会を提供しました。私の実験室で研究を希望している外国人たちの行列の順番とは別に彼らを受け入れる用意が私にはありました。私は当局の人々に、これが私の研究をソ連に移す唯一の方法であると申し上げました。たいへん残念なのは、それが実行されなかったことです。現状では、新しい実験室を創ることをお引き受けできないと、はっきり申し上げます。それゆえ、私はソ連での仕事として自分の研究領域を変える決心をしました。

　実は、私はずっと前からいわゆる生物物理学的現象、すなわち、物理学の法則によって研究されるべき動植物界の現象に興味を持っています。筋肉の領域でのメカニズムに関する諸問題に関心を持ってきました。この分野は、2つの学問の境界にあって、科学的に非常に興味があるにも拘わらず、ずっと放ったらかしにされてきました。近年ヒルと彼の学派はこの分野を著しく前進させ、彼の研究はノーベル賞を受賞する数年前に既に認められていました[46]。

　物理学のさまざまな問題に関して私が度々助言をしてきたことを通してヒルと親しくなり、彼の研究の目指す方向と方法を知ることができました。

　ソ連ではこれらの問題に関して誰も仕事をしていません。この問題では、規模の大きい、強力な装置ではなく、小さくて、感度が高く、精度の高い装置が必要ですので、私はこの問題について研究する積もりです。また、ヒルは数学が専門なので、彼は、自分の仕事で、筋肉のいろいろなプロセスの熱力学的要素を過大評価し、純粋に物理学的要素を脇に置きましたが、実

46）アーチボルト・ヴィヴィアン・ヒル（1886-1977）はイギリスの生理学者で、筋肉の収縮について研究し、1922年ノーベル医学・生理学賞を受賞した。

は、それこそ私が興味を持っていることです。I. P. パヴロフに相談したところ[47]、彼がこの仕事の全般的な方針に賛成していること、この問題について特に研究したことはないものの、彼もまたこの問題に興味を持っていることが分かりました。パヴロフは、それと共に、親切にも、自分の実験室の中に私に必要な場所を与え、実験装置を自由に使うことを許可してくれました。必要な文献を詳しく調べる作業が終わり次第、私は実験の仕事に取りかかります。

　もし我が国の研究施設で私の専門的な助言が必要とされているときには、もちろん、これまでそうしたように、私は喜んでお引き受けいたします。

P. カピッツァ

発信者：カピッツァ	**[A]**
受信者：妻	日付：1934年12月4日　発信地：レニングラード

（抜粋）

　… パヴロフは僕との会話の中で次のように言いました。「ねえ、ピョートル・レオニードヴィチ、私が考えていることを1つだけ話します。私はそのうちに死にますが、あなたはこの研究をしなければなりません。だって、それは私たちの祖国にとても必要ですから。祖国が困難な状況にある今、私は、どうしてだか、この国が好きになったのです。祖国がどうなるか、私の条件反射がどうなるか見届けるために、せめてあと10年生きたいのです。あのねえ、私は何としても長生きしますよ。」

　彼は僕に親切に相手をしてくれるのですが、私たちの間には全てにおいて大きな隔たりがあります。自分が考えていることを話すのを、僕は何も心配していませんが、2人の背後の環境は違っています。彼は既にずっと以前から学派のリーダーで、全ての人によって認められていますが、一方、僕は1

---

47) イヴァン・ペトローヴィチ・パヴロフ（1849-1936）は生理学者。条件反射の研究でよく知られる。1904年にノーベル医学・生理学賞を受賞した。

人で、基盤も信頼もありません。(中略)

　彼はすぐに私を信頼し、A. V. ヒルとエイドリアン[48]と比べて、僕の生物生理学に関する仕事についてはるかに好意的な態度をとってきました。私は既に1ヶ月ほど調べていますが、彼らは間違っていると確信するに至りました。僕はバナール[49]と話をしましたが、筋肉研究の僕の理論に彼は夢中になりました[50]。僕は既にいくつかの実験の計画を持っています。ヒルとエイドリアンは、おそらく、彼ら自身の問題へのアプローチだけを見て、他の方法は見ていないでしょう。僕は常にそうなのです。もしすべての助言者と懐疑派の言うことを聞いていたら、僕は自分の人生で何も成し遂げられないでしょう。

　当地では皆が同志キーロフの死を悲しんでいます[51]。同志キーロフの公正さ、人柄の良さ、エネルギーは、人々から本当に愛されていたからです。さらに、これは社会の大きな損失です。なぜなら、あらゆる情報から判断して、同志キーロフは偉大な組織者で、大きな創造的才能を持っていたからです。さらに、彼が例外的に優れた文章家であることも考えれば、キーロフの死によってソ連が受けた大きな損失が分かるでしょう。(以下略)

---

48) エドガー・ダグラス・エイドリアン (1889-1977) はイギリスの電気生理学者。神経細胞の研究で1932年ノーベル医学・生理学賞を受賞。

49) ジョン・デスモンド・バナール (1901-1971) はイギリスのX線構造解析を専門とする物理学者。

50) 生物物理学への興味、特に、筋肉のいろいろなプロセスへの興味をカピッツァは人生の最後まで持っていた。1959年に、科学の計画化に関する国際シンポジウム (プラハ) における「科学の将来」と題する講演の中で、次のように述べている。「最も驚くべきことは、研究者たちがこれまで筋肉のプロセスの本質を理解していないということである。このことを自覚しなければならない。筋肉収縮のメカニズムの研究は将来の科学研究の中心的問題の一つである。この研究には物理学者、化学者、生物学者が参加するであろう。」

51) 1934年12月1日レニングラードの共産党の書記セルゲイ・キーロフが暗殺された。この事件の背後にスターリンがいたのではないかと推測されている。

発信者：カピッツァ　　　　　　　　　　　　　　　　　　　　　　**[A]**
受信者：V. I. メジュラウク　　日付：1934年12月9日から15日までの間　発信地：モスクワ

　科学アカデミー会員[52] の会議が終わって、私は下記のことを確信しています。

　ソヴィエト連邦において私は自分の科学と技術の研究にすぐに着手する用意が整っていることをもう一度確認します。イギリス滞在の13年間にどこか別の国に移住するために行動したことは全くないことを申し上げておきます。また、この期間に既に5回ソ連に戻ってきました。ソ連に帰国した時には、講義のほかに、どんな相談も断ったことはありません。

　私の全研究生活を通じて、人生の主要な目的と関心は純粋の科学研究にあったことも指摘しておきたいと思います。自分の研究を常に完全に公表し、それによって、私は研究者としての現在の地位を獲得しました。また、誰が国際的な文化と科学の発展に寄与する研究をしたのかも知っています。自分の性格と信念から言って、私は今後も科学研究を自分の主要な仕事とすべきだと考えています。ですから、科学研究を続けられる場合にのみ、私はソ連にいる意味があります。一方、研究を自分の基本的な課題として続けながら、力と知識の及ぶ限り、我が国の社会主義的発展において、自分が蓄えてきた経験をありとあらゆる援助と協力のために生かすことが自分の義務だと考えています。私はこれまで精神的にも、公式の立場でも、この国との結びつきを断ったことはありません。

　上に記した会議のまとめとして、私は近い将来ソ連において仕事が可能になると結論します。さらに、近い将来、科学アカデミーを新しいモスクワの地に再建する計画作成の問題でも[53]、私がお役に立てるのではないかという

---

52) これは1934年12月8日に科学アカデミー常任書記 V. P. ヴォルギンによって招集された、モスクワにおけるソヴィエト連邦科学アカデミー常任委員会の会議のことである。会議に参加したのは G. M. クルジジャノフスキー、A. N. バッハ、S. I. ヴァヴィーロフ、I. V. グレベンシコフ、N. N. セミョーノフの各アカデミー会員であった。[A]
53) 科学アカデミーは1934年にレニングラードからモスクワへ移された。

気がします。今日、科学研究はあらゆる工業の状況と密接な接触の下に行われなければなりませんが、それを考慮に入れて、私自身の研究の継続のためにも、また、ソ連の産業の発展への一般的関心の点からも、私の専門的知識でお役に立てるはずの大小の工場の状況を実地に調査することに力相応に参加する必要があると思っています。その大小の工場は私の専門にとっても有用であり、ソ連において私が専門的な研究をさらに継続する上で必要になるでしょう。

　私がケンブリッジ大学で行った主な純粋科学の研究を継続できるかどうかは、イギリスで13年の努力によって作り上げた実験室の設備をここですぐに建設できるかどうかにかかっています。

　もちろん、多くのことが私の考えにも依ることを私は自覚しています。この点について誤解がないようにするために、科学アカデミーと私の関係および私の家族の事情を考慮して、自分が最終的にモスクワに住み着くことを直ちに決断することに同意いたします。（中略）

　次に、最も重要な問題、すなわち、私の研究に不可欠な実験室の建設の問題に移ります。実験室を短期間で建設し、研究をさらに進める上での困難を明瞭に認識するために、私の研究についてもう少し詳しくお話ししなければなりません。

　過去に他の研究者が行った研究では、研究での探求の範囲は、非常によく知られ、多くの企業で製作されているありふれた実験手段と機器で可能な範囲に限られていました。しかし、私の研究では、物理学のいくつかの問題において、探求の範囲を著しく拡大いたしました。特に、磁性の問題では独自の機器を製作するためにあらゆる工場の経験と技術を生かして、新しい方法を考案しました。それには私が受けた初歩のエンジニア教育が大いに役立ちました。一方、資本主義の危機のために停止して、相当数が休業しているイギリス産業界は、収益が比較的少ない私の実験室のための仕事を喜んで引き受けて、援助してくれました。

　もちろん、我が国の工場は膨大な量の仕事を抱えているので、私の注文が実現されるような特に好都合な状況の下でのみ、私の仕事はソ連でうまく進

展し、成功するでしょう。当然ながら、工場の従業員が喜んで私を助けてくれるのを見てきましたが、私の方からも彼らに役に立つようにしてきました。もちろん、私は我が国において私が使える技術の範囲を詳しく知りません。ですから、私の研究が西欧の産業の助けなしにここでどれほど展開できるかという疑問への答えを得るために、この問題を調べる機会が与えられるならば有難く思います。ここソ連において、自分の手で実験室の設備を建設することに関しては、ほとんど確信を持って次のように言えます。すなわち、このような仕事の重要部分についての技術的な経験は十分過ぎるほどありますが、主な困難はこのためには作業図、技術データの大きなセットを持っていることが何より必要であること、要するに、13年間のいろいろな時期に、いろいろな工場で、いろいろな助言者たちの下にイギリスで蓄積され、それ無しで仕事に取りかかることは考えられないようなものすべてが必要なのです。イギリスにおける仕事は私のアイデアで行われましたが、私が実験室を建設できたのは、事実上、そのような人々のおかげです。こちらにすべての技術的経験を移転し、ここに私の実験室を復元するためには、実験室の資料アーカイブに保存されている技術データが絶対に必要であると思います。第2に、すべての器具と装置が必要です。それらはデッサンに従って作られましたが、それについての正確なデータは実験室の資料アーカイブの中にはありません。最後に、私の2人の主要な外国人の研究スタッフを3-4年を超えない範囲で実験室の立ち上げのためにソ連に招待することも必要です。これらすべてを実現するのは容易でなく、また、それに要する費用も少なくありません。しかし、ラザフォード教授を通して、政府が丁重にケンブリッジ大学に申し入れすれば、すべてが全く不可能という訳ではないと私は思っています。いずれにせよ、私は交渉の成功のため、あらゆる協力を惜しみません。もちろん、ソ連における技術的な可能性について調べた結果、一部の材料、一部の装置を国内で調達することが出来ないと判明したときには、それらは海外から購入せざるをえません。

P. カピッツァ

| 発信者：カピッツァ | **[A]** |
| 受信者：妻 | 日付：1934年12月17日　発信地：モスクワ |

（抜粋）

　… この数日間に多くの興味深いことが起こりました。昨日僕はV. I. メ
ジュラウクのところに行き、彼とおよそ3時間話をしました。これは最近の
最も楽しく過ごした時間の1つです。メジュラウクは頭のいい人で、ちょっ
とした言葉から相手を理解できます。もっとも、当然ですが、時には考えて
いることとは違うことを話しますが、これは然るべき地位を占めている人な
らば、多分、その人に義務付けられたものなのでしょう。（中略）いずれに
せよ、私たちは、初めのうちは、ソ連における科学に関する全般的なテーマ
について話をしました。もちろん、その点にずっと困難がありました。我が
国ではいつも純粋科学が応用科学と混同されています。これは、もちろん、
当然で、理解できることなのですが、同時に、ここに、疑いなく、多くの間
違いの根源があります。応用科学の研究と純粋科学の研究との違いは評価法
にあります。どんな応用研究もその具体的な結果によって直接評価でき、そ
れは非専門家でさえも理解できるのに対して、純粋科学の活動の評価はずっ
と難しく、その問題に特別に興味を持っているより狭い専門家のグループの
中でのみ可能です。この評価は世界の科学と広く接触している場合にだけ、
正しく行うことが出来ます。ですから、国際的な科学界としっかりと、緊密
な連携をすることがソ連にとって必要です。我が国の成果と研究者達が世界
の科学の市場で評価されていなければなりません。さらに、それによって
我々の知識の水準が上がりますし、我が国でこれほどはびこっているいかさ
ま師を追い出すことができます。最後の点についてはメジュラウクには話し
ませんでしたが、最初の面会で十分な相互理解ができました。

　その後、私たちは科学と研究所のもっと細かい、一時的な病的状態につい
ても話をしました。大きすぎる規模、やっつけ仕事、仕事の掛け持ちがそれ
です。ここでも理解に到達しました。

　総じて、メジュラウクとは明らかに完全な理解に到達可能です。私たち2

人は強力な科学の創造という共通の希望を持っているので、もし将来彼と一緒に仕事をできるなら、たいへん幸せです。（中略）

　これまでいつもそうしてきたように、僕はアドバイスをすることを続け、科学アカデミーの計画立案の仕事に参加します。科学アカデミーはモスクワへ移動します。この移動は地理的なことだけでなく、再編と結びついています。もちろん、古い荷馬車を直す必要があり、それにガソリンモーターなどを搭載しなければなりません。君のお父さんがしているように、このような事を無視するのは正しくありません。科学アカデミーは穴のようなものだから、それと係わり合いになってはいけないという声がありますが、科学アカデミーを活発にする必要があります。それは不可能ではありません。（以下略）

発信者：カピッツァ	**[A] [B]**
受信者：V. M. モロトフ	日付：1935年5月7日　発信地：モスクワ

ソ連人民委員会議議長V. M. モロトフ宛
同志モロトフ

　私としてはこの手紙の内容はできれば個人的にあなたにお話したいところです。というのは、私は手紙を書くのが得意でないからです。しかし、残念ながら、あなたは面会を望んでおられません。

　同志メジュラウクの話では、外国では私が出国禁止にされてここに留め置かれていることを論ずる記事が出たとのことです。もちろん、研究者達は早晩この件について知るに違いありません。外国の研究者に知られるのはなるべく遅くなってほしいと私は思っていました。私の名前が新聞種になるようなことがなく、いかなるものであろうと不和のきっかけになることがない平穏な打開策が見つかることを期待してのことです。しかしながら、明らかに、この問題は私の手に負えないものでした。

　私が研究にはここソ連の方がいいと思っていると声明を出して欲しいとの要請を同志メジュラウクから受けました。残念ながら、今それは出来ません。その理由を人民委員会議議長のあなたにこの手紙で申し上げたいと思い

ます。主な理由は、既に同志メジュラウクに何度か申し上げていますように、気分が非常に悪くなるような状況に私が置かれたことにあります。私は物質的状況のことを申し上げているわけではありません。私はそのようなものに特に興味を持ったことはありません。現在の状況において、それについてほとんど考えておりません。そうではなく、専ら、倫理的状況と私の科学研究の状況について申し上げているのです。当然ながら、それらの評価では、常に、ケンブリッジ大学で私が置かれていた状況との比較をしています。

　ケンブリッジ大学では科学は自由に展開され、研究者は自由に海外に行き来するのに対して、ここソヴィエト連邦では、すべてが政府の直接的監視下にあります。これは、もちろん、正しく、原則的には歓迎すべきことです。なぜなら、この依存関係の中に、科学が我が国の生活における偶然的要素ではなく、我が国の文化の発展の主要で基本的な要素になることを保証するものがあるからです。

　しかし、科学は注意深い対応が必要な最高レベルの知的労働ですから、研究者との話し合いの時謙った態度を示す高官の手で歪められる可能性があります。私たち研究者への非常に親切でありながら尊大な接し方によって私は何度も侮辱されました。高官の1人は私に面会室で1時間半待つことを強いました。別の高官は月に2度面会することを約束したにも拘らず、ほとんど一度も実行しませんでした[54]。面会の時間を決めるために何回電話すればよいか前もって分からないこと、入室のために順番を待って立っていること、長い廊下を歩くこと、これらすべてが私を打ちのめし、苦しめます。誰かの所に面会に行かねばならないという悪夢を何度も見ました。こう私が申し上げるとき、決して冗談を言っているわけではありません。政府の責任あるメンバーとの話し合いは、国と政府に必要な事務的な話し合いではなく、何かのご褒美あるいは名誉のための会話であると見なすようになり始めています。

54）最初のケースはソヴィエト連邦重工業人民委員代理ゲオルギー・レオニードヴィチ・ピャタコフのことで、第2のケースはヴァレリー・イヴァノヴィチ・メジュラウクのことを指すと考えられる。[A]

手紙に返事をしないだけでなく、手紙を受理したという確認さえありません。こういう状況で正常な科学研究が展開できて、研究者の心に自尊心が芽生えるとは思いません。

　私が出国禁止になってから、この自尊心を私が失うように、あらゆることがなされました。最初の4ヶ月間私は相手にされず、パンの配給券すら与えられませんでした。明らかに、私をおびえさせるために、3ヶ月間、内務人民委員部[55] の2人の諜報員が通りで私の後をつけ回し、時々私の外套を引っ張って、からかいました。

　さらに、何人かの責任ある地位の人物があらゆるやり方で私を脅し、私から返事を求めて、今日まで脅しを続けています。どんな目的でこれらがなされているのか、私には分かりません。というのは、これは、研究者や知人の多数が私から恐れて逃げるようになり、私の神経組織を抑圧する効果しかなかったからです。

　もちろん、13年間ソ連を留守にして海外にいましたので、ソ連での生活をずっと注視してきたとは言え、それでもやはり、私は多くを間違って評価する可能性があり、また、私にとって多くが理解できない状態にあります。そのため最初から、出来るだけ深く、ソ連での生活と建設を理解したいという望みが私の中に生まれました。そこで、私は自分ができることをやり、党大会、ソヴィエト大会その他の報告を読みました。私は私の疑問や質問に明解に説明してくれる責任ある立場の指導者たちと個人的に接触したいと思ってきました。

　私は、自分の発案で、2つの覚え書きを書きました。1つはソ連における純粋科学についての覚え書き、もう1つは私の科学研究の基盤としての我が国の産業についての覚え書きです。後者は同志メジュラウクに提出いたしました。しかしながら、これらの私の覚え書きのどちらも検討されていませんし、この目的のために私を全ソ連共産党中央委員会文化宣伝部門の同志たちに紹介してほしいという願いは満たされないままです。こうして、この8ヶ

55）内務省に相当し、秘密警察を統括する。

月私は何の役にも立たず、全く1人で、立場が不安定な状態です。一部の人々は怯えて去り、他の人々は私と話をするのを望みませんでした。

この結果、私の心の平衡は完全に乱されています。今は創造的な研究に心を集中できない状態です。（中略）

4ヶ月後に研究の準備が問題になったとき、私は2つの可能性を指摘しました。第1の解決法は私が新しい研究を始めることで、第2の解決法は私がケンブリッジで行った研究を続けることでした。後者のためには私の装置、設計図、そしてスタートのために2人の以前の研究員が絶対に必要であることを指摘しました。それを手に入れるために、私が仲介者になって、全権を与えられた代表のいる前で、電話で交渉を始めることを提案しました。しかし、それは拒否され、この件は文書一式がロンドンの全権代表に渡されました。装置の移管が可能である場合に備えて、装置が海外から届くときに、私が装置のための場所を作る準備をするようにと言われました。

この仕事では、初めのうちは私を援助する動きがありましたが、その後すべてが変わりました。最初、素晴らしい建築家たちが加わり、私は彼らと気が合いました。その後、彼らは排除され、ほとんど絶望的にひどい連中が加わりました。私がいくらか建築の経験を持っていたので、満足できる建物を設計できました。この8ヶ月間に私が遂行できた唯一の重要な仕事は建築の仕事だけです。もちろん、これは馬鹿げたことです。指名された建築技術者の質が悪いことを私は恐れています。というのは、そうなれば、実験室の建物は私のイギリスの実験室より遥かに質の悪いものになるからです。しかし、たびたび申し上げているように、ケンブリッジから備品と研究員を獲得する問題が決着しない限り、建物の建設はどうでもよくなります。そして、この交渉の過程についての情報は、お願いしているにも拘らず、詳しく私に伝えられていません。ですから、どうなるかについて私は何も知りません。

もちろん、私は、でき上がったものを食事に出されることに慣れた、ひ弱な娘っ子ではありません。私が国際的な科学の世界で占めている地位は、当然ながら、神の贈物として私に与えられたものではありません。私には研究する能力があり、これまで研究につぐ研究をしてきましたし、これからも研

究するでしょう。例えば、用地の取得に関連した取るに足らない困難は私を慌てさせることはありません（実験室のための立派な用地は割り当てられていますし、モスクワ市勤労者代表ソヴィエトは私たちの仕事に素晴らしい態度で対応してくれます）。工場へ注文するときやむを得ず行わなければならない厳しい交渉が私を困惑させることもありません。工場は全く悪くなく、彼らといっしょに仕事することは可能です（これについて私は覚え書きの中に書きました）。今私が気力を失うことがあるとすれば、それはたった今記した私への全般的な対応だけです。

　私への率直で、親切な対応を私は感じません。信頼（これは重要です）と共感が感じられません。科学と研究者への本当に真剣な、深い敬意が感じられません。この状況の下で研究をここソ連で再建しようとする私の試みは、誇張でなく、石の壁に小型ナイフで穴をあけたいという望みに例えることが出来ます。

　ですから、当然ながら、私は考えていないことや感じていないことを述べることはできません。私にとって、ここは、ケンブリッジより良いとは言えないどころか、非常に悪いのです。私がソ連のためになし得ることは、せいぜい、沈黙を守ることです。私としては、この私の手紙が曲解されないことを望みます。私が何をしても、何を話しても、まず、その中の欠点探しをされていることに私は気付いています。ここには私への好意的な対応がないことが反映しています。13年間外国にいる間、私はずっとソヴィエト連邦を裏切ることはありませんでした。もちろん、それはソヴィエトの土地に生まれたということが私の運命に好都合であったからではありません。私はいろいろな言語を知っていますし、私は外国に大きな拠点を持っていて、そこでは私はよく知られていて、実際、研究者として評価されています。ですから、自然に、心ではコスモポリタンになりました。私がソヴィエト連邦に忠誠であるとすれば、それはただ私が労働者階級によって指導されている社会主義の建設に共鳴しているからであり、また、共産党の指導下のソヴィエト政府が実行している広範な国際主義の政治に賛成しているからです。私はこの点についての考えを決して隠したことはありません。それに関しては海外

ではよく知られています。この13年間ずっと、ソ連の研究者と西欧の研究者を近づけ、我が国の科学の威信を保つために、一貫して私ができることすべてを行ってきました。私はたびたびソ連に来て、講義をし、助言をし、そして、今はこのような状況にも拘らず、私に対して提案された私の力に見合う仕事を拒否したことはありません。そして、今、私に対する、不当で、厳しく、侮辱的な対応にも拘らず、以前通りソヴィエト政権に敬意を持っていますし、政権が共産党と共に行っている偉大な事業への私の信頼はいささかも揺らいでいません。私は社会主義の全面的勝利を信じています。また、ここソ連には将来の人類の発展の基礎が据えられていると信じています。今やいかなる勢力があろうとも、いかなる過失があろうとも、全世界での社会主義の発展を止めることは出来ません。仮に私が政治家、あるいは、経営の責任者であれば、共産党のメンバーになる可能性があれば、それを誇りに思うでしょう。しかし、私は運命によって研究者になりました。ですから研究者として、当然、まず第一に自分の研究の才能が生かせる状況になるように、努力しなければなりません。この努力は私の性格として植え付けられています。自分の実験装置、本、研究仲間を奪われ、非常に興味深い段階に達している研究を乱暴にも止められて、私は今自分が全く不幸で、傷つき、悲しく、役に立たない人間になっています。あなたが研究者たちにお聞きになれば、私の状態をすぐにご理解頂けるでしょう。

　しかし、私は科学の国際性を固く信じています。真の科学は、どんなにそこへ引き込む力があろうとも、あらゆる政治的激情と戦いの外側にいなければならないと私は信じています。また、私がこれまで行ってきた科学研究は、私がそれをどこで遂行しようと、全人類の財産であると信じています。

P. カピッツァ

発信者：カピッツァ		[A]
受信者：妻	日付：1935年5月21日	発信地：モスクワ

（抜粋）

　… 僕は最近パヴロフの研究論文を読みました。ですから、僕にはパヴロフの研究が分かります。その独創的で、全く独立した思考様式に僕は大変感動し、魅了されました。そこで、P. P. ラザレフ[56]が会話の中で急にパヴロフを批判し始めた時、僕はパヴロフを擁護しました。僕にはその攻撃が不適切なのは明白でした。当然ながら、誰だって間違いをします。パヴロフも、僕のワニ[57]も。それは仕事の過程では避けられません。正しく評価を行えば、間違いからさえ人間の知力について判断できます。間違いは珍しくなく、普通の人間は間違いをするもので、天才のパヴロフだって間違いをします。偉大な人間の第一の特徴は、自分や他人の間違いを気にしないということです。一方、取るに足らない人間は、専ら、人々の間違いについて考えたり、語ったりします。

　ここにあるのは信条の問題です。利口ぶって、抽象的議論に溺れないようにするには、僕はどうしたらいいでしょうか、ねずみちゃん[58]？ 定期的に届けられる雑誌Natureを僕に送って下さい。僕の仕事と関係がある論文が読めないと、半狂乱状態になってしまいます。強制的に麻薬のない状態に置かれた麻薬中毒患者の状態が僕にはよく分かります。人々が狂った状態になることがあるのは知っていますが、自分自身が研究の出来ない境遇に置かれ

---

56) ピョートル・ペトローヴィチ・ラザレフ（1878-1942）は物理学者。生物物理学などを専門とする。

57) これはカピッツァが1921年にラザフォードの下で働き始めたとき、ラザフォードにつけたあだなである。彼は最初ラザフォードをたいへん恐れていた。ユーモアといたずらによって、彼はこの恐怖と闘った。

58) カピッツァが1927年にパリでその後妻になったアンナ・アレクセーエヴナ・クルイロフと知り合ったとき、彼女は考古学者で、古文書保管庫で長時間仕事をしていた。カピッツァは彼女をからかって「古文書保管庫のねずみさん」と呼ぶようになった。こうして、このあだなはその後もずっと残った。

て、半狂乱状態になるなんて思ったことはありませんでした。僕は喫煙をやめるときの感覚を知っています。僕はもうほぼ2年タバコを吸っていません。でも、これほど夢中になっている仕事ができない状態に比べたら全く簡単なものです。僕にとって明らかなのは、自分が興味を持っているのは研究の過程そのものであって、時にそれと結びつくことがある栄冠や尊敬ではないということです。（以下略）

発信者：カピッツァ　　　　　　　　　　　　　　　　　　　　　　**[A]**
受信者：V. M. モロトフ　　　　　　日付：1935年8月20日　　発信地：ボルシェヴォ

同志モロトフ

　私はもう一度はっきりと、私のイギリスの実験室と2人の研究員なしでは研究を再開できないことを指摘したいと思います。この件について、たくさんの理由を示して、最初からお話しいたします。私には愛国心がないから新しく装置を作らないのだ、などとこれまで言ってきた人がいますが、それは誤解です。なぜなら、そういう人たちは私の研究が全く分かっていないからです。もし私が石の壁に額で穴をあけたいと思っていないならば、愛国心の欠如を理由に私を非難してもいいでしょう。

　生理学者たちから[59]、ケンブリッジの私の実験室をソ連政府が買い上げる交渉はうまく進んでいないと聞きました。おそらく、同志マイスキー[60] にはこの課題をやり遂げるのは不可能でしょう。というのは、既に8ヶ月間うまく進んでいないからです。これ以上時間をロスすることはできません。さらに、実験室の装置と人員を得ることが重要であって、いくつかの副次的な意

59）1935年8月9日から国際生理学者会議がレニングラードとモスクワで開かれ、多くの研究者が集まり、イギリスからはA. V. ヒル、E. D. エイドリアンがソ連に来ていたと思われる。カピッツァは彼らからケンブリッジの自分の実験室のことを聞いたと推測されている。

60）イヴァン・ミハイロヴィチ・マイスキー（1884-1975）は外交官で、1932年から1942年までイギリス駐在ソヴィエト連邦大使であった。

義しかない装置を得ることは重要ではありません。後者はただカピッツァを助けたと言って自慢できるだけのことです。マイスキーはすべてを十分に検討していないのではないかと私は心配しています。私は7月5日にあなたに手紙を差し上げ、その後7月26日に同志メジュラウクに、この交渉に私自身が積極的に参加したい旨を申し上げました。同志メジュラウクに交渉計画を述べました。メジュラウクは同志たちと話をしてから返事すると約束しました。しかし、最後の点はこれまで実行されていません。私は、交渉は私とラザフォードの間で行う方が良く、どのような人を経て行われようと、交渉には何の秘密もなく、合意に達するや否や、すべては全権代表部を通じて正式に取りまとめられることを申し上げてきました。重要なことは、時間を無駄にしてはならないということです。最初から私を交渉から遠ざけることは無意味で、すべてを遅らせることにもなります。私がソヴィエト連邦において研究を再開することをあなたが心から望んでいらっしゃるのであれば、私を信用し、援助し、手紙に答え、交渉と研究を遅らせないようにしなければなりません。私がケンブリッジで受け取ったもの以上の資金と配慮の用意がなければなりません。ところが、今の所それはありません。私はこれらすべてを、自分のためではなく、「研究を再開する」というあなたの課した課題を実現するために、申し上げています。もし私の研究のテンポがイギリスでのテンポと同じでなければ、私たちにはうまく行きません。

　「ボリシェヴィキのテンポ」という言葉は、自慢するためにだけあるのでしょうか？

　もしあなたが交渉を加速するように今命令されないならば、数ヶ月を無駄にすることになるでしょう。というのは、実験室のための建物の骨組は、おそらく、期限通りでないとしても、1ヶ月以内には整い、そうすると建物は設備のない空っぽの状態になるからです。実験設備の入手が決まっていない間は、私は研究員を集めることも、準備の仕事に取りかかることもできません。

　もしあなたが私のお願いを根拠のないものとお考えであれば、私を所長の職と責任から免除して、7月5日付の手紙に私が記しましたように、すべてを他の方に移管して頂くことを再度お願いいたします。

　最悪のケースは、人々が仕事に確信がなく、ぐずぐずして、素早く、きちんと行動しない場合です。そのようなやり方では我々は西欧の科学に追いつけないでしょう。科学においては、行動の素早さがほとんどすべてを決めます。

P. カピッツァ

　1935年10月初め、カピッツァがイギリスで建設したモンド研究所の設備のソ連への引き渡しについてラザフォードと交渉するために、ソヴィエト連邦外国貿易人民委員部の責任者の F. Ya. ラビノヴィチがイギリスに来た。モスクワからの出発の前に彼はカピッツァに会った。ラビノヴィチはカピッツァとは知り合いで、非常に友好的な関係にあった。カピッツァは彼にタイプライターで打った「ラザフォードとの交渉の全般的な性格に関するアドバイス」を渡した。以下はこの「アドバイス」からの抜粋である。

　「カピッツァはこの地で元気で、幸せであり、親切に扱われているとは言わないこと。いずれにせよ、彼らはそのような事を信じないでしょう。同志マイスキーのように、妥協すること。嘘をつかないように、できればその問題に直接言及しないこと。

　カピッツァは、もし自分の装置と自分の助手を受け取るならば、ソ連で物理学の研究を続けることに同意していることを言うこと。雰囲気や条件は、もちろん、ケンブリッジに劣るけれども、ソヴィエト政府が研究に配慮するであろうと期待される。いずれにしても、研究のために資金が払われるであろうし、申し分ない建物が間もなく建つであろう。

　ソヴィエト政府はカピッツァにラザフォードとの交渉を行うに当たって主導的な役割を与えることに同意し、衝突を回避し、実験設備を受け取るために30,000ポンド以上の金額[61]を彼に提供した。

　カピッツァは、もし彼が実験室全体と共に自分の主要な実験スタッフのピ

---

61)　当時の30,000ポンドは現在の約3億円に相当する。この換算はBank of Englandによるインフレ率の推定によると、1ポンド（1935年）= 72.73ポンド（2020年）であることと、現在のポンド円換算率から計算したものである。

アソンとラウルマンを得ることができるならば、その時初めてソヴィエト連邦において彼の研究を再建する望みがあると考え、ラザフォードの援助をお願いしている。…」

10月3日にラビノヴィチはケンブリッジでラザフォードに会った。ラザフォードは、ラビノヴィチが冷たい役人ではなく、カピッツァの心配事と運命を他人事と思わない人間であることをすぐに感じた。ラザフォードは10月5日付のラビノヴィチ宛の手紙を次の言葉で締めくくった。「私はあなたにお会いして、あなたがカピッツァの無事を心から心配していることを知り、うれしく思いました。」

10月8日にラザフォードはラビノヴィチに再び手紙を書き、前日にモンド研究所の委員会の会合が行われ、そこでソヴィエト政府による研究所の研究設備の購入問題が審議されたことを伝えた。ラザフォードは次のように書いている。「カピッツァ教授がロシアで研究を開始するのを助けるために、大学が総額30,000ポンドで設備の移管を好意的に検討するよう進言することを委員会で決めました。」

以下のカピッツァの手紙はこのような状況を背景に書かれている。

発信者：カピッツァ　　　　　　　　　　　　　　　　　　　　　　[A] [B]
受信者：E. ラザフォード　　　　　　日付：1935年10月19日　発信地：モスクワ

親愛なるラザフォード卿

ラビノヴィチ氏は私に10月8日付のあなたの手紙を示し、モンド研究所の設備と機器の移管に関するケンブリッジ大学とソ連政府の間の合意の概要を私に話してくれました。この移管によって、現在モスクワで建設中で、私が所長に就任予定の科学アカデミーの物理問題研究所で研究に取りかかることが可能になります。私はこの計画に賛成しています。

ラビノヴィチ氏は、また、私の承認を求めて設備のリストを私に手渡しました。全体として、私はそれが研究を始めるのに十分に完全で、満足できるものだと思います。

（中略）

　ソ連の政権から伝えられたところでは、イギリスの大学がこの契約を承認すれば、移管される設備の支払いのため30,000ポンドの金額がロンドンの貿易代表部に送金されるとのことです。貿易代表部は、代金を支払えるようになれば、直ちに公式にあなたにお知らせすると私に約束しました。同時に、もしあなたが望むときには、設備のコピーの注文の支払いのために、直ちに、5,000ポンドの額を前払いとして支払います。この前払いに対しては、ある種の合意が取りまとめられなければなりません。私は、あなた自身がこのような提案を持って乗り出すよう提案いたします。私は、ただ、お役所の手続きで時間を無駄にしないでほしいと考えています。というのは、自分の研究が出来なくては私は病気になってしまうので、研究を出来るだけ早く再開したいからです。

　少なくとも当地での私の研究の初期段階では、ピアソンとラウルマンの助力が絶対に必要であることをご理解頂けて、たいへんうれしく思います。私はこれがどれほど困難であるか理解しています。2人が当地に来ることを望んでいる場合に、大学がそれぞれに少なくとも1年の休暇を認めることをあなたが希望しているとラビノヴィチから聞いて、私はたいへんうれしく思います。彼らがイギリスからの留守の間、大学が彼らに対していかなる支出もする必要がないように、ソ連の政権は彼らへの給料を出すようにすると私に約束しました。ピアソンは6ヶ月だけこちらに滞在する積もりであることはたいへん残念です。もし彼が希望するのであれば、ここでの滞在期間を、少なくとも1年まで延長する可能性が彼に与えられればいいと考えています。

　おそらく、コピーを作る段階で問題が生じて、いくつかの点で変更が必要になるでしょう。添付のリストでそれらの大部分に印を付けました。それらはすべて副次的な意義を持つに過ぎないので、それらが異議を引き起こすことはないと思います。あなたはこれらの重要でない問題をご心配になることなく、おそらく、この契約の実現を任せているコッククロフトと一緒にすべてを解決されてはどうでしょうか。

　再度申し上げますが、出来るだけ早くすべての設備を受け取れることを首

を長くして待っています。あなたが同意できる設備の発送手続きの方法を見付けてくださったら、たいへんうれしく思います。この件の早期解決に向けたどんな提案でも非常に有難く思います。というのは、ソ連の政権からは遅れることはないと約束されているからです[62]。（以下略）

敬具

P. L. カピッツァ

発信者：カピッツァ		**[A] [B]** [63]
受信者：E. ラザフォード	日付：1935年10月20日	発信地：モスクワ

親愛なる先生

　人生というのは本当に不可解なものです。私たちが何かの物理現象を研究しようとする時でさえ、困難にぶつかりますから、人は決して人間の運命を解きほぐすことはできないだろうと私は思います。ましてや、私の場合のような複雑な運命は。私の運命はあらゆる種類の出来事の非常に込み入った組み合わせであるので、論理的な整合性を問わない方がよいでしょう。結局、私たちは皆、運命と呼ぶ流れを漂うごく小さい粒子に過ぎません。私たちが出来るただ1つのことは、自分の道をちょっと変え、表面に踏み留まるだけです。流れが私たちを運んで行きます。

---

62) この手紙に応えて、1935年11月11日にラザフォードはカピッツァに次のような手紙を書いた。「私の知る限りでは、コッククロフトが、あなたが関心を持っている情報、設計図などの記されている手紙をあなたに送りました。私はあなたが設備の移管を早くすることを望んでいることをよく理解しています。そして今ソ連の大使に手紙を書き、機器のうちのいくつかを私たちが発注できるように、ソヴィエト側がすぐに大学の口座に5,000ポンドを送金する用意があるかどうかを聞いています。同意するという返事を受け取り次第、この件でさらに先へ進めるでしょう。しかし、既に、最も大きく、高価な機器のうちのいくつかの複製可能性についての予備的書類を作成しました。…」

63) この手紙は［B］では1935年10月20日付、［A］では同年11月23日付になっている。いずれが正しいか、著者には判断できない。

ロシア人を運ぶ流れは、新しい、活発で、人の心を虜にするような流れ
で、それ故荒々しい流れです。それは改革者や経済専門家には驚く程ぴった
りですが、私のような研究者には果たして適しているでしょうか？時間が経
てば分かることでしょう。いずれにせよ、科学が発展し、社会の構造の中で
重要な位置を占めるようになることを国は真剣に求めています。しかし、ソ
ヴィエト連邦ではすべてが新しく、科学の地位を新たに決定しなければなり
ません。このような状況では間違いが避けられません。私たちは余り厳格な
裁判官であってはなりません。目標は新しい道を建設することだということ
を決して忘れてはなりません。私は別に恨みを感じていません。ただ、私は
自分の力と能力に自信を持っているわけではないのです。もちろん、ソヴィ
エト連邦で母なる自然が私に与えた方針に従って研究を再開し、ロシアにお
ける科学の発展を助けるためにも、私は最善を尽くします。私は自分が期待
した以上に耐えられることを発見し、驚いています。研究の可能性を奪われ
た状態が私にとってこのような試練になろうとは想像できませんでした。し
かし、少なくとも最悪の状況は今や過去のことになりました。

　この手紙を書いている主たる理由は、実験室の設備の移管を滞りなく進め
て頂き、また、ラウルマンとピアソンの助力を得ることに協力して下さり、
あなたが示して下さったご援助と支持を私がどれほど有難く思っているかを
お伝えするためです。そもそも私にとっては2人の助手なしで研究するのは
極めて困難でしょう。というのは、ご記憶のように、そのうちの1人とは17
年間[64]、もう1人とは10年間一緒に研究してきました[65]。少なくとも最初は、
彼らの助力なしに自分の設備を果たして建設できるか、分かりませんでした。

　私は、他の誰よりも、あなたにお会いしたいです。私がケンブリッジに滞

64）カピッツァはエミール・ヤノヴィチ・ラウルマン（1890-1954）とは1917年にペトロ
　　グラードのジーメンス＆ハルスケの工場で実習を受けたとき知り合いになった。ラウ
　　ルマンは1918年からペトログラード理工大学でカピッツァと一緒に働いた。1921年
　　エストニア出身者として、祖国に帰還し、1922年カピッツァの招きによりケンブリッ
　　ジにやって来て、キャヴェンディッシュ研究所のカピッツァの個人的助手になった。
65）もう1人の助手はヘンリー・エドワード・ピアソン（1900-1957）である。

在した13年間でのあなたとの個人的および研究上のお付き合いが私の人生においていかに大きな役割を演じたかを、今こそ理解できました。あなたの下を離れた今、この経験が私にとってたいへん役に立つと確信しています。私があなたに如何に感謝しているか、そして、あなたが私のためにして下さったこと、現在して下さっていることすべてに常に感謝していることをご理解頂きたいと思っております。私のケンブリッジ時代と仲間の研究者たちから受けた厚意と援助の最良の思い出はこれからずっと私の心に残るでしょう。すべてがはっきりしてから、王立協会とケンブリッジ大学に手紙を書いて、感謝の言葉を述べる積もりです。

　今は妻が一緒にいるので、たいへん幸せです。妻は家族の引っ越しの準備をしています。この仕事が終わったら、ケンブリッジでの用事を片付けるために、妻はそちらに出発します。

　どうぞ奥様によろしくお伝えください。

心をこめて　P. カピッツァ

カピッツァの研究を支えた2人の助手
左：E. Ya. ラウルマン、右：H. E. ピアソン
（1934年、モンド研究所にて）

	[A]
発信者：カピッツァ	
受信者：E. Ya. ラウルマン	日付：1935年12月26日　発信地：モスクワ

親愛なるエミリー・ヤノヴィチ

　たった今あなたの手紙を受け取りました。私はあなたを恨みに思っていたわけではありませんし、腹を立てているわけではありません。私があらゆることをどう見ているのかを以下にお話しします。

　私はここモスクワで自分の研究を再開する決心をしました。それは私が望んで起こったわけではありませんが、それについて今は多くを語る時ではありません。私には政府に恨みを持つという感情に自分を任せてしまうことは出来ません。常に私の祖国であり続けてきたこの国で起っていることを（ご存知のように、私は以前にその気になればこの国から断絶することができたのですが）、世界の文化と将来の人類のための自分の役割という観点から見ない訳にはいきません。おそらく、これはあなたにご理解頂けないでしょうが、そうなのです。いずれ私が正しいことを理解して頂けるでしょう。私が心配している唯一のことは、ケンブリッジで行った科学研究をソ連で遂行するにはまだ条件が十分に熟していないことです。しかし、5〜10年位したら、科学の分野でソヴィエト連邦が先導的役割を果たすようになるだろうと私は確信しています。ただ祖国へ寄せる気持ちと祖国の将来のために、私はここで自分の研究を開始することに同意しました。これは容易ではないことを私も知っています。ケンブリッジにおいてさえ、あなたと私が仕事をやり抜くのは簡単ではありませんでしたが、すべてうまく行きました。私たちの17年間の共同研究において、私は唯一つのことをあなたに約束しました。それは、あなたとあなたの家族が順調に暮らせるように、私自身にできることはすべてやるということです。私はそれをやり遂げたと思っています。

　私が今自信がないのは、あなたがケンブリッジで享受したような物質的環境を果たしてここで作れるか、あなたがケンブリッジ大学の正職員としてあなたの最後の日まで保証されているすべての物質的幸福をあなたから奪う権利を私は持っているのか、ということです。ですから、私はあなたにしばら

くの間だけ、すなわち6ヶ月から1年間、あなたの都合のいい期間でいいの
ですが、私が研究を軌道に乗せるのを助けるために、来て頂きたいとお願い
した次第です。そのために、私はケンブリッジ大学に対して、あなたが自分
の地位とそれに伴う保証を失わないように、あなたに休暇を与えるよう取り
はからってほしいと依頼しました。私の依頼は簡単なもので、あなたを困難
な状況に置くものではないと思います。それゆえに、私はあなたの前に何か
の物質的利益を餌として見せて、それによって誘うことはしませんでした。
そんなことは失礼だろうと思っています。しかし、もちろん、すべてを軌道
に乗せ、研究者たちをここで訓練するのをあなた無しで行うのは私には難し
いと思っています。(中略)

　あなたは今私にとって必要不可欠な存在で、あなた無しでは私は困難に直
面するであろうことを率直に申し上げねばなりません。しかし、このよう
な事情だからと言って、あなたの人生と仕事を乱す権利は私にはありませ
ん。もしあなたにとってここソ連で研究の仕事がより快適にできて、生活が
より快適であると私が確信しているのなら、私の手紙の書き方も違ったもの
になったでしょう。私はどうかと言えば、もちろん、言わば、司祭から正教
会の最下位の堂務者になりました。ここでは仲間の研究者たちの私への接し
方はひどく、ケンブリッジでのような良好な親しみを込めた対応はありませ
ん。ですから、私は彼らを近づけず、関わりを持たないようにしています。
私の関心事はすべて若者たちにあります。彼らは根本的に素晴らしく、彼ら
とは仲良く、楽しく仕事ができるでしょう。ここに実験室が建設されました
が、それはケンブリッジほど立派ではありません。しかし、それでも研究を
するには十分なものです。ここではいろいろ細かいことで非常に大きな障害
があります。ですから、どうぞ、イギリスから私にすべてが間違いなく送ら
れるように、追跡、監視をして下さい。(中略)

　私の個人用戸棚の中にある様々なたくさんの物をすべて送るのは容易では
ないでしょう。あなたは、私がどのように仕事をするか、何が好きなのかを
非常に良くご存知ですから、私が記したことを、多分、ご理解頂けるでしょ
う。

　ここの人たちについて言えば、技術スタッフはかなり良く揃っています。既になかなか良い機械工、第一級のガラス吹き工がいます。2人の研究員もまあまあ良く育っています。すべてについて妻があなたに詳しくお話しするでしょう。

　しかし、何より可笑しいのは、ケンブリッジで非常に難しかったことが、ここでは遥かに容易であることで、ガラス吹き工に関しては既にあなたにお話ししました。また、ここでは木材加工も容易です。良い木工職人がいます。それに、ここでは今非常に良い工作機械があります。工作機械に関しては、実際、修理工場は非常に良く整備されています。これについてはピアソンに話して伝えて下さい。（中略）

　サービススタッフの数は数え切れません。何人いるかと言うと、補給従業員が3名、会計係が2名、タイピストが3名、秘書が2名、消防隊員が8名、清掃係が2名、門番が1名、掃除婦が3名、ボイラーマンが3名、それにレジ係です。これはすべてステッピング女史[66]の代わりです。しかし、もちろん、私はこんな状態を長く続けることはできません。少しずつ仕事に慣れさせて、後で、2/3の人員を減らします。今私はすべてを手に入れつつあります。（中略）ここの研究所はモンド研究所の1.5倍で、私は今になってここでの仕事の状況が分かり始めています。

　問題は、私の補佐役がこの研究所を建て、組織を担当し、私自身は指示を出すだけだったことで、これからはすべて自分で引き受けねばならないことが分かりました。私は丸1年物理学に従事していなくて、ただ生物物理学に関するいろいろな本を読み、筋肉の諸問題を研究していました。

　ですから、私はあなたや他の人にも手紙を書きませんでした。物理学について考えるのが辛かったからです。今は研究の仕事と非常に入念に創られたケンブリッジの組織について思い出すのが辛いのです。しかし、それでも私はすべてをもう一度新たに始めることができない程年を取っているわけではありません。

66）カピッツァがモンド研究所の所長だった時の秘書である。

ではご機嫌よう。また手紙を差し上げます。

P. カピッツァ

発信者：カピッツァ **[A] [B]**
受信者：E. ラザフォード　　日付：1936年2月26日から1936年3月2日の間　発信地：モスクワ

親愛なる私の先生

　私たちはまだ病気から完全には回復していません。息子たちが病気だという短い手紙をあなたに差し上げてから、今度は私が寝込むことになり、インフルエンザの後で中耳炎になりました。耳の状態が非常に悪かったので、医者はもう少しで鼓膜に穴を開けるところでした。私自身がそれをお願いしたのです。というのは穴を開ければ、ひどい痛みが弱まるのではないかと思ったからです。今日は気分が回復してから最初の日です。今後数日は外出できません。我が家ではアンナ1人が寝込みませんでした。母もまた比較的元気です。

　あなたの先日のお手紙をたいへんうれしく思いました。もちろん、それは非常に厳しいものでしたが、心地よいものでした[67]。あなたがうんざりする

---

67) ここで問題になっているのは、1936年1月27日のラザフォードの手紙である。ここではラザフォードは非常に立腹している。この手紙は1936年1月20日のJ. コッククロフト宛のカピッツァの手紙に答えたものである。以下にその手紙の抜粋を引用する（英語の原文は "Kapitza in Cambridge and Moscow"（1990, North-Holland), p.277 にある）。「…コッククロフトが私にあなたの手紙を見せてくれましたが、そこには自動電話設備一式やその他のかなりの量の物を送ってほしいと書かれていました。ソ連と我々との間の合意で列挙されている装置の他に、我々にとって大金が必要な設備をあなたに送る約束をしたか、あるいは、既に送りました。私はあなたを出来る限り援助したいのですが、モンド研究所にとってのこの身を削る出費はもう終りにしなければなりません。今日以後は、もしあなたが必要とする重要な物があるときには、自分で買うように手配するか、あるいは、それをあなたのために手に入れる費用を私たちに払わなければなりません。あなたがなるべく早く仕事を始めたいと思っていることを私はよく理解していますが、コッククロフトに表明されたあなたの希望はちょっと恩知らずで、無作法のように私は感じました。その装置を注文し、ロシアへ送るにはコッククロフトは馬車馬のように働かねばならないこ

とおっしゃる言葉から、私は数え切れないくらいたくさんの出来事を思い出しました。

　私は当地で非常に落ち込んでいます。去年よりましですが、ケンブリッジにおいて感じたような幸福の感覚がないのです。アンナがこの国に帰って来てくれて、私に慰めと幸せをもたらしました。私の家庭生活はともかく回復されました。これは非常に重要です。というのは、それまで私は孤独で、ほとんど全く1人だったからです。ですから家族は私にとって非常に大きな意味を持っています。あなたのお手紙は私にケンブリッジでの幸せな年月を思い出させてくれました。当時あなたは、今と同じように、言葉と振る舞いでは荒っぽいですが、心は温かく、それが私の大好きなところでした。それが私をより幸せにしてくれました。ああ、失楽園！

　当地の友人の中には私のことをピクウィックと呼ぶ人もいます[68]。私は人々を実際よりも良く考え、彼らは私を実際より悪く見ます。おそらくこれは正しく、これが私の不幸の原因です。私が祖国のために役に立とうと努力していることを誰も評価してくれませんでした。彼らはその中にあらゆる

とをあなたは忘れてはなりません。実際、このために彼自身の仕事は、6ヶ月の間、ほとんど停止されることになるのです。さらに、新しい液化機の用意は時間がかかり過ぎているというあなたのご不満も読みました。しかし、ピアソンと他のスタッフの労働時間の相当部分が、実験設備をあなたのところに発送するために、また、ここの研究所の活動が止まることがないようになされていることを思い出して欲しいのです。あなたがご存知のように、設備をあなたに譲渡する基本的な条件として、この譲渡が物理学科の仕事に大きい影響を与えないことを大学は要求しました。私たちはこの件を加速するためあらゆる努力をしますが、あなたはこの件の唯一の関係者ではないので、あなたの求めに応えるため多くの時間を費やさねばならないことを忘れないで下さい。今後あなたは二度とこの種の不満を手紙に書くのを止めてほしいのです。そうでないと、私たちはあなたを最もうんざりさせる人物とみなすようになるでしょう。

　以前の経験からよくご存知の通り、私は短気で、また歯に衣着せず自分の意見を言う人間です。以前のように、それを真剣に受け取って頂きたいと思います…。」［A］
68）これはチャールズ・ディケンズの「ピクウィック・ペーパーズ」に登場する風変わりな人物サミュエル・ピクウィックを指していると思われる。

腐ったものだけを見ていましたし、今でもおそらくそうです。どうしようも
ありません。しかし、当局との関係は最近わずかながら改善しました。彼ら
が何を考えているのか分かりませんが、いずれにせよ、私が研究を再開でき
るように、あらゆる可能なことをしてくれるようです。しかし、公式の関係
ではそれ以上を期待できません。我々の関係は形式的で、普通のものです。

　しかし、私の同僚の研究者たちは私と関わりになるのを恐れて、豚のよう
に振舞っています。私の研究所は科学アカデミーに属していますが、私は
科学アカデミーの正会員ではなく[69]、私の研究所を支配しているのは正会員
たちです。幸い私は科学アカデミーの会議や行事に出席する必要がありませ
んが、彼らは研究所の運営に口出しします。私は彼らの承認なしに大学院生
の受け入れができませんし、財政はすべて常任委員会で承認されねばなりま
せん。一般にはこれは悪くないでしょう。誰かが科学のことを考えねばなり
ませんから。しかし、この驚くべき制度において常任委員会というのは一体
何なのでしょうか！会長はカルピンスキー[70]で90歳です！若いときには彼は
まあまあの地質学者でした。もっとも特に優れたところはありませんでした
が。しかし今は絶えず眠っていることによって地位を保っています。常任委
員会の会合の間、彼はその魅力的な顔の上に、幸せで人の良い笑みを浮か
べ、眠っています。おそらく若い時の夢を見ているのでしょう。彼は無害
な、素晴らしい会長で、誰の邪魔にもなりません。2人の副会長は科学アカ
デミーとしては若く、65歳です。1人はコマロフで、植物学者です。彼は植
物とは何か知っていて、マーガレットとケシの違いが分かります。彼は多分
ロシアで他の誰よりも植物の名前を知っているでしょう。それで科学アカデ
ミーのメンバーになったのです。他の事では彼は全くのバカです。こんな

---

69) カピッツァは1929年から科学アカデミー準会員であった。すなわち、議決権を
　　持っていなかった。イギリスにいた時には（1929年から）彼は王立協会の完全な権
　　利を持つ正会員であった。自分のアカデミーにおける地位の違いをカピッツァは非
　　常に敏感に感じていたようである。
70) アレクサンドル・ペトローヴィチ・カルピンスキー（1847-1936）は地質学者。
　　1925年から1936年までソヴィエト連邦科学アカデミーの会長であった。

バカな顔は滅多に見たことがありません。彼を見ていると気分が悪くなります。彼の話を聞くのは、顔を見るよりもっと気持ちが悪いです。私たちの友人ローリーは彼と比べれば天才です。もう1人の副会長は、これに比べればましです。彼の名前もKで始まりますが［G. M. クルジジャノフスキーのこと］、複雑で、私には英語で綴れません。彼は電気技師で、ソ連の電化計画の責任者でした。それは、私の理解する限り、大きな業績です。しかし、この男は科学研究の経験がなく、大の夢想家で、非常にロマンティックです。彼は壮大な計画を持っていますが、細かいことや日常的な事柄の中で自分を見失います。彼は、会長と同様に、非常に親切な人間で、科学アカデミーで非常に人気があります。彼と話をしていると、彼はたくさんの約束をしますが、どれ1つとして実行しません。多分これは何も約束しないで、何も実行されないよりましです。何しろ、私のような経験のない人間は数日間楽しい希望を持つことが出来ますから。それが彼の人気の理由だと思います。その次は事務長のゴルブノフです。彼は、特にこのポストの仕事のために、今年、科学アカデミーに選ばれました。科学アカデミーの90人のメンバーの平均年令は65歳で、アカデミーの秘書的な仕事が出来る活動的なメンバーを探し出すのは不可能だったのです。彼を科学者とみなすのは難しいですが、最近、非常に危険なロシアの南東部に探検を行いました。ですから、彼はむしろ探検家です。多分、彼は常任委員会の中である種の個性を有する唯一の人物です。いずれにせよ、彼と話をしていると、彼は他の人が絶対言わないような見解や意見を述べます。その次は私たちの友人ブハーリン[71]です。この非常に背が低く、ひげを蓄えた男を、以前カレッジに連れて行ったことがありますが、ご記憶でしょうか？彼はジャーナリスト、経済学者、哲学者がいっしょになったような人物です。彼は万事きちんとしていますが、彼は今私を恐れ、会うのを避けています。次は化学者のバイコフです。化学

71）ニコライ・イヴァノヴィチ・ブハーリン（1888-1938）は共産党の政治家であり、科学アカデミー会員。1930年代の激しい粛清の嵐の中で、1938年反革命陰謀の嫌疑をかけられ、処刑された。

工学者で、有能な印象を与えますが、それ以上ではありません。彼について多くを語るのは困難です。彼は会話では愛想がよく、あいまいで、恐らく常任委員会のメンバーとしては適任で、場所を埋め、誰の邪魔もしません。

最後は物理学者セルゲイ・ヴァヴィロフです。彼は若く、まだ45歳です。あなたは彼の名前をご存じないかも知れませんが、彼の仕事は液体の蛍光に関するものです。光のビームを液体で満たした容器に通し、それと垂直な方向から光を観測する、といった仕事です。一度装置を設定すると、一生それで仕事ができます。液体の種類はたくさんありますから、それを換え、また、入射光のスペクトルも変えられます。こうしてその組み合わせは膨大になりますから、学生を忙しく働かせることが出来、学生に研究をしているという満足感を与えることが出来ます。彼はそれ以外には何もやっていません。ヴァヴィロフがなぜ科学アカデミーに入ったのか、私には理解できません。物理学者の人材は多くないとは言え、スコベリツィン、フォック、その他の人々がいて、彼らはヴァヴィロフより遥かに優れています。ヴァヴィロフは、恐らく、彼が何を言うべきか知っている上品な人間で、皆を喜ばすようにそれを話せるのです。

残念ながら私自身は洗練された人間ではありません。洗練されていれば、私の人生ははるかに楽になるでしょうに。しかし私は1人の大学者を知っています。その人は洗練された物腰なしに、ただあなただけが到達できた高みに達しました。しかしこれはイギリスだから可能なのです。イギリスでは物腰のよい人が余りにも多く、そのような人々の価値はそれほど高くありません。しかし、当地ではよいマナーはそれほど一般的でないので、そのような人々は評価されます。

常任委員会の最後のメンバーは物理化学者のA. N. フルムキンです。彼は常任委員会の中で唯一人研究者としての尊敬を得ているメンバーです。特に傑出していると言えないとしても、彼は賢明で、正直で、科学に献身的です。彼はメランコリックに見え、決して激することなく、その態度はシニカルです。彼は私に対して親切で、私が拘束されている間も私と接触することを

恐れていませんでした[72]。ですから私は彼の人柄に深い敬意を抱いています。以上が科学アカデミー常任委員会で、ご覧のように、それほど魅力的ではありません。王立協会は、最悪の場合でも、ソヴィエト連邦科学アカデミーの常任委員会のメンバーたちのようなことはなかったと思います。彼らは私の研究所には何の興味も持っていません。常任委員会の1人の委員も私のところに来たことがありませんし、同情あるいは興味の言葉がありません。私自身も彼らには関心がありません。今日までに私は2回彼らと衝突しました。どちらの場合でも、私は必要な物を手に入れました。ですから、私が従順な羊でないことを彼らは知っています。

　他の科学者たちも私には無関心です。私の恩師ヨッフェはこのところずっと私を無視してきました。彼は科学アカデミーの物理学部門のトップで、物理学分野全般でのリーダーです。私は彼の仕事に参加したいと思っていないので、彼から距離を置いています。ですから、私がいかに孤独かお分かり頂けると思います。私の希望は若い人々だけにあり、大学の学部生の中からいっしょに研究する若者を選びたいと考えています。彼らと親しくなり、彼らが私の仕事に興味を持ってくれるように、私は大学で講義をしています。

　このような孤独の中では、ケンブリッジの科学者たちからのいかなる友情の印でも、私がそれをどれほど有難く思っているか、お分かり頂けるでしょ

---

72) 1934年末のセルゲイ・キーロフ暗殺後、国内を恐怖が支配していたので、イギリスから帰国したカピッツァと面会することを多くの研究者が恐れていた。彼の友人の何人かは、この頃、イギリスにいたカピッツァから受け取ったすべての手紙を焼却した位である。ラザフォード宛の手紙の中で科学アカデミーの常任委員の何人かに対して与えている評価にはこのような状況が反映して、カピッツァの精神状態が少し不安定になっているように見える。例えば、セルゲイ・ヴァヴィロフはここでは酷評されている。カピッツァが皮肉を込めて書いている仕事はいわゆる「ヴァヴィロフーチェレンコフ効果」の発見に導いた。新しい放射を発見し、その基本的性質を確立したP. A. チェレンコフ（ヴァヴィロフの学生）、その理論を創ったI. E. タムとI. M. フランクの3人は1958年にこの仕事によってノーベル賞を受賞した。なお、高名な遺伝植物学者ニコライ・ヴァヴィロフ（1887-1943）はセルゲイの兄である。

う。彼らと文通を開始したいと思っています。しかし、それ以上に、友人たちが「獄中の男」である私を訪ねきてくれるなら、もっとうれしいです。私の望みは出来るだけ早く仕事を再開し、中断されてきた磁場とヘリウムを使う実験を行うことです。これは3、4年かかるでしょう。次に何が起こるかは私には予想できません。しかし、私の行動方針は決まりました。科学研究以外にエネルギーを分散させません。「手を休めず働き続けねばならない」というアドバイスに100%同意します。素晴らしいアドバイスです。今やなぜ私が出来るだけ早く私の実験装置を手にしたいか、お分かり頂けるでしょう。早く手に入れられれば、それだけ早く研究が始められます。そうすれば、私の心はより安定し、科学アカデミーの年取ったアホどもが今のように私をイライラさせなくなるでしょう。

　実験室については、多くのものがモンド研究所のようにスムーズに進みませんが、物事がうまく進んでいないというわけではありません。やる仕事があるという楽しみを考えると、それらは小さな事です。私のところには新しい副所長として女性の技師（O. A. ステツカヤ）が着任しました。彼女は経験豊富で、いい副所長です。彼女は素晴らしい働き手で、彼女の助けで（彼女は私をよく助けてくれます）、3月末までに実験室には私のケンブリッジの装置が入るでしょう。私が直面している最大の困難は、当地で生産されているとは言え、細々とした物の供給です。どうしてそうなのか、説明いたしましょう。

　ソヴィエトの産業はすごい早さで伸び、すべてがその成長をよく計画され、組織されたものにするようなされて、したがって、供給と生産もよく計画され、組織されています。しかし、決まった計画によって操業している工場の供給は年度の始めに詳細に予定されています。明らかに、その需要は非常に大きな量で、このようなやり方は実験室への供給には不向きです。私は当局に手紙や口頭で、実験室へは違ったやり方で供給されねばならないと言ってきました。当地の人々も、研究施設については供給システムは別にしなければならないと認識し始めていると思います。しかしながら、今、例えば、年度の初めに予想されていなかったリン青銅の棒4本が必要になるとしましょう。その場合には、重工業人民委員代理に例外的取り扱いの許可を得

なければなりません。それには膨大な手紙を書かねばならず、それは必要な量が10キログラムであるか、10トンであるか、トラック10台分であるかに無関係です。ですから、研究所に十分な資金が与えられても、工場が立派でも、実際には供給状況が悪いことになります。

　このようなことすべては一時的なもので、2、3年経てばすべてが変わるでしょう。しかし、その変化が起るまで、我々は生きて、仕事をしなければなりません。官僚的な政府機関の動きや変化がいかに遅いか、あなたはお分かりになるでしょう。特に、今は、あらゆる関心事が産業の発展に向けられていて、科学への関心は純学術的範囲に留まっているので、なおさらです。いろいろな供給品を外国から手に入れることについても、手間は同じです。私たちは十分な外国通貨を与えられていますが、何かを手に入れるには、年度の初めに計画を作成しなければなりません。そして、すべての要求は何らかの管理組織の許可を得なければなりません。彼らはその物品がソ連内では供給できないことを確認し、競争入札を要求する、というような事になります。これは物品が小さかろうと、大きい物であろうと適用されます。いかにたくさんの書類を書かねばならないか、この官僚的な仕事を遂行するにはどれほど多くの人間が必要か、想像できるでしょう。これはいずれ変わるだろうと思いますが、当面は、あらゆる種類の通常の物品を少量私に送って頂けると、いかに大きな助けになるか、お分かり頂けるでしょう。あなたがお手紙の中に驚きを表明されている困難の理由はこれなのです。

　あなたが節約と財政的安定に十分注意しながら研究所を運営されているのを知っています。お手紙の中に、私を助けたいという父親的態度と、取引をなるべく好条件で結びたいというキャヴェンディッシュ研究所の所長の立場との間に対立があることに気付きました。父親が勝ちますように！何しろ、私が去って、ケンブリッジ大学の物理学科には最良の低温装置を備えた25,000ポンドの価値がある実験室が残されたのですから、あなたがご不満を言うべきことは何もないと思います。ケンブリッジの資産に5桁の貯えが残った訳です。あなたの所には、ピアソン、ラウルマン、ミス・ステッピングのような何人かの素晴らしく訓練された人々が残っています。あなたはこ

れらすべてに多くのエネルギーを使ったと言うでしょう。確かにその通りです。しかし、あなたが援助のロープを引いたのだとしても、そのロープを提供したのは私です！

　私はケンブリッジ大学と王立協会が私の寄与と私の辞表を認めることを期待していました。しかし、「獄中にいる」私は思いやりを持って扱われていません。もし予期していた額よりも数100ポンド少ない場合、どうぞ不満を言わないで下さい。全く一人ぼっちで、半分鎖につながれた状態で、非常に惨めな状況に私がいることをどうぞ考慮に入れて下さい。幸せを再び手にする希望は自分の研究を始めることです。あなたの援助と同情なしではこれは不可能です。ですから、もしあなたが公式のよそよそしい立場をとるならば、私は立ち上がれなくなるでしょう。(中略)

　私がこれまでに申し上げたことから、なぜ私があらゆる種類の材料や供給品をモンド研究所で通常持っていた以上に欲しいと思っているか、ご理解頂けたと思います。モンドでは必要なものすべてをお店で得ることが出来ましたが、当地では、一般に、そのような可能性がありません。もちろん、これについてはコッククロフト宛の手紙に書く予定ですから、彼があなたにお伝えするでしょう。

　私にとって次の重要な問題は、ピアソンとラウルマンの助力です。彼らの助けは、最初に実験室を動かすのに不可欠で、それこそが私が彼らを必要としている理由です。私が必要としている限り、彼らを手放さないのではないかとご心配になるには及びません。というのは、彼らがここに永久に留まるようにする手段を私が持たないからです。当地では助手も研究員も給料が低いのです。例えば、私自身の給料は額面ではケンブリッジで貰っていた給料の半分で、実質的にはケンブリッジの収入の1/6に過ぎません。しかし、慎ましく生きていくには十分で、私は自分の給料に不平を持ったことはありません。研究のための設備を手に入れることが、当面、私の必要としているもののすべてです。

　この困難から抜け出すため。私の同僚の研究者たちはたくさんの仕事、5つあるいは6つの仕事を兼業しています。こうして彼らは多くのお金を手に

入れるのです。私はこのような生き方が嫌いです。というのは、それは自分のエネルギーを分散し、研究がやれなくなるからです。幸い、妻のアンナが私と同じ考えで、慎ましい生活をする用意ができています。アンナは、賢明にも、当地での給料が食料として消えるので、イギリスから衣類をたくさん持って来ました。多分将来は物事が変わり、自分のエネルギーを分散しなくて済むようになるでしょう。（中略）

　次に、ジョン・コッククロフトについてですが、私は彼の行動に心動かされています。そして、彼の助けに感謝しています。残念ながら、私のためにイギリスでの自分の仕事を犠牲にしていることに私がどのように償いできるか、分かりません。しかし、彼がここに来れば、彼が滞在を楽しめるようにし、コーカサス、あるいは、クリミヤへの旅行ができるように、私は可能な限りのことをいたします。何しろ私の心は感謝の気持ちで一杯ですから。

　長い手紙になってしまいました。この手紙で私の生活や状況が羨むにはほど遠いことをお伝えできたと思います。あなたの同情と支援を頼りにしています。あなたは私に常に親切で、特に今私はそれを必要としているのです。早く研究に取りかかりたいと焦っているので、あなたを急かしています。これは止むを得ないことなので、どうぞ怒らないで下さい。あなたは液化機の仕事を遅らすように私があなたに求めるなんて思っていないですよね。そうならすべてオーケーです。

　長い手紙を書きました。もしあなたが長い手紙をお望みなら、私はもっと書き続けることができます。あなたとお話しする事は、私にとって大きな喜びです。ですから、気にされませんように、希望します。何はともあれ、あなたとあなたの奥様に心からの挨拶を送ります。あなたに私のために作られた「蔵書票」をお送りします[73]。ワニへの愛情に変わりがないことをお分かり頂けるでしょう。

　　　　　　　　心を込めて、あなたの　ピーター・カピッツァ

73）蔵書票にはワニ（ラザフォードのあだな）が描かれていた。［B］

追伸：手紙が読み易くなるように、妻のアンナがタイプし直し、私の綴りを
　　　少し修正してくれました。

発信者：カピッツァ **[A]**
受信者：P. A. M. ディラック　　　　　　　　日付：1936年3月5日　　発信地：モスクワ

親愛なるポール

　私はずっと前に君に手紙を書く積もりでしたが、我が家の男の子たちについての心配事があり、遅くなりました。実は2人とも病気になり、ピーター[74] が中耳炎でほとんど1ヶ月ベッドで過ごすことになり、その後アンドレイがインフルエンザに罹りました。最後に私が中耳炎になりました。今でも依然として右の耳が少し聞こえにくい状態です。詰まらない話を書きましたが、それ以外はそれほど悪くありません。私たちはケンブリッジからの研究設備の据え付けの準備が十分出来ています。

　届いたものすべては良好な状態ですが、私たちは実験装置のコピーを出来るだけ早く受け取りたいのです。というのは、それがないと研究の開始が遅れるからです。私はすっかり待ちくたびれました。ほとんど2年現場での研究から遠ざけられています。何て腹立たしいことでしょう！私の図書館は準備が整っていて、既にすべての雑誌を受け取り、読み始めました。講義も始めました[75]。

　しかし、ここモスクワでは研究者たちとの交流がなく、その中で生きるのは、私には極めて困難です。本物の研究の仲間がいません。彼らはみな講義の準備で忙しく、どうやって生活のためのお金を稼ぐかで頭が一杯です。私はよくラザフォードのことを考えます。彼はカナダにおいて全く一人で素晴

---

74) カピッツァの家族では、英語で呼ぶときには、長男のセルゲイはこう呼ばれた。
75) カピッツァは1936年モスクワ大学の選択コースで自分の研究について講義をした。
　[B]

らしい仕事が出来たのです[76]。これは、たとえそのような境遇でも、研究できることを意味します。

　アンナは私の原稿の書き直しを精力的に手伝ってくれます。私たちは森の中の散歩を楽しめるように、モスクワ郊外に家を持つことを考えています。

　夏が待ちきれません。私たちといっしょに夏を過ごすため、君がこちらに来て下さるといいのですが。いつでも、どれくらいの期間でもいいですから、是非お出で下さい。ビザなどはすべて私が手配します。

　ケンブリッジでの生活について、また、科学界で何が起こっているかについて君から聞ければうれしいです。

　ところで、ボーアはギルが制作したラザフォードの肖像を受け取ったでしょうか[77]？ アンナの話では、それはボーアに送られたということですが、ボーアからは便りがありません。君はどうですか？ 肖像は君と私の名前で彼に送られました。

　心からの挨拶を私たち2人から送ります。君にとって万事順調であることを祈っています。

常に君の　P. カピッツァ

発信者：カピッツァ	**[A]**	
受信者：G. F. グリニコ	日付：1936年6月4日　発信地：モスクワ	

ソヴィエト連邦財務人民委員グリニコ同志[78]

　私はケンブリッジ大学の王立研究所の所長を数年間勤めました。今ソヴィエト連邦科学アカデミーの物理問題研究所を設立して、我が国における研究所の経理の仕事がいかに異常で、馬鹿げた規模であるかに驚いています。ケンブリッジでは私の秘書一人がすべての経理の仕事を処理し、それには一日

---

76) ラザフォードは1898年から1907年までカナダのモントリオールのマギル大学教授であった。

77) エリック・ギルはイギリスの彫刻家。ボーア宛の1936年10月20日付の手紙を見よ。

78) 人民委員というのは1917年から1946年までソ連で使われた名称で、大臣に相当する。

で2時間以上かかりませんでした。例えば、キャヴェンディッシュ研究所の
ような、私の現在の研究所より遥かに大きな研究所でさえ、経理の仕事には
同程度の力を費やしているだけです。我が国ではこの仕事に5人が働いてい
るのです。研究機関の実際の必要性に対して不釣り合いな程大きい現在の会
計の事務は、経営に負担になり、研究所の活動の内部的手続きを不必要に複
雑にします。研究所運営の正常な発展がそれによって阻害されます。

　同志メジュラウクは、私たちが財務経営を簡素化することを試み、研究機
関の活動条件に合ったやり方を検討することに同意しました。そのやり方を
可能な限り、より現実的なものにするために、私たちは全ソヴィエト連邦共
通の財政運営の基本的方針にできる限り一致させたいと思っています。です
から、この件であなたの同意とご援助をお願いする次第です。

　財務運営を変更するには、研究所経営が持つ基本的な特殊要因を考慮する
ことが必要です。西欧の科学研究所では、例えばイギリスでは、研究所の予
算は研究所の財政運営の状態を特徴付ける3つの方針に従って支出されます。

　［1］科学研究の人員－予算の85%

　［2］研究への支出（機器、材料、設備その他）－12%

　もちろん、研究所が何か極めて特別な設備（例えば、極低温装置や大きな
磁石や試験的生産用の高電圧装置など）を手に入れる時のような例外的な場
合には、設備への支出が一時的に、一年で、大きく上昇し、この12%に収
まらないことが有り得ます。しかし、そのような設備は、研究所の通常の予
算から別にして、特別な支出によって手に入れます。

　［3］管理運営費－予算の3%

　資金の配分におけるこのような比率は次のように説明されます。すなわ
ち、研究所を適正に運営する際、重要な財産は研究員のメンバーであって、
彼らを注意深く選び、育成して、非常に高い能力を持つようにしなければな
らないということです。残りの問題は二義的な意義を持つに過ぎません。

　我が国の研究所では、資金は全く異なったやり方で分配されています。研
究所では給与は全支出の40-50%以下で、それに対応して技術、管理運営へ
の支出がそれより遥かに多いのです。

このような違いは、多分、次のように説明できます。

　研究には例外的に高い能力を持つ人々が必要であることを我が国はまだよく理解していません。研究員を募集して、彼らに何でもいいから支払えばそれで十分で、研究は自ずと前進するという意見が依然として広まっています。それ故、研究員の公式の平均給与は西欧におけるそれと比べ遥かに低いだけでなく、ソヴィエト連邦の基準（例えば、工場労働者と比べて）からさえ低すぎます。（中略）

　このようにして、私たちの研究所の財政運営の新しい方式を作り上げるに当たって、私たちは次の基本的な点を出発点にします。

1. 第一の重要な点は、研究所は生産機関ではないので、本当の意味の収支のバランスは適当でない、すなわち、研究所は使うだけで、それが生み出す価値は精神的価値で、正確な計算はできないということです。科学研究の生産性を計算したり、値段を付けたりするあらゆる試みは、結局、非現実的な経理に帰着し、それはいかなる価値も、意義も持ちません。もちろん計算は可能でしょうが、計算しても誰も必要としない数字の集まりに過ぎません。科学研究の値段を計算することは、画家の絵の評価のために絵具、キャンバス、筆、モデル、習作その他への支出を計算することと同じように、非常に馬鹿げた、下らないことです。もし絵が下手ならば、それは、当然ながら、投げ捨てられたお金です。もしそれがラファエロの作品ならば、白色絵具にどれほど費やしたか、あるいは、モデルにいくら支出したかを知ることが一体誰にとって興味があるのでしょうか？価値として重要なのは創造力、画家の能力です。それはルーブルでどう評価すればいいのでしょうか？石版画による大量の複製のときならば紙の値段が問題になります。しかしそれは芸術の価値でしょうか？

2. 研究機関では経営のためのいかなる計算もすべきでありません。この点に関しては西欧の先へ行かねばなりません。西欧ではいくつかの研究所が（イギリスにおいてではなく、例えば、アメリカにおいて）、特に、応用分野の研究所が、例えば、工場の課題に関わるいくつかの仕事を、報酬目当てに引き受けることがよくあります。我が国ではこういうことは

すべきではありません。なぜなら私たちは皆直接国のために働いているからです。独立採算制では手一杯に仕事を抱え込み、その結果財政運営は複雑になり、研究所の力の分散をもたらします。

3. 財政運営は極めて柔軟で、機動的でなければなりません。これは本物の研究の持つ特徴に由来します。研究においては、計画性というのは人々が解決しようとしている課題に取り組むことにありますが、その解決の具体的な道筋を正確に予見し、予測することは不可能です（多くの場合、数日で見通すことはできません）。多くの力を研究に注ぎ込めば注ぎ込む程、それを実現するのに必要な金額を抑えるのが困難になります。

　論文毎に（給与も含めて）細かく分けるのではなく、柔軟にお金を使えるようにすることが、研究所の正しい経営法です。

4. 研究員、技術者の人数や給料も十分に柔軟であるべきです。研究においては労働の報酬は、他のあらゆる分野におけるように、最良の研究者を引き付け、労働の生産性を上げる手段の1つです。ここでの主要な困難は、研究員の生産性の価値を評価するのが難しいところにあります。例えば、研究所の実験室の工房で働いている熟練工の技術は、彼が作り上げた機器の数によってではなく、彼がいかに創造的に課題をやり遂げたか、彼の仕事がいかに正確であるかで決められるべきです。しばしば熟練工は機器の設計やそのテストなどに参加しますが、この際その人の優れた資質や積極性やその他のことを、お役人的やり方で評価することは不可能です。唯一の合理的な評価法は、指導部の判断に任すことです。指導部は仕事の意味を理解し、仕事の進み具合を見ているからです。どんな組織でも、財政のみならず、管理での重要な要素は研究所の指導部への信頼でなければなりません。実際、研究という仕事の本質を理解しているのは非常にわずかの人々に過ぎません。形式的な管理をすると、それは非常にお役所的で、偽りのものになるでしょう。西ヨーロッパの巨大な研究所の管理の基礎にはこの原則があります。所長と指導部がすべてに責任を負います。もし研究所がうまく行っていないなら、すぐに所長が不適任であると結論されます。

5. 材料と機器の会計を通常の経理の方式で行うべきではありません。資産が横領される危険性は少ないからです。というのは、研究所では通常よりも教養のある人々が揃っていて、彼らの仕事の主要な動機は、もちろん、研究への興味だからです。評価は機器を使っている過程について行われなければなりません。経験のない研究員の未熟な操作によって、例えば、数千ルーブルする何かのレンズあるいは光学格子に軽い損傷が起るとすると、それは極めて大きな損失を研究所にもたらします。つまり、そのような格子が盗まれる可能性は小さいのですが、最も小さな傷であってもその価値がゼロになってしまいます。

　実験室に届く材料について言えば、通常の条件下ではその量は非常に少なく（経費の総額の1～3％）、同時に、仕事の性格上、材料は少量で、品目は極めて広範です。ですから、例えば、私たちの会計課は材料を記録しておくために3,500枚のカードを持っていました。そのカードには、おそらく、数ルーブルという価格が書かれているに過ぎませんが、このために個々の研究員が縛られることになります。このような材料の調査は、作家が文学作品の原稿のために費やすインクや紙の調査を行うように、馬鹿げています。

6. 研究所の支出の計算は会計の原則に従って行われなければなりません。

　会計報告書に関しては、それが簡潔であって、研究所の活動と研究の現状を反映し、いろいろな研究所の特徴を比べられるような、一目で分かるものであるべきです。

　おそらく、このようなルールを当てはめれば、簿記のやり方はずいぶん簡素化できるでしょう。しかし、この問題では私は全く不案内ですので、私たちの方針を理解し、それに応じて簡素化した方式を作り上げるために、簿記をよく知っていて、経験のある人を招きたいと思います。

　それでは私の手紙を要約します。私たちが取り組んでいる試みでは、最初に、私たちの会計のやり方と報告書を、次のように変更することになるでしょう。

　－人員、給与、給与のための資金を柔軟にすること。

　－支出金額の総額のみを制限して、支出を行う可能性。

－材料の価格の計算の簡素化と研究所に相応しい決算報告の方式を作
　　ること。

　ここに、予備的なものですが、説明書を添付します。今後、試みてい
るうちに指示が変更され、できるだけ財務運営の全般的方針と合致する
ようにする予定です。V. I. メジュラウクに示したような形に、また、既
に何人かのあなたの職員がご存知の形にします。この説明書については
批判を受けましたが、今のところ私はそれを変えていません。仕事をす
る中で変更するのがよいと考えています。

P. カピッツァ

　次のモロトフ宛の手紙は、数学者ルージンに対するプラヴダの1936年7月
3日の記事「ソヴィエトの仮面を付けた敵について」に対してカピッツァが
行ったコメントである。政治についての考えは政権のそれとは異なるが、研
究において傑出している研究者を排除すべきではないとカピッツァは主張し
ている。これは第8章に示すカピッツァの手紙の中でアンドレイ・サハロフ
に関して述べていることと全く同じである。

発信者：カピッツァ　　　　　　　　　　　　　　　　　　　　**[A]**
受信者：V. M. モロトフ　　　日付：1936年7月6日　発信地：ジューコフカ村のダーチャ

同志モロトフ

　「プラヴダ」誌に掲載されたルージン[79]についての記事に私は当惑し、衝
撃を受け、憤慨しました。ソヴィエトの研究者として、これに関して私が考
えていることをあなたにお伝えしなければならないと感じています。

　ルージンは多くのことで告発されています。私にはこの告発が正しいのか
どうか分かりません。しかし、告発が完全に根拠があると仮定しても、私が

---

79) ニコライ・ニコラーエヴィチ・ルージン（1883-1950）はソ連の高名な数学者で、
　　科学アカデミー会員。

記事に賛成できない立場は変わりません。

まず、ルージンに対するいくつかの告発のうちの小さい問題から始めます。彼が最良の研究を発表したのはソヴィエト連邦の雑誌ではありませんでした。多くの研究者は2つの理由から海外誌に自分の研究を発表します。(1) 我が国では雑誌の紙も、印刷も良くありません。(2) 国際的な習慣では、プライオリティはその仕事がフランス語、ドイツ語、あるいは、英語で出版された時に与えられます。もしルージンがひどい論文をソヴィエト連邦の雑誌に発表したのであれば、それは論文を受理した雑誌の編集部に責任があります。

もし彼が自分の学生たちを羨み、そのために、彼らを正当に扱わなかったというなら、残念ながら、それは最も偉大な研究者の中ですら見られる現象です。

こうして、ルージンに対する告発のうちの1つが残ります。それは非常に深刻なもので、彼が追従の裏に反ソヴィエト的気分を隠していたということです。もっとも、どんな大きな犯罪かは示されていません。ここに、非常に重要で、原理的な問題があります。それは、もし研究者が、道義的に見て、時代の要求に応えていない時、その研究者をどう扱うべきか、という問題です。

人類に引力の法則をもたらしたニュートンは宗教的狂信者でした。三次方程式の根を与え、力学におけるいくつかの重要な発見をしたカルダーノは放蕩者で、色情狂でした。もし仮に彼らが我がソヴィエト連邦に住んでいたら、あなたはどうしますか？

あなたの身近な人が病気になったとしましょう。医者としての腕は天才的だが、道徳的、政治的信念があなたの信念と対立しているとき、あなたはその医者を呼びますか？

もっと身近な例を取りあげましょう。それは天才クロード[80]です。彼は気体の液化、気体を分離していくつもの気体を手に入れるプロセスを発明した研究者で、それは今ではソヴィエト連邦だけでなく、世界中至る所で利用されています。彼はフランスのファシストです。仮に彼がソヴィエトの市民で、自分の信念を変える積もりがないとき、あなたは彼をどうしますか？

---

80) ジョルジュ・クロード (1870-1960) はフランスの化学者、物理学者、技術者。

私はルージンの道徳的品位を擁護しようと思っていません。彼は臆病者で、おべっか使いで、不誠実であるかも知れません。しかし、彼は最も優れた数学者で、我が国の最も傑出した4人の数学者のうちの1人であり、世界の科学へのルージンの寄与は、我が国においても、海外においても、すべての数学者によって認められています。それに加えて、我が国の数学者の誰よりも、我が国が現在擁している若いソヴィエトの傑出した数学者たちを集め、育てることに大きな貢献をしました。

　ルージンのような傑出した研究者を有する国は、まず、その研究者の能力を最高の完全さで生かすようにしなければならないと私は考えます。

　イデオロギーの点で我が国には合わないルージンのタイプの人々は、第一に、彼らをそれぞれの専門領域で研究を継続させながら、広い社会的な影響がないような環境に置き、第二に、彼らを時代の精神の中で再教育し、よいソヴィエト市民になるように可能な限りを尽くさねばなりません。

　第一の点から始めましょう。ルージンが社会主義者でないことは科学アカデミーの誰でも知っていました。（中略）

　第二の点については、科学アカデミーにおいてルージンやルージンのタイプの人々を再教育するためにあらゆる可能なことをしたでしょうか？「プラヴダ」の記事のような方法で再教育を達成出来るでしょうか？

　それはむしろ反対で、その方法では、ルージンその人だけでなく、他の研究者たちも再教育することは困難だと私は確信します。あなたは科学アカデミーの再編に取りかかったのでしょうか？あなたは、まず、共産党員を科学アカデミー会員に選ぶことから始めました。もし党員の中に傑出した研究者がいるなら、これはよい方法でしょう。しかし、社会科学を脇におくと、我が国の党員の科学アカデミー会員は高齢の会員たちよりはるかに劣り、それゆえ彼らの権威は小さいです。

　若い世代から新しい研究者を養成することも今のところ成功していません。これはあなたの側からの科学へのアプローチが、余りに狭い実用主義に傾いていて、目配りが十分でなく、全く正しくないためと私は考えます。我が国における主要な学問的財産はすべて、私たちが受け継いだ年長の世代の人々

の中にあります。ですから、若い人々を再教育し、それを身に付けさせるために あらゆることをしなければならないと思います。しかし、あなた方がしていることは全く目標を達成していません。以前にラザレフ[81] が逮捕され、スペランスキー[82] が科学アカデミーから追われ、今ルージンが攻撃されています。このような対応が原因でウスペンスキー、チチバビン、イパティエフ[83] などの研究者が国外へ逃げましたが、それは当然です。私は、自分の経験から、あなたたちが人々をいかに冷淡に扱うことがあるか、知っています。

（中略）

　これらすべてを考えて、「プラヴダ」の記事にはどんな戦略的意味があるのか、私には分かりません。記事には我が国の科学のために、また、科学アカデミーのために有害な方策しか見えません。なぜなら、それは我が国の研究者の再教育に資することなく、我が国における研究者の威信を高めるものでないからです。

　さらに付け加えるならば、ルージンの名前は西欧ではよく知られているので、記事が気付かれずに済むことは有り得ません。記事の弱点と根拠薄弱のために、それは多種多様で、不合理な具合に解釈される可能性があります。

　ソヴィエト科学に起った害を見て、これについてあなたに手紙を差し上げねばならないと考えた次第です。

P. カピッツァ

81）ピョートル・ペトローヴィチ・ラザレフ（1878-1942）は物理学者で、1917年以来科学アカデミー会員。1931年に虚偽の告発によって逮捕された。

82）ミハイル・ネストロヴィチ・スペランスキー（1863-1938）は文学史家で、スラブ学者。1921年以来科学アカデミー会員であったが、1934年「反革命組織に加わった」という理由で、科学アカデミー正会員から排除された。

83）ヤコーフ・ヴィクトロヴィチ・ウスペンスキーは数学者で1921年からアカデミー会員であったが、外国出張から帰国しなかった。アレクセイ・エフゲニエーヴィチ・チチバビンは有機化学者。1928年に科学アカデミー会員になる。1930年からフランスで研究。ヴラディーミル・ニコラーエヴィチ・イパティエフは有機化学者で、1916年に科学アカデミー会員になった。1927年に外国に派遣され、それ以来帰国せず、1930年からアメリカに移った。

親愛なる先生

　もう長い間お手紙を差し上げていませんが、実は、休暇で出掛けていて留守にしておりました。休暇の一部はジョン・コッククロフト夫妻と共に過ごしました。私たちはコーカサスへ行く積もりでしたが、ジョンが気管支炎になり、クリミヤに留まらざるを得なくなりました。ジョンは、きっと、ここでの私たちの生活と研究所について先生に詳しく話すことでしょう。私は彼から先生について、キャヴェンディッシュ研究所について、研究所の研究員と研究について聞き、たいへん嬉しく思いました。私の心は今でもあなたと共にあり、ケンブリッジのニュースを聞き、非常に幸せに感じました。

　近いうちに私が海外に行くことが許される可能性はないと私は思っています。いつの日にか、先生が私に会いにこの国に来ることができる（これは特別な個人的訪問として手配できます）という最も小さな希望さえ持てれば、素晴らしいのですが。私は依然として半分囚われの身のように感じています。というのは、私自身が世界を見て、実験室を見学するために外国に旅行する可能性を奪われているからです。これは大きな損失です。疑いなく、これは、結局の所、私の知識と能力を縮小することになるでしょう。

　私たちは、今改めて、一歩ずつ研究を再開しています。実験室での仕事はうまく進んでいます。私たちが選んだスタッフは有能で、彼らの経験は十分でないとしても、彼らは熱意に溢れ、精を出して仕事をする意欲があります。1ヶ月後にはゼーマン スペクトルが得られると期待しています。これは第一歩で、本当の仕事はヘリウムの設備が稼働するときに始まります。ピアソンは手を休めず働いていますが、彼はヘリウムの設備が正月以前に動くとは思っていません。正月までは装置を組み立てる段階であろうと予想しています。設備がきちんと動き始めるには、まだしばらく時間がかかりそうです。

　実験室での仕事の他に、当地での科学をめぐる環境を良くしようとしてい

ます。ここには科学博物館がありません。私はケンジントンの博物館[84]に似た博物館を科学アカデミーが開設するように勧めています。

　第2に、私は実験室への器具や材料の供給を改善しようとしています。現在供給はひどい状態にあります。それについては前に記しました。この問題は非常に重要で、真剣に取り組んでいますが、成果を挙げるのは容易でありません。先生が私たちにあらゆる種類の材料を寛大に供給して下さったお陰で、現状でも研究に着手できます。しかし、この供給はいつまでも続くわけではありません。

　第3に、私は今研究所の管理経営をより合理的にするため、組織の改善に取り組んでいます。現状がいかに馬鹿げているかを示す例を挙げますと、研究所には5人の経理係がいました。これは非常に詳しい計算をしているためです。考えてみて下さい。それぞれの研究は独自の計算をしなければならないのです。ゴムはこれこれ、厚紙、紙その他はこれこれという具合です。これは大工場ではいいでしょうが、実験室では馬鹿げています。私たちはこれをすべて簡素化する積もりです。現在経理係は2名だけです。それを1名あるいは1/2名まで減らしたいと思っています。人々はこの改革すべてに賛成しています。

　第4に、私は科学の学会活動を組織することを考え始めています。モスクワには講演できる物理学会がないのです。研究者は誰でも学生たちとコロキウムを開いていますが、共通の活動はありません。私たちの研究所が本格的な研究活動を始める迄はこの問題を解決するのは極めて困難です[85]。共通の活動のない第2の理由は、ロシアでは、普通、研究者たちへの報酬が非常に少ないので、生活のための収入を十分得るために、さまざまな多くの仕事、主として教師の仕事を引き受けねばならないことにあります。こうして、彼らには集会や報告の準備のための時間や力が残っていないのです。しかし、これは変わるだろうと私は期待しています。

---

84) ロンドンの南ケンジントンにある「ロンドン科学博物館」のことである。
85) 物理問題研究所の全モスクワ物理セミナーは、研究者の間で「カピッチニク」というあだながつけられたが、それは1937年秋に始まった。[A]

アンナと子供たちは元気です。私たちは1ヶ月位したら新しい家に引っ越す予定です。その家は研究所の隣にあります。これまでよりずっと快適に生活できるでしょう。本を読むのを中断せずに実験室をしっかりと監督できます。（中略）

実験室のカピッツァ（右）と研究助手 S. I. フィリモノフ（左）

　次に、ラウルマンについて申し上げますと、彼は設備の扱い方を助手たちに教えてくれるので、必要不可欠な人物です。私の所には既に一人有能な若い男がいますが、この男にラウルマンが教える予定です[86]。ラウルマンが休暇でケンブリッジに出掛ける新年休暇の後に、ラウルマンがここに滞在してもいいと考えている期間で、6ヶ月以上の期間、ここに留まることをお許し下さるようお願いいたします。

　ピアソンについては、既に記しましたように、液化機を完成するためには、少なくとも3ヶ月は彼がここに留まることが必要になるでしょう。その上で、彼にはさらに少なくとも6ヶ月留まってほしいと思っています。ある若者を訓練して、設備を動かし、新しい機器に不可避の修理の仕事を行ってほしいのです。なぜなら、その男は頭がよいのですが、極低温の仕事の経験

86）これはセルゲイ・イヴァノヴィチ・フィリモノフのことで、彼は1936年からカピッツァの最後の日までカピッツァの最も近い研究助手であった。[A]

がないからです[87]。（中略）

　あなたがこの件で以前のように援助して下さることを私は希望しています。もしモンド研究所の人々から不満の声が出ましたら、彼らに、私の寄与によって最良のヘリウム液化機を彼らが使えるようになったとおっしゃって下さい。モンド研究所の人たちは、基本的な人間的な感謝の気持ちから、自分のものを少し失っても、困難な状況にあって苦労している私を助けてくれるものと信じています。私は今遥かに完全な液化機を計画しています。もしそれが成功すれば、彼らにも役に立つ可能性があります。経験の交換は2つの研究所をより強くし、科学と人類の利益になるでしょう。

　親愛なる昔なじみの先生、何という長い手紙をあなたに書いたのでしょう。私は先生から手紙を受け取ることが大好きなのですが、それよりもっと好きなのは先生とお話しすることです。

　先生と奥様に私と妻からの心からの挨拶をお送りします。

P. カピッツァ

	[A]
発信者：カピッツァ	
受信者：N. ボーア	日付：1936年10月20日　発信地：モスクワ

親愛なるボーア教授

　あなたのお手紙を受け取り、たいへん嬉しく思いました。ラザフォードの肖像[88]が気に入ったとお聞きし、喜んでいます。芸術作品についてはいかに

87）これはセルゲイ・アレクサンドロヴィチ・ヤコブレフのことである。彼は、多年に亘って、物理問題研究所のヘリウムの工房の主任として働いた。[A]

88）1936年7月2日の手紙で、ニールス・ボーアはこう書いている。「親愛なるカピッツァ、私が長い間あなたに手紙を書かなかったからと言って、あなたのことを頻繁に考えていないわけではないことはご理解頂けると思います。今あなたは研究のための良い環境を手にして、間もなく、私たちはあなたの新しい大きな成果を聞けるだろうと期待しています。あなたが私に親切にも贈って下さったレリーフが、一日に何回もあなたの友情について、私たちのラザフォードへの共通の愛について、思い出させてくれます…。」

さまざまな意見があるかに驚いています。この肖像が撤去されないように守ることがどれほど難しかったか、いかにあなたのご意見が問題を解決したかをどうぞ忘れないで下さい[89]。

すべての人に共通する好みは1つだけでないのは非常に妥当なことだと思います。意見の不一致は最も強力な推進力の1つで、文化、芸術、科学を前進させる力です。もしすべての人が同じように考えたら、人生は退屈で耐え切れないでしょう。

私自身はあの肖像が気に入っています。そして、あなたがラザフォードに対して持つ感嘆と愛情を私も共有します。彼の肖像は力に溢れていて、ラザフォードの天才の証左であるすべての問題を単純化し、最も本質的で、重要な点を抽出し、些細で副次的な点を無視する並外れた能力を一定程度伝えてくれます。

私は人生の13年間をラザフォードのそばで過ごしました。今ラザフォードに会って、話をする可能性を奪われ、移動を制限されていて、たいへん悲

---

89) ラザフォードがカピッツァの研究に対して変わりなく示していたサポートと関心への感謝の印として、カピッツァは自分の先生であるラザフォードのレリーフをモンド研究所の玄関ホールの壁に設置した。ラザフォードの肖像と研究所の入口の上のレンガの壁に刻まれた大きなワニの像は著名なイギリスの現代彫刻家エリック・ギル（1882-1940）によって製作されたのである。「ワニ」も、肖像も、いろいろな理由からケンブリッジの教授団の保守的な人々には不快感を抱かせた。彼らは肖像を撤去することを要求した。カピッツァは、ラザフォードの助言に従って、1933年3月10日にボーアにレリーフの写真を送り、ボーアに判断を依頼した。1933年3月15日、ボーアはカピッツァに次のような返事をした。「… 私は、ラザフォードのレリーフは素晴らしいと思います。それは深く、同時に力強い作品だからです。ですから、肖像の批判者の意見はどうしても支持できません。私の考えでは、もしラザフォードが肖像に異議を唱えることがなく、あなたが肖像を気に入っているなら、目的は既に達成されています。私は、あなたの新しい研究所で行われる優れた研究の証人として、肖像がその場所に残ることを望みます。」

ボーアのこの手紙は決定的な役割を演じ、レリーフはその場所に残った。ボーアの援助に感謝するため、カピッツァはラザフォードの肖像の制作者ギルによるコピーを注文し、後にそれをコペンハーゲンのボーアへの贈物として、カピッツァとディラックの名前で送った（ディラックへの1936年3月5日付の手紙を見よ）。[A]

しいです。ケンブリッジでのことは何であろうと、ラザフォードに会えない
寂しさに比べれば、たいしたことではありません。彼と私は手紙をやり取り
しています。私がラザフォードに長い手紙を書くと、彼からはさまざまな事
実と彼に特徴的な簡潔なコメントに溢れた返事が届きます。その返事では、
あの彫刻家が彼の肖像を作っているときのように、細かい点は省略されてい
ます。

　当地では社交生活や人々との交流が十分にありません。この秋、コックク
ロフトとディラックが私に会いに来てくれました。これは私に多くの喜びを
もたらしましたが、交流の大部分は手紙のやり取りによって行われています。

　あなたが我が国を通って旅行をされる予定であることを知り、嬉しく思い
ます。あなたと奥様にお目にかかれればこれに勝る喜びはありません。あな
たにお会いできるように手はずを整えたいと思いますので、いつ到着される
予定か、予めご一報下さい。あなたが我が家に宿泊して下さることを私たち
は望んでおりますが、私たちの研究所には来客用の小さな部屋がありますの
で、それをお使いになることも出来ます。

　私たちの研究所は完成に近づいています。ケンブリッジから研究設備を受
け取りましたので、数週間したら研究を再開できるものと期待しています。
2年の中断の後に研究に取り掛かれれば、誰でも大きな安堵を感じるもので
す。研究という仕事が人生にかくも本質的な役割を演じているとはこれまで
考えたことがありませんでした。この仕事を奪われた状態はとても辛いこと
でした。すべては余りにも馬鹿げたことでした。このような許しがたいこと
がなぜ行われるのか、それについての明白な理由はなかったからです。

　当地での学問と研究者の状況は相当に異常です。それは飼っている自分の
大好きな動物を親切心から苦しめ、いじめる子供を思い出させます。しか
し、子供は成長し、大人になり、自分の気に入りの動物をどう世話しなけれ
ばならないかを学び、役に立つ家畜を世話するようになります。遠くない将
来、ここでもそのようなことが起ることを期待しています。

　私は物事を非常に批判的に見る傾向があり、率直に批判的な意見を表明し
ます。私はそのように行動しなければならないと考えているのです。今で

は、責任ある立場の人たちがそれに耳を傾け、いろいろな場合に、議論し、方針を変える用意があるようにさえ見えます。それに対して、同僚の研究者は自分の個人的な研究のための状況を良くすることばかりを考えていて、広い問題提起を受け入れず、彼らの理解は極めて不十分な状態のままです。

このような状況にも拘らず、古い資本主義的世界のどの国よりも、我が国の社会生活はずっと進歩的で、しっかりした基礎の上に作られているので、いろいろな誤算と過ちの後には、我が国の科学は発展するであろうと信じています。我が国の指導者たちは自分の仕事に心から忠実な人々で、利己的な個人的動機を見るのは非常に稀ですが、それは避けがたく、人間の中に人間的なものとして残っています。

このような状況を利用して、自分の研究に利益をもたらすように新しい体制の中で自分の場所を見出すことは研究者自身の双肩にかかっています。これまでそうならなかったとすれば、それは、既に述べましたように、自分の前にどのような可能性が開けているかを理解せず、詰まらないことについてただ不平を言うロシアの研究者の態度に何よりも問題があります。

もちろん、現在はソ連での研究条件は、ケンブリッジのように、良いものではありませんが、それは急速に改善されつつあります。

私は研究組織の仕事で我が国の研究員たちを助けるために、出来ることは何でもするよう努力しています。私に対して不公正が行われたからと言って、周りの世界をありのままに見ることを妨げるべきではないと私は確信しています。歴史における出来事の中では常に犠牲が起こります。人生とはそのようなものであって、私の場合には最悪の事態は既に過ぎ去りました。

自分がどんな責任を背負っているか、私は理解しています。なぜなら、私にはケンブリッジで得た経験があるからです。私の考えでは、自分の研究の再開と並んで、キャヴェンディッシュ研究所における研究が持つ健全で、力強い性格を我が国で人々に示すように、自分の研究所の活動を行わねばなりません。出来る限り、ラザフォードの方法に倣うよう努める積もりです。

私があなたにお話ししていることが果たしてあなたに興味があるかどうか、完全には確信が持てませんが、あなたと私はラザフォードの弟子で、彼

を敬愛しているので、私が述べた考え方はあなたに興味を持って頂けるはずだと私は考えています。あなたがケンブリッジで名誉博士の学位を授与されたときに、トリニティ・カレッジでの食事の場でのあなたのなさったスピーチを私は非常に鮮やかに記憶しています。あなたが科学における国際主義がいかに実り多いかを述べられたことに私は感銘を受けました。私たちは他の国々の研究活動に関心を持つように努めなければなりません。あなたは私のこの考えに賛成して下さるでしょうか？

　あなたが論文の別刷を送ると約束して下さったことに深く感謝いたします。それはあらゆる新しいことを知るのに極めて有用です。

　妻のアンナと子供たちは、整いつつある新しい生活環境に少しずつ慣れています。

　妻と私からの心からの挨拶をあなたと奥様に送ります。春にあなたにお会いするのを楽しみにしています。

心を込めて　あなたの　P.カピッツァ

追伸：あなたはいつかあなたの写真を私に送って下さると約束されました。
　　　どうぞお忘れないように。

第4章　逮捕された理論物理学者フォックと
　　　　 ランダウの救出

　スターリンは自己の権力を確かなものするため、ライバルの政治家への粛清を行った。1934年12月1日のレニングラードの共産党の指導者S. M. キーロフの暗殺はその粛清を象徴する出来事である。1930年代には圧制は政治家に対してだけでなく、自然科学分野の優れた研究者にも及び、逮捕が目立つようになってきた。自然科学の研究者は日常的に海外の研究者との研究交流を行っていることに対してスターリンは極度に警戒した。そのような中で、1937年にはV. A. フォックが、1938年にはL. D. ランダウが逮捕された。ランダウとフォックはカピッツァが最も高く評価している理論物理学者であった[90]。カピッツァは、自分の研究の傍ら、これらの理論物理学者を救うため、スターリンや政権幹部宛に手紙を書き、彼らがいかに貴重な人材であるかを述べ、救出に尽力した。

　ちょうどこの時期の1937年10月19日にE. ラザフォードが死亡した。これはカピッツァにとって大きな出来事だった。既に述べたように、ラザフォードはカピッツァがイギリスにいるときにカピッツァのよき理解者であっただけでなく、彼がソ連で研究を再開する際、イギリスで建設したカピッツァの実験装置をソ連に移管することに尽力してくれた恩人である。カピッツァはその実験装置を使って、低温のヘリウムの性質を研究し、極低温の液体ヘリウムの示す「超流動」を発見し、それによって晩年ノーベル賞を受賞した。

---

90) ヴラディーミル・アレクサンドロヴィチ・フォック（1898-1974）は量子力学の基礎を作った理論物理学者である。レフ・ダヴィドヴィチ・ランダウ（1908-1968）は物性物理、統計力学、素粒子理論などの物理学の多くの分野で顕著な業績を残したロシアの最高の理論物理学者で、弟子たちと書いた物理学の教科書シリーズ「理論物理学教程」は現代でも最良の教科書である。

4.1　フォックの逮捕とカピッツァの手紙

　1936年6月19日にソヴィエト連邦で起る日食の観測のため、プルコヴォ天文台（レニングラード近くにある）の研究者たちは海外の研究者と連絡をとっていたが、内務人民委員部（秘密警察が属している）はそれを「反革命的妨害組織の活動」と見なして、天文学者を中心に多数の科学者を逮捕した。この「プルコヴォ事件」に巻き込まれて逮捕された研究者の中に理論物理学者のフォックがいた。1937年2月11日に逮捕されたフォックについて、カピッツァはすぐに副首相のメジュラウクに手紙を書き、逮捕が正当でないことを訴えた。その手紙の力もあり、フォックは解放された。

発信者：カピッツァ　　　　　　　　　　　　　　　　　　　　　　**[A]**
受信者：V. I. メジュラウク　　　　日付：1937年2月12日　発信地：レニングラード

敬愛するヴァレリー・イヴァノヴィチ
　物理学者V. A. フォックが昨日逮捕されたというニュースはレニングラードにいる私を非常に不安にさせました。私は彼を我が国の最も才能ある理論物理学者と考えています。研究者たちは現代の電気力学の波動方程式を積分する近似的方法に関する彼の仕事を古典的研究と見なしています。現在ではそれは広く知られており、大学のカリキュラムにも入っています。彼はまだ若いです（38歳）。彼はほとんど耳が聞こえないため、普通の生活からかけ離れた人間です。彼の全生活は科学の諸問題に関する粘り強い研究に捧げられています。そのような人間がとてつもない犯罪を行いうるとは私には思えません。それは恐らく間違いです。
　耳にするところでは、地質の電気探査で不正による重大な妨害行為が行われ、それに関連してフォックの責任が問われたということです。フォックが何かの理論公式を与えたとのことです。もちろん、人々がその公式を不正に利用した可能性があります。しかし、フォックが意図的に間違った理論を与えることは全く有り得ないように思えます。それは非常に簡単に証明できる

からというより、フォックはたいへん立派な学者で、そんなことをするはずがないからです。例えてみれば、彼は大音楽家のようなもので、彼が調子はずれの演奏をすることはあり得ません。というのは、まず第一に、そんな演奏は耳障りで、自分の耳を傷つけるものだからです。これらすべてから判断して、フォックの逮捕は99%間違いであると結論いたします。そうだとすると、ソヴィエト科学にとってさまざまな非常に悲しい帰結をもたらすことになるでしょう。社会主義の建設から我が国の研究者仲間を引き離すことになるでしょうし、フォックの研究能力を損なう可能性があり、我が国と西欧の研究者たちの良くない反応も引き起こされる可能性があります。

　フォックの他に、その数ヶ月前に、この事件で非常に多数の理論の研究者が逮捕されたと聞いています。たくさん逮捕されたので、大学の物理・数学学部ではいくつかの授業をするスタッフがいないという事態が起こっているようです。私はこれらの人々をほとんど知りませんし、その中の誰一人としてフォックのように親しくありませんから、フォックの場合のように確実には分かりませんが、彼らの大部分は犯罪には関わりがないことを内務人民委員部の取調べが示してくれればいいと期待しています。その場合、間違って嫌疑をかけられたすべての人々に苦い後味が残るでしょう。あなたのおっしゃるように、これは我が国の研究者を味方につける上で妨げになるでしょう。では、もし彼らに罪があることになったらどうでしょうか？そのときはもっと悪いことになります。なぜなら、その人たちはもう「犯罪者」ではなく、「敵」と呼ばねばならないからです。彼らの大部分はまだ若いです。ということは、この20年間にソヴィエト政権は研究者たちを自分の味方にできなかったことになります。彼らを中立的な立場に留めておくことができなかっただけでなく、彼らを反対する立場に向けてしまったことになります。

　あなたにお話しし、手紙に記した思想に取り憑かれた人間に私自身がなるのではないかと心配しています。研究者たちを「味方につける」には、彼らにとって我がソヴィエト連邦が、あらゆる点で、資本主義諸国よりもよいという状況を作らねばなりません。それを成し遂げれば —— 私はそれが実現するはずと信じているのですが —— その時は、研究者たちが妨害のために

わざと間違いをすることは考えられません。

　ではどうして思い切って積極的にそれに取り組まないのでしょうか？それはボリシェヴィキが既に解決した課題よりもはるかに簡単で、そのためにはただ3つのことをすればよいのです。第1は、研究者層からごみを選り分けること（中堅スタッフの質を良くすること）、第2は、科学のよい経営体制を創ること、第3は、健全な学界を創ることです。

　私はフォックの逮捕を非常に心配しています。これは乱暴で、十分によく考え抜かれていない行為であり、恐怖が私を捉えています。これは我が国の科学に大きな害をもたらす可能性があります。私はいま非常に動揺しているので、ごく簡潔に、同志スターリン宛に、フォックについて手紙を書きました[91]。そうしないと、大きな間違いを未然に防ぐために、自分が全力を尽くさなかったと将来後悔することになると思うからです。どうぞ私に立腹なさってください。私には他に行動しようがなかったのです。

　もちろん、私は、あなたと比べて、我が国の科学の運命を悲観的に心配している研究者としてすべてを見ていることを認識しています。あなたは、もちろん、当然、問題をより広く検討されていますし、加えて、あなたはすべてのデータと経験を持っていらっしゃいます。それでもなお、あなたはこのような問題について研究者が考えていることに無関心ではいるはずはないと私は推測しています[92]。

あなたのP. カピッツァ

91）この手紙に続く1937年2月12日のスターリンへの手紙のことである。

92）この手紙から6日後、カピッツァはメジュラウクに手紙を書いた。彼の手紙には次の言葉があった。「あなたがフォックの出来事に注意を向けて下さったことをうれしく思います。…」やがてフォックは解放された。

同志スターリン

　私は、昨日レニングラードで、V. A. フォック教授の逮捕について知りました。彼は科学アカデミー準会員です。我が国と同じ様に、西欧でも、彼は特別に偉大な学者と考えられています。波動電気力学に関する彼の論文の1つは、現在では、古典的研究と見なされています。私見では、彼は年令が若いにも拘わらず、我がソ連のすべての理論物理学者の中で最も傑出しています。フォックの逮捕は私の心にやりきれない思いを引き起こしました。フォックが大きな犯罪を犯しうるとは、私には想像できません。フォックはほとんど耳が聞こえません。彼とは会話をすることさえ全く困難です。彼は自分の仕事に完全に没頭していて、日常生活から全く遠ざかった人間という印象を与えます。

　数年前に我が国で研究者が逮捕されたケースがありましたが、数ヶ月後それは必要なかったことが判明しました。もしフォックのケースがそうだったら、非常に悲しいです。なぜなら、

1. これは、残念ながら、未だに存在し、それが無くなるのを待っている研究者と国との溝を一層増大させます。

2. フォックの逮捕は研究者に対する乱暴な取り扱いで、自動車に対する乱暴な取り扱いによってその品質を傷つけるのと同じです。フォックが研究できなくなることは、全世界の科学に損失をもたらします。

3. フォックへのこのような対応は、例えば、ドイツからのアインシュタインの追放のときと同様に、国内のみならず、海外の研究者の心に反発を引き起こします。

4. フォックのような研究者は我が国に決してたくさんいません。世界の科学界の前で、ソ連の科学はフォックを誇りにしています。彼を監獄に閉じ込めるなら、我が国は苦境に立つことになるでしょう。

　私以外に誰もこのことについてあなたに考えをお話できないであろうと

考えてこの手紙を書いた次第です。

P. カピッツァ

4.2　ラザフォードが亡くなる

発信者：カピッツァ　　　　　　　　　　　　　　　　　　　　[A] [B]

受信者：E. ラザフォード　　　　　　　日付：1937年2月16日　発信地：モスクワ

親愛なる先生

　あなたに手紙を書こうと思いながら長い時間が過ぎました。実は、あなたに手紙を書くには長い時間が必要です。私が手紙を書き、妻のアンナが、それを読めるようにタイプライターで清書しなければなりません。そういう次第で、私にはどうしても取りかかれませんでした。実は私は非常に疲れています。少し働き過ぎたのです。研究所で仕事が順調に進むようにするのは、それほど簡単ではありません。あなたはご自分の経験からこのことをよくお分かりと思います。しかし、私の場合には、この仕事は一層困難です。なぜなら、我が国では最も小さなものを手に入れるのにさえ、時間がかかるのです。今は、状況は少し良くなっていますが、私はずっと責任ある人々に働きかけ、研究のために必要な材料と器具が早く供給されるように、然るべき店と工場などが必要であることを訴えています。あなたは私の気質をご存知ですが、私はどんなことも早く実行されることを望んでいます。何かが緩慢に行われる時、私には我慢出来ないのです。その結果、非常に疲れています。

　私には家族内の心配事もあります。母（今は71歳を超えています）が深刻な心臓発作を起こし、もう少しで命取りになるところでした。妻のアンナは母のいるレニングラードで2週間過ごして、看護婦の手助けをしました。私も定期的にレニングラードへ行きました。現在では母は目の前の危機を脱していますが、医者によれば、回復が期待できるようになるまでには、少なくとも1ヶ月か2ヶ月、母はベッドの上で過ごさなければならないでしょう。残りの家族は、私を含めて、皆元気です。

さて、実験室についてですが、ピアソンとラウルマンは一生懸命仕事をしています。ピアソンはヘリウム液化機を完成しつつあり、月末までには液体ヘリウムがいつでも使える状態になると期待しています。その間に、私がデザインしたばかりの新しいヘリウム液化機が始動するでしょう。これは古いものより遥かに単純で、同じコンプレッサーと少ない量の液体窒素を使って、1時間に液体ヘリウムを9リットル供給するはずです。私の計算には間違いがないと思っています。

　ラウルマン、あるロシア人[93] そして私の3人はゼーマン効果に取り組んでいますが、この研究はほぼ完了しました。私たちは理論が間違っていることを示す結果を見出しませんでした。300キロガウスまで、分裂は磁場の強さに比例しています。1924年にスキナーといっしょに観測した100キロガウスでの2本の特別な線についての余分な分裂は、（問題の線に近い）「禁止された」線の出現によって、容易に説明できます。その線は私たちが使えるようになった強い磁場の下で明瞭になる（すなわち、分離される）のです。この研究をこれ以上続ける積もりはありません。一方、私たちは電流磁気効果の研究の準備をしています。液体ヘリウムが使えるようになったら、その研究を開始するでしょう[94]。夏までには管理の仕事からもっと解放されて、研究に全力で取り組めるだろうと期待しています。2年間の絶食の後で、かなりの宴会です！

　昨年夏、シェーンベルク[95] がここに来たとき、あなたがこの計画を承認して下さるなら、夏学期から始まる1年間ここで働くために来たいと彼は私に言っていました。シェーンベルクが1年間ここに滞在してくれれば、私はたいへん嬉しいです。それはここの研究者たちにたいへん有益でしょう。特に、彼はロシア語が話せますので。もしあなたがシェーンベルクがケンブ

---

93) P. G. ストレルコフである。[A]

94) 実際には、カピッツァはこの強磁場を使う研究に戻ることはなく、液体ヘリウムの研究に完全に集中することになった。

95) デーヴィッド・シェーンベルク（1911-2004）はイギリスの低温物理学者。カピッツァは彼の指導教官であった。

リッジから1年間の休暇を取るのを支持して下さるならば、私はたいへん有難く思います。というのは、1年より短い期間研究のためにここに来るのは、全く、無駄になると思いますので。ディラックが結婚したというニュースは私たちには寝耳に水でした。ご存知のように、私たちはディラックが大好きで、彼は生涯の伴侶を適切に選択したと思います。しかし、理論は得意でも、実験は下手な人間がしばしばいます。（中略）

　私たち2人からあなたと奥様に心からの挨拶を送ります。

いつもあなたの　P. カピッツァ

発信者：カピッツァ	[A] [B]
受信者：E. ラザフォード	日付：1937年4月7日　発信地：モスクワ

親愛なる先生

　あなたから手紙を頂き、ケンブリッジとキャヴェンディッシュ研究所の様子をお聞きするのは、私にとっていつも喜びです。私どもはと言えば、私には非常に悲しい出来事がありました。それは3月18日に母が亡くなったことです。母は改善しつつあったので、これはいくらか想定外のことでした。全く突然に心臓発作が起ったのです。母は71歳で、十分力があり、母の書いた本がまさに世に出る所でした[96]。母と私は大の仲良しでしたから、母の死は私にとって辛いです。残りの家族は皆元気です。私はいつも一生懸命仕事をしています。

　私たちの研究所は政府の委員会の査察を受け、良い評価が与えられました。今私たちは政府が承認するのを待っています。ヘリウムの液化機は動くばかりになっています。家族の問題がなければ、もう磁場と低温で仕事をしているはずです。（中略）5月にはボーアが来る予定です。アメリカと日本

---

96) カピッツァの母　オリガ・イエロニモヴナ・カピッツァ（1866-1937）は児童文学、民話の専門家で、自分で集め、書き直した子供のための民話集を1936年と1937年に出版した。

からの旅の途中に寄ることになっています。私はボーアのために必要なビザの手配をし、彼に会うのを楽しみにしています。現在、ピアソンは新しいヘリウム液化機の製作で忙しく、計算によれば、それは1時間当たり8-9リットル供給する予定で、始動時間は30分に短縮されるでしょう。この機械の膨張エンジンは非常に簡単になり、エンジンは既に作ってテストしました。もしそれがOKならば、熱交換器と残りの部分に進みます。夏には機械は動いていると期待しています。

　ラウルマンとピアソンのロシア滞在に関しては、ピアソンは夏にイギリスに帰りたいと言っています。しかし、彼は新しい液化機を完成するために、もし必要な場合には、5ヶ月、あるいは、3ヶ月延長することをあなたが許可して下さることを望んでいます。ラウルマンは、もしあなたが可能と判断されるならばですが、夏から1938年の初めまであと半年ここに滞在する用意があります。彼はこの夏イギリスに行くことは計画していません。彼の家族がこちらに来て彼と過ごすことを希望しています。この計画を承認して頂けるように、大学当局を説得するのをあなたがご援助頂ければ嬉しいのですが。私といっしょに仕事をしてくれるこの最良の2人の助手がそばにいることが私にとってどんなに重要か、お分かり頂けると思います。

　あなたが本当に健康で、全力で仕事をしていらっしゃるを聞いて非常に嬉しく思いました。最後にあなたにお目にかかってからずいぶん年月が経ったような気がします。私が今後どのようにやっていけるか分かりませんが、私はあなたのことを心から敬愛していますし、あなたに会えないことが私にとっての最大の喪失です。

　妻と私からの心からの挨拶を奥様に送ります。妻のアンナからあなたによろしくということです。

いつでもあなたの　P. カピッツァ

発信者：E. ラザフォード	**[B]**
受信者：カピッツァ	日付：1937年4月23日　発信地：ケンブリッジ

親愛なるカピッツァ

　あなたのお母さんが亡くなったという悲しいニュースを聞いて、非常にお気の毒に思います。あなたの前便にはお母さんが病気であると記されていましたが、時が来れば回復するものと思っていました。お母さんの死があなたにとってどんな意味を持つかは私にはよく分かります。両親の死は常に家族において大きな分岐点です。大きな喪失の中にあるあなたと奥様に同情いたします。私はお母さんに何度かケンブリッジでお目にかかりました。お母さんが教育と著作をずっと続けておられたことはとても素晴らしいことです。あなたが最後の日々にロシアでお母さんを看取ることが出来てよかったと思います。

　あなたの実験室の進捗状況とゼーマン効果に関するあなたの実験がどうなっているかに私は関心を持っています。強磁場での結果が特に新しいことをもたらさないとしても、決まった実験の仕事に取りかかるのはあなたに取って大きな喜びに違いないと私は思っています。また、あなたの新しいヘリウム液化機にも私は興味を持っています。それによってあなたの予言が実現したらいいと期待しています。そのうち液化機の成果について聞けるものと確信しています。ボーアがロシアを通って帰ってくること、モスクワであなたがボーアに会うことは知りませんでした。ボーアは彼の新しい原子核の一般論で非常に張り切っていたことでしょう[97]。しかし、果たして彼がそれを数学的に十分進められたかどうか。ボーアと奥さんにお会いしたとき、私からよろしくとお伝え下さい。（中略）モンド研究所は再開したばかりで、活発に仕事をしています。

97）ボーアは1936年頃原子核の液滴モデルを考えていた。

親愛なる先生

　長い間お手紙を差し上げませんでした。それは、仕事がたくさんあって、非常に疲れていたためです。私たちは8月1日に実験室での仕事を止めて、モスクワから約35マイル離れたところにある小さな家に出かけ、そこで過ごしました。これは一時的な場所で、極めて粗末なものです。隣に小さい家を建てていますが、あと1、2年かかりそうです。場所そのものは非常に美しく、川のほとりの松林の中にあります。

　実験室は閉まっていましたが、私は町に来なければなりませんでした。研究所での工事、より正確に言えば、研究所のまわりの主として漆喰工事と補修が進行中だったからです。しかし、この町への往復のため休日はなくなりました。今年が建築の最後の年になってほしいと思います。田舎では体を使う運動をたくさんしました。というのは、古い木の株のある区画を整備したからです。相当な数の木の株を引き抜きました。ディラックと彼の奥さんは私たちの所に3週間滞在しました。ディラックはこの種の労働にも熱心でした。結婚したディラックを見るのは興味があります。結婚はディラックをより人間的にしています。彼が個人的生活で落ち着いた生活を送っているのを見るのは嬉しいことです。私たちは彼の奥さんのマンシー[98]が気に入っています。マンシーはディラックの非常にいい奥さんになると思います。

　同じ年の夏にディラックとボーアの2人に会えるのは私たちにとって大きな喜びでした。というのは、私たちは当地で孤独だったからです。ボーアは6月に世界ツアーからの帰路に来ました。ボーアは奥さんと息子のハンスと一緒でした。一家は6日間滞在し、ボーアは大聴衆を相手に公開講義をし、大成功でした。彼は非常にうまく講義をしたと思います。私たちはボーアとずいぶん話をし、彼のことをよく知るようになり、たいへん好きになりま

98）マンシーは有名な物理学者 E. ウィグナーの妹である。

した。彼は立派な、素晴らしい人物です。ボーアはもっと頻繁に私たちに会いにくると言っていました。数日後、原子核物理学の会議があり、ブラケット、エリス、パイエルスが皆やってきます。しかし、ジョン・コッククロフトが来られないのはたいへん残念です。ウェブスター[99]は短期間私たちに会うためにだけやってきます。彼が物理を辞めたのは悲しいことです。結晶と強磁性についての彼の仕事は、疑いなく、今では非常に基本的なものとみなされています。

　私たちはゼーマン効果の測定を終え、うまく解決しました。すべて調和がとれています。私たちはパッシェン－バック現象も調べました。結果は理論と誤差2%の精度で一致しています。これは私たちの測定の精度内です。今論文を出版する準備をしています。予想した通り、胸をわくわくさせるようなものや通常とは異なるものは出ませんでしたが、いつかなされるべき仕事です。今月私は電気抵抗の磁場による変化の古い問題を始める予定です[100]。私たちの実験室にヘリウム液化機が入ったので、3年間中断してきた仕事に邁進するだけです。

　ピアソンがここにもう1学期滞在するようにあなたが手はずを整えて下さったことをたいへん有難く思います。その後はピアソンにさらに滞在を求める積もりはありません。私たちの所には今2名のよく訓練されたスタッフがいます。彼らが液化機の仕事を進めるでしょう。ピアソンはあと3ヶ月で新しいヘリウム液化機を完成するでしょう。それは古い液化機よりはるかに強力で、1時間当たり大体6-9リットル供給するだろうと期待しています。その上操作が遥かに簡単です。すべての部品が出来上がっていますので残りの作業はそれらを合体することです。新しいタイプの膨張エンジンも非常に有望です。もし私たちがこれによって大量の液体ヘリウムを手にすれば、さらに低温に到達する磁気的原理で断熱装置を動かすアイデアを私は持ってい

99）W. L. ウェブスター（1904-1975）はカナダの物理学者。ケンブリッジにおいてカピッツァの下で研究した。

100）しかし、このプログラムは2、3の予備的実験の後に放棄された。カピッツァは液体ヘリウムに関する新しい研究に益々没頭するようになったからである。[B]

ます。それは少量のヘリウムだけでは困難と思われます。

シェーンベルクは数日前到着し、全力で仕事に取りかかろうとしています。この夏は天候がよく、十分な日照がありました。2人の男の子[101]は日焼けし、元気です。ピーター［長男セルゲイのこと］は学校へ通い、真剣に勉強していますが、新しい言語で勉強を始めるのは少し困難があるようです。私は少し海外を歩き回り、フランスの博覧会を見たり、ケンブリッジのあなたを訪問したいと思っています。ロシアの科学者が外に出られない状態は全く馬鹿げています。また、この状態が我が国の科学の発展にとっていかに良くないことかを人々は認識していないようです。しかし、私は恐らく出国を認められるとしても、順番は最後になるでしょう。ディラックとボーアはあなたのことについていろいろ話していました。私はあなたに会えないのが寂しいです。いつの日か、偉大なあなたの国の昔からの旅行への情熱があなたを捉え、あなたが私たちに会いに当地にいらっしゃることはないでしょうか？

講義のような雑用なしに静かに過ごせるよう手配することができます。あなたは十分に夏の休暇を過ごされて、仕事のために十分なエネルギーを再び補給されたことでしょう。どうぞ是非私にお手紙を下さい。あなたから、そして、ケンブリッジからニュースを聴くのは私にとって大きな慰めになります。私からはもっと頻繁にお手紙を差し上げられるようになるのではないかと思っています。というのは、町に戻って、自分の書斎で落ち着いた環境を得るのが遥かに容易になっているからです。あなたのお孫さんはすべて成長され、間もなく、あなたはひいお爺さんになるのではないでしょうか。（以下略）

---

101) セルゲイ（1928年生まれ）とアンドレイ（1931年生まれ）で、共にケンブリッジで生まれた。

発信者：カピッツァ	**[B]**
受信者：J. D. コッククロフト	日付：1937年11月1日　発信地：モスクワ

親愛なるジョン[102]

　もはやラザフォードがこの世にいないとは、にわかには信じがたいことです[103]。私たちは皆、ラザフォードは、研究においてばかりでなく、人間としても不死であると思っていました。彼は極めて丈夫で、活力に満ちていたからです。あなたも私もラザフォードには多くのものを負っています。もし寄付とか、キャヴェンディッシュ研究所、王立協会、あるいはトリニティ・カレッジでラザフォードを記念するこの種類の計画がありましたら、どうぞ教えて下さい。私はそれに協力したいと思います。私はイズヴェスチヤに追悼記事を書きました。また、11月14日に大学が準備した追悼集会が催される予定で、私はそれに参加し、そして、ラザフォードについて記事を書くように要請されています。私があなたに電話をしたとき、こちらではあなたの声がよく聞こえたのに、私の声があなたに聞こえなかったことは不運なことでした。

　こちらの実験室では実験は順調に進んでいます。新しい液化機が動き出したところです。最初は1時間当たり4リットル供給しました。供給量はかなり増やせると期待しています。ピアソンは新年までに仕事が終了することが確かになりました。それ以後彼に働いてもらうよう求めない積もりです。しかし、ラウルマンには来年の秋までにここに滞在してもらいたいと思っています。あなたと電話で話したとき、それは大丈夫だということでしたから、ラウルマンは合意してくれるでしょう。これについてあなたがラウルマンに確認して頂ければ、たいへん有難く思います。

　我が家では皆本当に元気です。ピーター［長男セルゲイの呼び名］は学校

102）ジョン・コッククロフトの大学における指導教官はカピッツァで、出版された共著論文もある。

103）ラザフォードは1937年10月19日にヘルニアで亡くなった。

に通っています。数日前、赤いネクタイを着けて誇らし気に帰ってきました。彼によれば、彼は共産主義青年団［ピオネール］に選ばれたそうです。アンドリュー［次男アンドレイのこと］は兄のことが羨ましそうですが、少なくとも9歳になるまで待たねばなりません。

　では、あなたとエリザベス夫人に心よりの挨拶を送ります。

発信者：カピッツァ	**[B]**
受信者：N. ボーア	日付：1937年11月7日　発信地：モスクワ

親愛なるボーア教授

　ラザフォードが亡くなって悲しい思いをされていることと存じます。私にとってはそれは大きなショックでした。最近はそのうち彼に会えるだろうという望みを胸に生きてきましたが、その望みが今や消え去ったのです。彼とは手紙を交換するだけでは十分でありませんでした。彼と話をする時、彼の言葉からよりも、彼の目から、顔の表情から、彼の声の抑揚から、より多くのことを知ることが出来ました。私はラザフォードが好きで、私があなたにお手紙を書いているのは、あなたが彼に深い愛情をお持ちだと知っているからです。彼の言葉から、ラザフォードは自分のすべての生徒の中であなたが一番好きなのだと私はいつも感じていました。そして、正直に言えば、私はいつもあなたに少し焼餅を焼いていました。しかし、今はこの感情は消えました。

　私はラザフォードからたくさんのことを学びました。物理そのものではなく、どのように物理の研究をするかについてです。ラザフォードはあら捜しをする人ではありませんでした。私と同じように、あなたは、きっと、ラザフォードが科学であれ、人生の問題であれ、論争するのを聞いたことがなかったことでしょう。しかし、ラザフォードの周りのすべての人への影響は、彼の示す模範によって、また、彼のコメント、それはいつも短いですが、長期的に見ると正しいものでしたが、そのコメントによって感じられました。

98

マクスウェルの生誕100年記念の集会の直後に、トリニティ・コンビネーション・ルームでラザフォードと話していたときに、彼は私に、会議についてどう思うかと聞きました[104]。私は講演者が皆マクスウェルを超人として描いていたのは納得できないと答えました。実際、マクスウェルはこれまで存在した最も偉大な物理学者の1人ですが、それでも彼は人間であって、それは人間臭さも持っていることを意味します。マクスウェルを見たことがない私たちの世代にとっては、彼の甘い砂糖のエキスではなくて、真のマクスウェルについて知ることの方がはるかに価値があるでしょう。ラザフォードは私の答えに大声を上げて笑って、次のように言いました。「それでは、カピッツァ、私の死後、私が本当はどういう人間だったのか、話すのを君に任せるよ。」それがジョークであったのか、それとも半分真面目であったのか、私には分かりません。

しかし、今やラザフォードは亡くなってしまいました。11月14日に大きな会議があり、私はそこで彼について話さねばなりません。そして、彼について書かねばなりません。すべてのロシアの科学者の中で私が彼のことを最もよく知っているので、引き受けねばなりません。しかし、私が彼と共にいたときに気付いたどんな小さな弱点でも、私には今はどうでもよく、無意味なことのように思われ、私の記憶の中では1人の偉大な非難することなど出来ない人物が私の目の前に立っているのです。キャヴェンディッシュ研究所のマクスウェル生誕100年記念の会で、マクスウェルのお弟子さんたちが私たちに話した時のように、今度は私が同じことをするのではないか、と心配しています。

私の心に浮かぶラザフォードの際立った特徴の1つは彼の偉大な単純さです。彼は複雑な装置、複雑な実験、込み入った理論、駆け引きの中にある複雑な議論が嫌いでした。彼は最も単純な議論の側に付き、それはいつも結局

104）この逸話はラザフォードの没後ロンドン王立協会でカピッツァが行った講演「ラザフォード卿の思い出」（P. Kapitza: Proc. Roy. Soc. A**294**, 123 (1966) に掲載されている）の中でも述べられている。

正しく、最も強力な議論でした。ラザフォード自身が単純で、それ故非常に誠実な人でした。彼と話をするのは非常に容易でした。彼の答えは、彼が話す前に顔に書かれていたからです。ラザフォードに再び会えないとは何と悲しいことでしょう。一方、彼のお葬式に出席できなかったことに嬉しくさえ感じます。生きていないラザフォードの顔を見るのは余りに辛いからです。

　ラザフォードは私に非常に親切でした。並外れて親切でした。研究について私はどれほど彼から励ましを受けたことか。たとえ私が彼をいらいらさせても、彼は私の愚かさや間違えにも非常に厳しいことはありませんでした。私は14年間彼のそばで過ごすことができた非常に幸運な人間だと自分のことを考えています。

　ディラックの手紙によれば、モンド研究所のラザフォードの彫刻像［エリック・ギルの作品］は人々の間で評判が良くなっているとのことです。私はその彫刻には一部責任があるので、非常に嬉しく思っています。私は今失われた年月を取り戻すべく、一生懸命仕事をしています。私にはたくさんお聞きしたいことがあり、お手紙をあなたに差し上げなければならないのですが、それは次の機会に譲ります。私の親切な年取ったワニ［ラザフォードのあだな］が亡くなってから、私の感情を共有してくれる人が当地には誰もいません。私はあなたのモスクワ訪問をたいへん嬉しく思い出します。来年もう一度来て下さい。（以下略）

発信者：カピッツァ　　　　　　　　　　　　　　　　　　　　**[A] [B]**
受信者：P. A. M. ディラック　　　　　日付：1937年11月7日　発信地：モスクワ

親愛なるポール

　お手紙有難う。君の言うように、ラザフォードの死は私にとって大きな打撃でした。私は彼に再び会えるという望みを持っていました。私宛の彼の最後の手紙においても、私に会いに来ることは有り得ないことではないと仄めかしていました。

　科学者としてのラザフォードは、もちろん、至る所で認められています

が、偉大な人格者としてのラザフォードは彼と一緒に研究をした人間だけが
知っています。

　私がラザフォードについて一番好きなところは彼の単純さです。彼は、科
学においても、また、個人としての生活においても、常にあらゆる複雑さを
避けました。彼は複雑なものには我慢できませんでした。彼は複雑な機器や
込み入ったやり取りには忍耐できませんでした。ですから、彼と生活し、仕
事をするのは非常に容易で、楽しいことでした。

　ケンブリッジからC. T. R. ウィルソン[105]やラザフォードや若い物理学者た
ちがいなくなって、キャヴェンディッシュの実験物理学の研究グループは危
機に瀕しているような印象を受けます。今やケンブリッジにおける指導的
物理学者の1人として、君が、全世界にとって非常に大きな意義を持つキャ
ヴェンディッシュ研究所の偉大な伝統を維持することに特別な関心を持つべ
きだと私は考えています。

　今年は私にとって非常に辛い年でした。1年の間に、母も、ラザフォード
も失う苦しい年でした。

　一方、実験室での研究は全く順調に進んでいます。新しい大きなヘリウム
液化機は毎時4リットル供給します。これは予想した生産量より少ないので
すが、実験室の需要には十分な量です。しかし、私たちが追加で行う積もり
のいくつかの改良によって、設計値まで到達するのは特に困難はないであろ
うと期待しています。

　私は電流磁気現象に関する自分の研究を再開しました。ゼーマン効果は終
了し、論文を発表する準備がほぼ出来ています。

　我が家では皆元気です。それについてはアンナがマンシーにもっと詳しく
書くでしょう。私たちは君が滞在したときのことをよく思い出します。私た
ちは皆、君が以前のように毎年私たちに会いに来てくれることを心待ちにし
ています。それも1人でなく、マンシーと一緒に。

105）C. T. R. ウィルソン（1869-1959）は気象学者で同時に物理学者。素粒子を検出す
　るための霧箱を発明し、1927年ノーベル物理学賞を受賞。

マンシーにどうぞよろしくお伝え下さい。

いつも君の P. カピッツァ

4.3 逮捕されたレフ・ランダウの救出

　理論物理学者レフ・ダヴィドヴィチ・ランダウは若くしてコペンハーゲン
のニールス・ボーアの研究所に滞在し、国際的な活躍を始めた。1932年に
ハリコフに建設されたウクライナ物理工学研究所に隣接するハリコフ大学の
理論部門の主任として着任、ここで、自分の研究と並行して、優れた理論物
理学者の卵を見出すためのプログラム「理論ミニマム」を作り、若い理論物
理学者の養成を行い、「ランダウ学派」を形成した。また、理論物理学の画
期的教科書「理論物理学教程」の執筆をスタートした。しかし、ソ連はス
ターリンによる圧制が進む暗黒の時代に向かっていた。1934年以降、スター
リンの下の共産党は海外と交流のある知識人に対する強い猜疑心から、国際
的に活躍する知識人への迫害を始めた。1936年には、政治的に過激な発言
をしていたランダウは、ウクライナ物理工学研究所と兼務しているハリコフ
大学から解雇された。ランダウの解雇に反対して、レフ・ヴァシーリエヴィ
チ・シュブニコフらの抗議運動が起った[106]。ランダウを高く評価し、彼をハ
リコフに留まらせるのは危険と見たカピッツァは、ランダウに落ち着いて研
究できる場を与えるため、そして、自分が研究している低温の液体ヘリウム
についての理論からのサポートを得るため、モスクワの自分の研究所「物理
問題研究所」にランダウを呼び寄せた。しかし、ランダウは1938年4月秘
密警察によって突然逮捕された。カピッツァは直ちにスターリンに手紙を書
き、ランダウの釈放を願い出た。だが、フォックの時と異なり、ランダウの

106）ランダウについての日本語の出版物としては、佐々木力ほか「物理学者ランダ
　　　ウ―スターリン体制への反逆」（みすず書房、2004年）がある。また、ウクライナ
　　　物理工学研究所とハリコフ大学での研究者への圧制については 斯波弘行「低温物理
　　　学者レフ・シュブニコフの研究と生涯」：物性研究 電子版 7, 071101（2018）を参照
　　　のこと。

釈放は容易ではなく、逮捕から釈放まで1年かかった。その過程で書かれた
カピッツァとボーアの手紙を以下に示す。

L. D. ランダウとP. L. カピッツァ
カピッツァのダーチャにて（1948年）

発信者：カピッツァ　　　　　　　　　　　　　　　　　　　　　　　　　**[A]**
受信者：V. M. モロトフ　　　　　　　　日付：1937年3月28日　発信地：モスクワ

　2年前、物理問題研究所の設立を引き受けた時、V. I. メジュラウクと私は
研究所のスタッフの問題を念入りに検討しました。私たちは次のような考え
で完全な一致に到達しました。それは、兼職は我が国の研究組織の根本的な
欠点の1つであるので、物理問題研究所では兼職については考えないという
研究員のための規定を作らねばならないということです。この原則は研究所
の組織において一貫して貫かれました。目下の所、所長以下研究員は誰一人
兼業をしていません。

　今月から私の所に研究のためL. D. ランダウがやってきます。彼は物理学
の博士で、我がソヴィエト連邦の最も才能ある理論物理学者の一人です。彼
を勧誘した目的は、私たちの研究所の実験的研究と関係するあらゆる理論的
な課題に彼が取り組んでくれることです。経験によれば、実験研究者と理論
研究者の共同研究は、理論が実験との関係を失わず、同時に、実験データに

然るべき理論的な総括を与え、すべての研究者に広い科学的展望を与えるための最良の方法です。

　L. D. ランダウはウクライナ物理工学研究所で働き、そこで1,500ルーブルの給料を受け取り、同時に、ハリコフ大学で学科主任を勤め、課程全般の講義を行い、それでさらに200ルーブルを受け取っていました。同志V. I. メジュラウクとの合意に基づいて、私はソヴィエト連邦科学アカデミー幹部会にランダウへ合計の給料1,700ルーブルの支払いを承認するようにお願いしました。科学アカデミー幹部会はこれを拒否し、ランダウの給料を1,500ルーブルと定めました。その根拠は教育の仕事を兼任とみなすことはできないというものでした。

　科学アカデミー幹部会のこの決定は、そもそも、非常に大きな原則上の意味があり、特に、私たちの研究所についてそうです。この決定の後は、ランダウがどんな教育の任務を引き受けても私が禁ずることはできないのは明らかです。言い換えると、彼は賃金に関してハリコフにおけるよりも悪い条件に置かれていることが分かります。これは研究所のすべての残りの研究員に対しても先例を作ることになり、研究員たちが教育のための兼務をするのを止められないでしょう。これはこの2年間入念に作り上げてきたすべての労働精神を損ねることになるでしょう。

　上に述べた科学アカデミー幹部会の決定は私の研究所の研究体制に関するV. I. メジュラウクとの基本的合意に矛盾するように私には思えますので、科学アカデミー幹部会がその決定を再考するようにあなたに訴えるのが適当であろうと私は考えています。

　兼務に関する私の考えと研究所の方針は、一貫して、次のようなものです。

　研究所は専ら研究機関であり、研究所のすべての研究員は、彼らの前に提示された研究上の問題に集中し、全力を尽さなければなりません。研究員たちは、副次的な収入を当てにすることのない状態になければなりません。

　各研究者は論文として出版した自分の研究成果だけでなく、その人の存在、すなわち、その人の経験が持つ国にとっての特別な価値ゆえに、その人

の専門的知識は広く活用されねばなりません。そのためには研究者に対して次のことが許されるだけでなく、奨励されなければなりません。

第1に、その人が研究し、その人以外に誰もうまく、十分に後進や他の研究者たちに知識を伝えられないような課題について講演し、学部の授業で講義することがそれです。このような授業は研究者自身にとっても有益です。というのは、自分の考えを整理し、自分の成果を体系化する機会を与えるからです。そのような講義は通常の教育の仕事、すなわち、既によく研究された古典的な学問の知識を学生たちに教えることと混同すべきではありません。普通、学部のコースは年に10-15回に限られます。そして研究員にとっては自分の研究の性格が変わるのに応じて、年々コースの性格も変わります。

第2に、学位論文の審査で申請者に反論する発言をすること。

第3に、その研究者が研究してきた専門的問題について総合報告や論文を書くこと。

第4に、産業界や他の研究機関に対して研究者の専門的な知識と経験を必要とする個々の問題に関して助言を行うこと。しかし、産業界へのこの援助と助言は、飽くまで専門分野で研究している専門家としてであって、全般に通暁している人間として利用され、定常的に助言するようになってはなりません。

このような種類の仕事を許可し奨励することが私たちの研究所の管理部の一貫した方針です。しかし、この仕事を定常的な収入源とみなすことはできません。例を挙げましょう。私は最近非常にたくさん相談に乗らねばなりませんでしたが、これらはすべて全く無報酬で、一方、大学で私が行ったすべての学部の講義に対しては85ルーブルが支払われました。

ですから、ランダウがハリコフで行った学科の運営と然るべき物理学コースの講義は、私の観点から見れば、兼職と見なされるべきです。報酬の差額は、もちろん、私が列挙した専門的で、たまにしかない任務によって補うことはできません。

兼務という病気が研究機関に安易に広がっている今、私たちの研究所では

それとの闘いの為に特に厳格に規則を守らねばなりません。科学アカデミー幹部会の決定と方針は、私には、明らかに、兼務という病気の病原菌にとっての素晴らしい培養基を作っているように見えます。

　　　　　ソヴィエト連邦科学アカデミー物理問題研究所所長　P. カピッツァ

発信者：カピッツァ　　　　　　　　　　　　　　　　　　　　　　　　**[A]**
受信者：I. V. スターリン　　　　　　日付：1938年4月28日　　発信地：モスクワ

同志スターリン

　今朝、研究所の研究員 L. D. ランダウが逮捕されました。彼は29歳ですが、フォックとともに、我がソヴィエト連邦の最も偉大な理論物理学者です。磁性と量子論に関する彼の仕事は、国内でも、海外の文献でも、しばしば引用されています。ほんの去年のことですが、素晴らしい論文を発表し、その中で星の輻射エネルギーの新しい源を初めて指摘しました。この仕事は「太陽と星のエネルギーはなぜ時間とともに目に見えて減少しないのか、これまでになぜ枯渇しなかったのか」という問題への一つの答を与えています。ボーアや他の指導的な研究者たちはランダウのこのアイデアが大きな将来性を持つことを認めています。

　我々の研究所のためにも、ソヴィエトの科学のためにも、また、世界の科学のためにも、研究者としてのランダウを失えば、それは気付かずに済むことではなく、人々に強いショックを与えることは疑いありません。もちろん、博識であり、才能豊かであることは、いかにそれが偉大なものであっても、自分の国の法律に背く権利を与える訳ではありませんし、もしランダウに罪があるならば、彼は責任を取らねばなりません。しかし、彼の例外的な才能を考慮して、彼の事件を極めて慎重に扱うように然るべき指示を出して下さることを心よりお願いする次第です。また、ランダウの性格は、率直に言えば、下品であることを考慮に入れねばならないように私には思われます。彼は喧嘩っ早く、他人の間違いを探し出すのが好きで、アカデミー会員のような立派な長老の間違いを見つけると、礼儀をわきまえず、からかい始

106

めるのです。こうして彼は敵をたくさん作ったのです。

　彼は忠告に従って良くなったとは言え、私たちの研究所では彼には苦労しました。私は、彼の特別な天分を考慮して、非常識な行動も許しています。性格には欠点がいろいろありますが、私にはランダウが不誠実なことをやりかねない人間であるとは思えません。

　ランダウは若く、これから学問で多くの業績をあげる機会がやってくるでしょう。他の研究者がこれらすべてについて書くことは出来ないと思い、私からお手紙を差し上げる次第です[107]。

P. カピッツァ

発信者：N. ボーア	[E][108]
受信者：I. V. スターリン	日付：1938年秋　発信地：コペンハーゲン

　幸いにも長年にわたってソ連の研究者たちと積極的で実り多い共同研究が行われていることに私は特別な感謝の気持ちを持っています。また、ソヴィエト連邦への私自身の数多い訪問の時に、ソ連で科学研究がかくも熱心に成功裏に遂行され、支援されているのを見て、その熱意に私は忘れがたい印象を受けてきました。その経験から、私は若い世代の最も優れた物理学者の1人であるソ連科学アカデミー物理問題研究所のL. D. ランダウ教授に、ご注目をお願いする次第です。

　ランダウ教授が科学界で高い評価を得ているのは、原子物理学に関する一連の非常に重要な仕事によってだけではありません。彼は若い研究者たちを

107）物理問題研究所の研究員のリストからL. D. ランダウを除外する命令書には、カピッツァは1938年5月3日に署名した。おそらく、スターリンに手紙を書けば、V. A. フォックの場合（メジュラウク宛1937年2月12日の手紙を見よ）と同じように、それが効果を発揮して、ランダウはすぐに釈放されると期待していたのだろうが、そうはならなかった。フォックの釈放を助けたV. I. メジュラウクその人が「人民の敵」として投獄され、1938年7月29日に銃殺されたのである。[A]

108）http://www.ihst.ru/projects/sohist/document/letters/l_landau.hml より。

奮い立たせるような大きな影響を与えて、ソ連に理論物理学者のグループを作る上で決定的な寄与をしました。このグループは、新たに建設され、設備がよく整った研究所のために余人をもって代え難い研究員を供給しました。現在、ソ連のあらゆる地域にあるそれらの研究所では、素晴らしい実験研究を行っています。

　長年にわたって、極めて幸いにも、私はランダウ教授と非常に密接な連絡を保ち、絶えず我々双方が深く興味を持っている研究上の諸問題について手紙を交換しております。しかしながら、私の最近の手紙に対しては返事がなく、また、私の知る限り、彼の仕事に極めて大きな興味を持って見守っている他の海外の物理学者は彼から音信がないことをたいへん心配しています。私もまた、私自身が名誉にも会員であるソヴィエト科学アカデミーを通してランダウ教授と連絡をとることを試みました。アカデミー会長の返事はちょうど今届いたところですが、それにはランダウ教授の居場所あるいは消息に関する情報が含まれていません。

　この事実は私を強く不安にさせます。特に、最近私の耳にランダウ教授逮捕の噂が届いたからです。私はこの噂が根拠のないものであることを依然として期待しています。もしランダウ教授が実際に逮捕されたのであれば、それは悲しむべき無分別であると私は確信を持って申し上げます。なぜなら、ランダウ教授はいつも身を学問に捧げているからで、私は彼を誠実な人物として高く評価しており、彼の逮捕を正当化するようなことを彼が行うとは想像できないからです。

　この問題がソ連における科学のためにも、国際的な研究での協力のためにも大きい意味を持つことを考慮して、この例外的に才能豊かで、高度な成果を挙げてきた研究者について、もし実際に行き違いがあったのであれば、人類の進歩のためにこれほど重要な研究活動を今後も継続できるように、ランダウ教授の身の上について解明を命じて頂きたく、切にお願いをする次第です。

ニールス・ボーア

発信者：カピッツァ **[A]**

受信者：V. M. モロトフ　　　　　　　日付：1939年4月6日　発信地：モスクワ

同志モロトフ[109]

　最近、絶対零度近くの液体ヘリウムを研究していて、私は一連の新しい現象を発見することに成功しました[110]。もしかしたら、それは現代物理学の最も謎の多い領域の1つを明らかにするかも知れません。この数ヶ月私はこの研究の一部を発表することを考えています。しかし、そのためには理論家の助けが必要です。我がソヴィエト連邦では、私が必要としているこの分野の理論ではランダウが完全にリードしています。しかし、困ったことに、彼は1年間も逮捕されたままなのです。

　私はずっと彼が解放されることを心待ちにしてきました。ランダウが国事犯の罪人であるとは私には信じられないということを率直に申し上げねばなりません。あれほど輝かしい、才能に溢れた若い学者であるランダウは、30歳にも拘わらず、既にヨーロッパで名声を得ています。加えて、非常に功名心に燃えた人物で、自分の研究でよい成果を得ることで頭が一杯なので、他の種類の活動をする余計なエネルギー、動機、時間を持っているはずがありません。確かに、ランダウは歯に衣着せぬ人物で、心に浮かぶとそれを口にするので、たくさんの敵を作ってきました。その連中はランダウに対して嫌がらせをして喜んでいます。彼の極めて好ましくない性格は考慮しなければならないと思いますが、彼が何か不誠実な行為をしたのを見たことはありません。

　もちろん、このように申し上げても、私は自分の事でないことに口出しをしている訳ではありません。これは内務人民委員部の権限の範囲の問題だからです。しかし、それでもやはり、次の点は異常であると指摘しなければな

---

109)　ヴァチェスラフ・ミハイロヴィチ・モロトフは1930年から1941年の間、人民委員会議議長（首相に相当する）であった。
110)　これについては第5章を参照のこと。

らないと思っています。

1. ランダウは1年以上拘禁されています。取り調べはまだ終了していません。審理期間が余りにも長過ぎます。

2. ランダウが働いている機関の所長として、どういう理由で彼が告発されているのか、私には全く知らされていません。

3. 重要なことは、既に1年間、理由が不明のまま、ソヴィエトの科学も、全世界の科学も、ランダウの頭脳を奪われたままでいることです。

4. ランダウは体が虚弱です。万一彼を無駄に死なせることになったら、ソヴィエトの人々に対して非常に恥ずかしいことです。そこで次の点をお願い致します。

1. ランダウ事件の審理を早くするため、内務人民委員部が特別な注意を向けていただくことは不可能でしょうか。

2. もしそれが不可能なら、彼がブトィルカ収容所[111]に拘禁されている間、科学研究のためにランダウの頭脳を活用できないものでしょうか。エンジニアたちに対してはそのように扱っていると聞いています[112]。

P. L. カピッツァ

---

111) この収容所はモスクワにある。

112) 1939年4月末に、カピッツァは内務人民委員部においてベリヤの代理のメルクーロフ（フセヴォロド・ニコラーエヴィチ・メルクーロフ（1895-1953））とコブーロフ（ボグダン・ザハロヴィチ・コブーロフ（1904-1953））に面会した。2人は大部の「ランダウ事件のファイル」に目を通すようカピッツァに強く勧めた。カピッツァは、「事件の動機」が分からないので、この「事件のファイル」は見ませんと言った。すると、カピッツァに、ランダウを保証する用意があるのかと質問した。カピッツァは、その用意はあると答え、短い手紙を内務人民委員ベリヤ宛に書いた。その手紙が4月26日付のベリヤ宛の手紙である。[A]

発信者：カピッツァ　　　　　　　　　　　　　　　　　　　　　　　　**[B]** **[E]**[114]

受信者：L. P. ベリヤ[113]　　　　　　　日付：1939年4月26日　発信地：モスクワ

　逮捕されたレフ・ダヴィドヴィチ・ランダウ物理学教授を、監禁状態から解放し、私の個人的保証の下に置いて下さるようお願い致します。

　ランダウが私の研究所の中でソヴィエト政権に対していかなる反革命活動も行わないことを私は内務人民委員部に保証します。彼が研究所の外においてもいかなる反革命運動をしないように、出来うる限りの方策を取ります。もしソヴィエト政権に害となるような何らかの発言がランダウの側から出たことに私が気付いたときには、それを直ちに内務人民委員部の機関にお知らせ致します。

P. カピッツァ

113）ラヴレンティ・パヴロヴィチ・ベリヤ（1899-1953）は1938年に内務人民委員になり、ニコライ・エジョフに代わって、スターリンの大粛清の実行者となった。

114）http://www.ihst.ru/projects/sohist/document/letters/l_landau.hml

第5章 低温の液体ヘリウムの謎の解明と酸素の大量生産

　カピッツァはケンブリッジ大学においてそれまでの限界を超える強い磁場を生み出すことに成功したが、それに続いて極低温を実現する新しい方式の液化法の開拓に取り組んだ。具体的には最も液化が困難なヘリウムの液化に取りかかった。

カピッツァが考案したヘリウムの液化機
［P. Kapitza: Proc. R. Soc. London A 147, 189（1934）より］

　ヘリウムの液化自体は、既に1908年に、オランダのH. カマリン オネスが初めて実現していた。しかし、彼の液化の方法は多段式で、液体空気で予冷

した水素を液化し［ジュール・トムソン効果を利用］、その液体水素で冷やしたヘリウムからヘリウムの液化を実現した。カピッツァは、この液化法は複雑であり、1リットルの液体ヘリウムを得るのに液体空気6リットル、液体水素5リットルが必要で、効率が悪く、装置が大掛かりになる欠点があるので、その点を克服し、十分な量の液体ヘリウムをより高い効率で手に入れることを目標にした。中間ステップの液体水素の介在を除いて液化法をずっと簡単にできると考え、液体空気の温度から、直接に、ヘリウムを液化する方法［断熱過程を利用］を考案した[115]。写真は彼が考案した液化機を示している。結果的に、このカピッツァの新しいヘリウム液化法は技術的革新をもたらし、低温物理学の研究をする多くの研究者が利用するようになり、低温物理学分野のその後の発展に大きな影響を与えた。カピッツァの液化機は、後に、アメリカのサムエル・コリンズ（1898-1984）によって若干の改良がなされ、コリンズ型液化機として商品として販売され、広く普及するようになった。ここにはカピッツァの工学的才能が現れている。

　ヘリウムの液化機が完成し、それを用いた研究を計画していたカピッツァは、1934年ソ連への訪問を終えて、イギリスへ帰還しようとしていた時に、出国を禁じられた。そのため彼の液体ヘリウムの研究は、2年程中断を余儀なくされた。イギリスで建設した装置をソ連の物理問題研究所に移設し、本格的に低温のヘリウムの研究に取り組むことになったためである。

　液体ヘリウムを手にしたカピッツァは、温度をさらに下げて、極低温での液体ヘリウムの新しい状態（ヘリウムⅡ）における「流れ」が示す不思議な振舞いを研究した。それが彼を液体ヘリウムの「超流動」の発見に導いた。

---

115) 発表論文はP. Kapitza: Proc. R. Soc. London A**147**, 189 (1934) "The liquefaction of helium by an adiabatic method" である。この論文はケンブリッジ大学において書かれた。

5.1 低温の液体ヘリウムの超流動の発見

カマリン オネスの実験ではヘリウムは4.2K（−269℃）で液化するが、さらに温度を下げると2.2K（λ点と呼ばれる）で比熱がピークを持つ。すなわち、ヘリウムの液体状態にはλ点の高温側（ヘリウムⅠ）と低温側（ヘリウムⅡ）の2つの異なる液体相があることが示唆された。ヘリウムⅠは普通の液体だが、ヘリウムⅡはどんな液体だろうか？これがカピッツァのテーマであった。

カピッツァはヘリウムⅡの粘性を調べ116)、ヘリウムⅡの粘性はヘリウムⅠの粘性と比べ限りなく小さいという結果を得た。超伝導では転移点以下で抵抗がゼロになることに対応して、「超伝導体との類似から、λ点以下のヘリウムは"超流動体"と呼ぶことができる特別な状態に入る」とカピッツァは結論した。カピッツァとは独立に、しかし、論文の受理は少し遅れて、ケンブリッジ大学のJ. F. アレンとA. D. マイスナーもカピッツァとほぼ同じ結論を得た117)。次のボーア宛の手紙は、1937年には、カピッツァは既に予備的結果を得ていたことを示している。

カピッツァはその後も研究を続け118)、ランダウと議論を重ねた。このカピッツァとの議論に刺激を受けて、ランダウはヘリウムの不思議な性質を説明する「量子液体の理論」を作り上げた。これによって後にランダウはノーベル賞を受賞した。

116) P. Kapitza: Nature 141, 74（1938）"Viscosity of liquid helium below the λ -point"

117) J. F. Allen and A. D. Misener: Nature 141, 75（1938）"Flow of liquid helium Ⅱ"

118) P. Kapitza: J. Phys. USSR 5, 59（1941）"Heat transfer and superfluidity of helium Ⅱ"

発信者：カピッツァ	**[A]**
受信者：N. ボーア	日付：1937年12月10日　発信地：モスクワ

親愛なるボーア

　ラザフォードの死去についてのあなたのお手紙を受け取りました。お手紙は私の手紙と行き違いになったようです。私は友人たちから多くの手紙を受け取りました。多くの人々がラザフォードをいかに高く評価していたか、驚くばかりです。私はラザフォードについて大きな一般向け講演をし、さらに、彼についていくつかの論文を書かねばなりません。

　私は、ずっと、X点[119] 以下の温度でのヘリウムの粘性に関する研究で非常に忙しくしておりました。あなたがここに滞在していた時、この研究の計画についてあなたにお話ししたのをご記憶でしょう。実験は進んでいて、予備的結果は極めて興味あるものです。X点以下の温度ではヘリウムの粘性は1,000分の1以下になることが分かりました。私は、ヘリウムの粘性は、測定された最低温度における気体の水素の粘性より小さく、10分の1であると予想していましたが、実際には10,000分の1であることが分かりました。

　「粘性のない」液体を想像するのは極めて難しく、その性質は非常に興味深いものです。ヘリウムIIの極めて高い熱伝導度に関するケーソムの実験データは、測定できない位小さい粘性によるのは明らかです。液体中の対流の発生速度は粘性の2乗に逆比例します。小さな粘性という現象は非常に明瞭に現れ、簡単に観察できます。

　条件を変え、見逃しているかも知れないミスを探し出そうと、実験を約20回行いましたが、間違いは見出せませんでした。この手紙と一緒に雑誌Natureに発表した予備的な報告のコピーをお送りします[120]。ですから、もし

119）これは温度 −271℃（いわゆる λ 点）である。

120）論文「ラムダ点以下の温度での液体ヘリウムの粘性」はソヴィエト科学アカデミーの学術誌Доклады Академии наук СССР の1938年1月号に発表され、英語の雑誌では1月8日にNature誌に発表された。P. L. Kapitza: Nature **141**, 74 (1938) "Viscosity of liquid helium below the λ-point".

ご興味がありましたら、論文をご覧になって下さい。

　さて、ランダウについて、また、彼が研究のためあなたのところへ行く可能性についてですが、私はこの問題についてランダウと話をしました。彼は、今、自分の新しい理論の研究でたいへん忙しいと言っていました。訪問をもっと後の時期に延期できればいいのだがと彼は考えています。

　私の家族は元気です。長男は学校に行っています。今は冬の真っ盛りです。雪がたくさんあり、素晴らしいスキー散策が楽しめます。夏に再びお目にかかれることを望んでおります。

　心からの挨拶と、これから到来する新年にあなたと奥様のご多幸をお祈りいたします。

心を込めてあなたの　P. カピッツァ

5.2　産業への応用のための酸素の大量生産法の開発

　物理学者カピッツァの特徴は、純粋物理の分野での研究だけでなく、エンジニアとして産業で必要としている課題にも才能を発揮したことである。それは経済性も考慮した酸素の大量生産法の研究に見ることができる[121]。カピッツァ以前の装置は高圧を利用するもので、装置が大型になった。これに対して、カピッツァは低圧の膨張タービンを使う方式を提案した。以下に掲載する1938年4月20日のモロトフ首相宛の長い手紙では、カピッツァは自分のアイデアを非専門家であるモロトフに丁寧に伝えている。ついでながら、このカピッツァの液体酸素大量生産の方法は、第2次世界大戦後に、仁科芳雄が理化学研究所の財政問題の改善に利用した[122]。

---

121) 論文はP. Kapitza: J. Phys. USSR 1, 7 (1939) "Expansion turbine producing low temperature applied to air liquefaction"；カピッツァの科学アカデミーでの報告（1945年6月18日）を後に彼の秘書P. E. ルビーニンがまとめ P. L. Kapitza: Physics –Uspekhi 37, 1173 (1994) "Production and use of liquid oxygen" として発表した。

122) 理研の広報誌「理研ニュース」No.231（2000年9月号）の記事「戦後の理研復興と液体酸素プロジェクト」

発信者：カピッツァ	**[A]**
受信者：V. M. モロトフ	日付：1938年4月20日　発信地：モスクワ

同志モロトフ

　私たちの研究所で行っているある研究と関係して生じているいくつかの問題に関してこの手紙を書いています。私にはたいへん重要な問題だと思いますので、あなたにお伝えいたします。

　問題と言いますのは、約2年前、技術に関する私たちの印刷物の中で、酸素濃度を高くした空気を冶金工業、火力施設、化学設備に利用する問題を検討しましたが、その問題です。実験データによれば、酸素濃度が通常より高い空気の中で石炭を燃やすと、溶鉱炉の効率を上げることができ、集中暖房用給熱センターのボイラーの能力を改善でき、石炭のガス化においてはより良いガスが得られることなどが示されています。一言で言えば、石炭を燃やすあらゆる状況において、酸素濃度を上げた空気によって燃焼はより完全になり、得られる熱量はより大きくなります。

　私は技術のこれら様々な領域に精通しているわけではないので、もちろん、この結論すべての正しさを保証できませんが、正しいと考える根拠があると思っています。実際、石炭を燃やすとき、燃焼室から熱が流れ出ますが、これは燃焼の後で生ずる炭酸ガスによるだけでなく、燃焼には関与しない空気中の窒素にも依存します。その上、この"怠け者"の窒素は炭酸ガスよりも4倍多くの熱を運びます。燃焼室に窒素があると、燃焼は困難になり、不完全燃焼になります。このため、完全燃焼の際に必要な量よりも多くの空気を燃焼室に通さねばならず、損失が一層多くなります。通常は、酸素濃度を高めていない空気の中では、石炭を完全に燃焼させることはできません。

　もし栄養のあるもの以外に、さらに4倍の量の消化できないもので胃を一杯にすれば、消化が困難になることは、学位を持った専門家でなくても理解できます。燃焼の場合にも同じであるように思えます。窒素が燃料を燃やすのに害になることは常識です。燃焼によって熱を得ることは国民経済において最も重要で、最もありふれたプロセスの1つです。したがって、燃焼のプ

ロセスの改良に関するすべてが、疑いなく、最も重要な技術的課題の1つです。

　もし空気中の酸素濃度を高めることが世界経済における焦眉の課題として認識されていないとすれば、それはおそらく次の2つの理由によって説明できるでしょう。第1は、石炭の世界的埋蔵量はまだ切迫するほど枯渇していないこと、第2は、資本主義国の冶金工業やエネルギー産業がトラスト化していて、それ故に、あらゆる改革を受け入れ難くなっていることです。我が国ではそのようなことはあってはなりません。将来、社会主義経済は、間違いなく、最も進んだものになるでしょう。そして、もし私たちが保守的ならば、大改革よりは、小さな改善で満足することになるでしょう。

　しかし、酸素濃度を高めた空気の応用を困難にする理由は他にもあります。それは経済性です。専門家の大雑把な計算では（悲観的な意見と楽観的な意見の平均を取って）、酸素の濃度を高めた空気を得る現代の最良の技術を使うと、結果は「ゼロ」、すなわち、節約をしたと同程度に支出が増えたというものです。それゆえ次のような疑問が生じます。空気中の酸素濃度を高くする現存の方法はどの程度の完璧さと、どの程度の経済性を達成したのか、どんな改良が期待できるかという問題です。私はこの問題に興味を持ちました。そしてこの問題を十分確実に解明できると思っています。

　濃縮のための酸素は空気から手に入れるのが最も安価です。なぜなら酸素は大気中に自由状態で存在するからです。

　空気から酸素を得るにはいくつかの作業をしなければなりません。

　物理学の基本法則から次のことを示すことができます。毎秒1立方メートルの純粋な酸素を得るには、いかなる方法を用いようとも、少なくとも、0.07キロワットを費やさなければなりません。最も大きく、効率の良い現代の装置では、エネルギーの消費は0.4キロワットです。すなわち、最小の理論的限界より6倍大きいのです。このことは空気中の酸素を濃縮するに要する費用は数分の1に減らせる可能性があることを示しています。

　空気から酸素を分離するために提案されたさまざまな方法のうちで、技術的に価値のある唯一の方法は精溜法で、これより良い方法を見出せると予想

するのは困難です。

　精溜というのは、簡単に言いますと、再蒸溜のことで、水からのアルコールの再蒸溜と同じようなものです。それは、液体酸素が液体窒素よりも約13度高い温度で沸騰するということに基礎を置いています。液体空気を加熱すると、初めは、窒素が酸素より多く蒸発します。このプロセスを何回か繰り返して、2つの気体を完全に分離できます。この再蒸溜の繰り返しを可能にする技術的方法では、液化のため費やされた冷たさをほとんど無駄にすることがありませんが、これは精溜と呼ばれます。

　そこで次のような問題が生じます。空気の精溜のための現代の装置は、なぜ理論的に可能なエネルギーよりも6倍も多くのエネルギーを費やすことになるのか？　これを改良することは可能か？という問題です。

　さまざまな装置、例えば、フランスのクロード、ドイツのリンデ-フレンケル、また、ギプロガス[123] の装置は、実際のところ、お互いに非常に似ていますが、それらは非常に複雑な装置で、2つの部分から成ります。第1の部分は液体空気の精溜のための装置で、第2の部分はもっと複雑で、空気の液化のための冷却装置です。設備がこのように複雑なので、各要素で若干のロスが起ると、合計として効率が非常に低くなります。同時に、全装置が高価で、かさ張り、信頼性が劣るものになります。

　ですから、酸素が濃縮された空気を安価に手に入れるには、何と言っても、この装置を簡単化しなければなりません。そうすれば少ない投資で安価に酸素を得られるはずです。では、それはどのようにして実現できるでしょうか？

　簡単化すべき第1の点は、冷却する機械の部分で、理由は以下の通りです。空気を液化するためには、通常、220気圧まで圧縮し、その後、ピストンエンジンを通して仕事をさせて、冷却します。この方法は、1時間当り200-300立方メートル程度の少量の空気の場合には経済性の問題が厳しくなく、

---

123) ギプロガスというのは「ガス管及びガス事業の企画に関する国立研究所」の略称である。

たいへん良い方法です。しかし、火力発電所や溶鉱炉において必要な1時間当り約10万立方メートルの量の空気中の酸素を濃縮するには、大きな困難に直面します。

　問題は、気体を200気圧まで圧縮するのはシリンダー中を運動するピストンによってのみ可能なことですが、これはピストンエンジン中の気体の膨張に関係しています。大量の気体の場合には、ピストンのサイズが大きくなり、非常に高価になります。約40-50年前に蒸気から力学的仕事を得る技術が直面した問題がここにあります。数万キロワットを得ることが必要になるとき、普通のピストンではもう目標を達成することはできません。タービンと同等な蒸気機関よりサイズが数10分の1の蒸気タービンだけが、安上がりで、確実に大きなパワーを出すことができます。空気の液化のためにも、ピストン圧縮機とピストンエンジンからタービンコンプレッサーとタービンエンジンに移行する必要があることは、確信を持って断言できます。そのためには、タービン機構が働くもっと低い圧力での空気の液化法を見出さねばなりません。そのような試みは既にフランス、ドイツ、我が国でなされています。タービンさえ作られています。しかし、それは精溜装置のピストンコンプレッサーのサイズを半分に縮小することが可能なだけで、それ以外のすべてが手つかずで残っています。この極めて複雑な装置では純粋酸素の1立方メートル当り0.4キロワットのエネルギーを消費しますが、これについては既に述べました。

　この問題を研究していた2年前に、私は次の結論に到達しました。それは、空気を液化するためのタービン機械を作る際、簡単でありながら、本質的なある事情が見逃されていたことです。それを理解していれば、おそらく、コンプレッサーを断念して、空気中の酸素の濃縮のプロセスを簡単化し、改良できたでしょう。

　そこで、私は高圧に頼らずに空気を液化し、タービンで働く装置を実現するという課題を設定しました。

　このとき、第1に、次のような困難がありました。私はタービンについて仕事をした経験がなく、紙の上で理論的に知っているだけでした。ですから

私は自信がありませんでした。もしソヴィエト連邦における私の最初の仕事の1つがうまく行かなければ、困ったことになるでしょう。ですから、私はこの仕事を研究所の公式の研究計画には含めることなく始めました。第2に、液体空気はヘリウムと水素の液化のための出発点となる生成物であるので、私たちの研究所は液体空気を得るための装置を必要としていました。というのは、我が国の工業は私たちに液体空気を十分に供給してくれないのです（しばしば中断し、液体空気は私たちには非常に高価で、年に6万-7万ルーブルもします）。研究所のためにタービン液化機を建設することは次のような困難を伴いました。どんなタービンも大量の気体を扱うときにのみ費用の節約になることが知られています。というのは、タービンのパワーは容積に比例して増大し、損失の大部分は作動部分の表面積に比例して増大するからです。明らかに、タービンが大きい程、容積に対する表面積の比が小さくなり、損失の比が小さくなります。私たちの研究所に必要なのは、産業のスケールと比べて、非常に小さな出力なので、必然的に、タービンは小さいものになります。小さなタービンで私の考えが正しいことを示すのは困難で、そのために私はより慎重にならざるを得ませんでした。

　私の考えは極めて単純です。フランス人、ドイツ人、ギプロガスが作ったこれまでのタービンの設計のときには蒸気タービンの設計原理を基礎としていました。私の考えでは、これは間違っています。タービンは-186℃で作動しなければならないのですが、この温度では空気は重くなり、その密度は蒸気の密度より何倍も高くなっています。ですから、水力タービンが作動する原理をタービン設計の基礎にすること、つまり、より重い媒質が運動するとき生ずる力を利用することの方がはるかに正しいことになります。タービンが動く際、気体の流れの反作用のみならず、コリオリ力を利用することです。現実には、それは気体の軸方向の流れの代わりに、放射状の流れによってなされます。このようなタービンは2倍の圧力差で作動させることができ、以前のタービンと比べ、同じロスで2倍のパワーを得ることができることを理論的に示せます。

　私たちは2年前この仕事に取りかかりました。研究においてはいつもそう

であるように、困難は予想した方向とは異なる方向からやってきました。液化温度近くの空気のように密度の濃い媒質での回転の際、タービンは安定性を失うことが分かりました。この安定性の理論的理由を探さねばなりませんでした。現代のタービン製造のバイブルである A. ストドラの1924年出版の「蒸気タービンとガスタービン」という本には「この現象の理論は非常に込み入っていて、解決されていない。…」と記されています。しかし、理論がなければ、安定性を達成する方法が分かりません。そこで、モデルを作って実験をし、8-9ヶ月の研究の後に、私たちはこの現象の理論を見出すことに成功しました。すると、すべてが簡単で、容易になり、私たちがそれに対応する装置を作ったところ、タービンは安定しました。私たちのタービンがどれほど安定しているかは次のことから分かります。タービンの回転子の端の速度は1秒間に200メートル以上になります。これは二連発銃の弾丸の速度に匹敵します。また、回転子とカバーの間隙は0.1ミリメートルよりわずかに大きい程度です。ついでながら、回転子を安定させるこの方法は大きな蒸気タービンへも影響するでしょう。プロペラとカバーの間の隙間を小さくするために、蒸気タービンでも回転子の回転が十分な安定性を持つことは利益があります。なぜならそれによって効率が高くなるからです。

　さらに次のような困難がありました。必要な出力を得るためには、タービンは非常に小さくなり、タービンの回転子は手のひらに楽に乗るサイズで、重さは300グラムになります。これに空気を供給するには重さが4トンになるコンプレッサーが必要です（ついでながら、これはピストン機構とタービン機構の寸法の関係を示しています）。私たちの回転子は1分間に46,000回転します。初めのうちはすべての軸受けがすぐに緩みました。その原因を調べると、タービンの慣性軸が十分精度よく中心を合わせることが不可能であるために起っていることが分かりました。そこで、回転子を軸につなげる新しい方法が考案されました。回転子を軸に連結することによって摩擦が起こり、回転子は自然に中心が合うことになります。回転子を連結するこの方法は遠心分離器やジャイロコンパスのような速く回転する機構においてさらに広い応用が可能です。

　2年の研究の後、これらすべての困難が克服され、建設された3番目のター
ビンは、タービンの基礎にある基本的アイデアの正しさを完全に確認しま
した。サイズが小さいにも拘らず、その効率は0.7を超え、領域によっては
0.75-0.80に達します。ところが、以前のタービンは、文献上のデータによれ
ば、我々のタービンよりも遥かにサイズが大きいにも拘らず、その効率は
0.6-0.65より目立って大きくありませんでした。

　このようなタービンを備えた特別な冷却装置によって、私たちは、今で
は、以前の200気圧の代わりに、3-4気圧の圧力で空気を液化します。これ
によって提起された課題が実現したことになります。

　私たちが達成したことを特徴付けるいくつかの数値があります。私たちの
装置を出力が等しい以前の装置と比べると、私たちの装置のための標準的コ
ンプレッサーはソヴィエトの価格で20,000ルーブルであるのに対し、通常の
液化機は100,000ルーブルします。さらに、私たちの装置では空気から湿気
や炭酸ガスを除く必要がありません。以前の装置での浄化設備のサイズは私
たちの全装置よりも大きいものでした。2年間の実験の全支出を含めて、私
たちの全装置は100,000ルーブル以下でした。これと等価な工場（全ソヴィ
エトガス溶接トラスト）の標準的装置はドイツ製の完全なコピーですが、
200,000ルーブルになります。

　これらすべては、もちろん、悪くありません。というのは、液体空気をこ
のような方法で得ることは、まだ誰も私たちのようには成功していないから
です。しかし、これは低温を得ることに関係した空気の精溜の問題の一部の
解決に過ぎません。低温を得るこの方法を空気の精溜にいかに応用するかと
いう問題が残っています。私はこの問題も解決されると思いますが、これか
らどうなるか、予め正確に言うことは困難です。

　しかし、私がこのように私たちのタービンに関する研究について詳しくお
話ししたのは、私たちが既に達成したことが我が国の経済にとって価値があ
り、これは活用しなければならないと考えるからです。装置は試験操業を始
めたばかりですが、これは既に研究所の必要性から設置された空気の液化装
置のテストのデータから明らかです。当然ながら、長期的な稼働のためには

いくつかの設計の改良が必要ですが、私には動作原理とその長所は証明されたと思えます。

　更なる改良についてはすべて脇に置き、現状の装置を採用すると、これに等価な以前のシステムの装置と比べて約3分の1の安さです。高圧を使わないので、装置の稼働はより易しく、より安全で、より経済的です。

　私たちの装置は、コンプレッサーの半分の回転数で稼働して、現在、1時間に11キログラムの液体空気を生成します。装置は、半分ではなく完全な回転数で稼働すると、1時間に20キログラム生成します。もしこの液体空気を現在の価格、すなわち、1キログラム当り6ルーブルで売るとすると、装置が年に300日、1日20時間稼働するとして装置の生産高は700,000ルーブルになります。このとき製造原価は100,000ルーブル以下です。それ故、ソヴィエト連邦で稼働している10台の装置は1年間に国が研究所に支出する額を節約することになります。

　しかし、主な価値は、アイデアが正しいことの証拠が得られ、空気の酸素濃度を高める技術的プロセスを改善する見通しが得られたことにあると私は考えています。もしそうならば、実際の価値を見積もるのは難しく、それは約10-15年後にはっきりするでしょう。そして、そのときには私たちが開始したことは忘れられているでしょう。

　私たちの成果を秘密にしておくことは、もちろん、馬鹿げています。というのは、もし私たちが正しい道筋を進んでいるのなら、技術的プロセスの発展の論理によって、必然的に、他のエンジニアや研究者も同じ結果に到達するのは間違いないからです。例えば、リンデ、クロード、その他の人々のような非常に優れたエンジニアは、この手紙を読みさえすれば、3-4年後に私たちが作ったのと同じ物を作れるでしょう。アイデアを隠すことはできません。そもそも、いかに強力な技術であろうと、技術の発展の力学の中に自分の力を求めるのが正しい政策です。新しい道を切り開くときには、前に向かって堂々と進み、自分の足だけを頼りにすることです。ですから、私たちの研究の基本原理について外国で特許を取ることを考えなければならないと思っています。

　もし特許を取ることを決意して、それが得られるならば、可能なすべての収入は我が国に入ることを私は望んでいます。このためには、最初から、例外なくすべての特許権をあなたが指定する法人に移す手続きをすることがいいと思います。私は個人的には次のことを予め明らかにしておきたいと思います。すなわち、特許を取るのに必要なすべての技術的情報を提供する以外に、特許の取得とその後のことに関係したあらゆる法律的、財政的、商業的な仕事から完全に解放されればいいと思っています。

　さらに、お願いしたいのは、申請書ができるだけ早く作られ、その後に私が理論として、また、装置の全般的な記述として、なるべく早く発表できることです[124]。

　これらすべての問題が潜在的重要性を持ち、緊急的性格を持つことを考慮して、あなたがご自分の判断で必要な決定をされるように、私はあなたにこの手紙を書きました。

P. カピッツァ

追伸：タービンを実現する仕事において私たちの研究所の作業員は特別な熱意とエネルギーを持って仕事をしたことを指摘したいと思います。特に、熟練工がそうです。もちろん、私たちの仕事には出来高払いや時間外労働はありません。しかし、彼らは後悔していません。時に私は彼らを駆り立てねばなりませんでしたが、彼らが働き過ぎることを心配していました。彼らはすべて細部を作る仕事に積極的に参加して、本質的な改善に寄与しました。この装置の建設によって研究所は100,000ルーブル以上を節約し、液体空気への支出で約70,000ルー

---

124) 発表された論文はP. Kapitza: J. Phys. 1, 7 (1939) "Expansion turbine producing low temperatures applied to air liquefaction" さらに、1945年6月18日にソ連邦科学アカデミー物理学・数学分科での科学アカデミー設立220記念セッションでの講演を後にカピッツァの秘書P. E. ルビーニンが編集した講演録があり、それはУспехи Физических Наук 164, 1263 (1994) "液体酸素の生産と利用" に掲載されている。

ブル節約できます。私は私たちの作業員を表彰したいと思います。で
すから、研究所の資金から15,000ルーブルを表彰に支出するためのご
指示をお願いいたします。早く許可を頂きたいと思います。というの
は、賞が成果と合致することが心理的に非常に重要だからです。（以
下略）

P. K.

第6章　ドイツとの戦争の時期

　1933年にドイツでヒトラーが政権を取り、それによってヨーロッパの政治状況は深刻になった。ヒトラーは1939年9月に東にあるポーランドへの侵攻を開始し、西方ではフランスなどへ侵攻した。これに対して、イギリスとフランスはドイツに宣戦布告した。そして、1941年6月、ドイツのソ連への侵攻が始まった。ドイツ軍によって研究所の設備が破壊される恐れがあるため、ソ連は同年7月に物理問題研究所を含む多くの研究所をモスクワの東にあるカザンに疎開させた[125]。

　このような困難な情勢にも拘らず、その中でカピッツァの液体ヘリウムの「超流動」の研究は行われた。また、工業的応用と結びついた液体酸素の大量生産に関する研究にもカピッツァはかなりの力を割いた。

　カピッツァは、自分の研究と並行して、手紙を通して、海外の著名な研究者P. ランジュヴァンやN. ボーアを援助した。また、国内の困っている研究者のために、研究分野や年齢に関係なく、自分の考えを政権の指導者に伝えて、彼らに援助の手を差し伸べた。

125）1941年6月22日に始まったナチスドイツのソ連への侵攻を受けて、物理問題研究所を含むソ連科学アカデミー傘下の多くの研究所が1941年7月にモスクワからカザンに疎開した。カザンはモスクワの東に位置する商工業、学術都市である。この疎開状態は2年間続いた。この研究所の疎開の問題については、市川浩「ソ連邦科学アカデミーの戦時疎開に関する一考察」（「科学の参謀本部」（北海道大学出版会）に所収）が詳しい。

6.1　周りの研究者への援助

発信者：カピッツァ　　　　　　　　　　　　　　　　　　　　　**[A]**
受信者：V. M. モロトフ　　　　　　日付：1939年12月29日　発信地：モスクワ

同志モロトフ

　お騒がせして申し訳ありませんが、手紙をどなたに差し上げるべきかわからず、あなたにお手紙を差し上げます。先日アカデミー会員のアレクセイ・ニコラーエヴィチ・バッハ[126] を訪ねました。病気の後の夏、彼の心臓は良くない状態にありました（定期的にカンフル剤を使っています）。82歳という年令にも拘らず、彼の家族は彼が仕事をしようとするのを止めることができません。

　現在、彼はエレベーターのない4階に住んでいます。彼はモスクワ市と科学アカデミー幹部会などにアパートについて手紙を書いたと言っていました。皆口では約束はしているのですが、誰も実質的に6ヶ月間何もしていません。

　アレクセイ・ニコラーエヴィチのような立派な人に対するこのような恩知らずな対応を見ると、私の中ですべてのものがひっくり返しになってしまいます。

　このような理由からこの問題についてあなたに手紙を差し上げる決心をしました。もちろん、これについてバッハは何も知らないでしょう[127]。

　　　　　　　　　　　　　　あなたの　P. カピッツァ

---

126)　アレクセイ・ニコラーエヴィチ・バッハ（1857-1946）はソ連の生化学者。

127)　カピッツァの秘書P. E. ルビーニンによれば、カピッツァの文書に保管されている手紙のコピーには、カピッツァの筆跡で、「1940年1月3日。モロトフの秘書のラプショイから電話があり、モロトフの依頼で、モスクワ市ソヴィエト執行委員会議長のプローニンの決定が伝えられ、カルーガ地区の任意のアパートをバッハに提供する用意があると言っていた」と書かれている。[A]

発信者：カピッツァ **[A]**

受信者：I. V. スターリン　　　　　日付：1940年6月14日　発信地：モスクワ

同志スターリン

　私たちの研究所の非常に才能ある若い研究員ミグダル[128]は、専門家委員会によって、スターリン博士奨学金の物理学分野の第一候補として推薦されました。しかし、最後になって、最終委員会が彼を候補から外しました。理由は次のようなものです。

　ミグダルは党の組織と一般の組織でよい評判を得ていました。6、7年前に彼は間違って逮捕され、2ヶ月間拘留されました。彼はこれで有罪にはなりませんでしたが、唯一つ、彼の推薦に反対して提出されたのは、彼を推薦する組織が彼の逮捕を知らなかったということでした。

　ミグダルに聞いたところ「何しろ、逮捕は私の間違いではありません。どうしてそれについて話さなければならないのでしょうか？」とのことでした。

　委員会（シュミット、カフタノフ、その他）から聞いたところでは、「それは推薦者が意図的に述べなかったもので、ミグダルは確かに天才ですが、スターリン奨学生のリストの先頭に置くことは有り得ません。」とのことでした。（中略）

　ミグダルが正当に扱われていないので、私は無関心ではいられませんでした。

　同志O. Yu. シュミットの私への説明は私には満足出来ませんでした。そこで、もしあなたが党組織にこの件について究明し、要するに、ミグダルを人間として傷つけないように指示を出して頂ければと、この手紙を書いています。何しろ、彼が能力がなくて落選したのではないということは誰でも

---

128) 後に傑出した理論物理学者となるアルカーディ・ベネディクトヴィチ・ミグダル（1911-1991）のことである。彼は特に原子核理論の専門家であった。彼の息子アレクサンドル・アルカディエヴィチ・ミグダルもまた優れた理論物理学者として知られる。

知っているのです[129]。

あなたの　P. カピッツァ

発信者：カピッツァ	[A]　[B]
受信者：G. M. マレンコフ	日付：1944年3月3日　発信地：モスクワ

全ソヴィエト連邦共産党中央委員会書記　G. M. マレンコフ宛
敬愛する同志マレンコフ

　あなたの要請に従って、同志ドゥダコフと話し合いをしました。

　彼の発明は、専門分野としては、航空流体力学中央研究所の仕事により近いものです。同志アブラモヴィチ、同志クリスティアノヴィチなどの研究所の研究員たちは、ドゥダコフの提案が実現可能かどうか、提案の意義についてより正確に判断できると思います。

　私からは次のコメントができるだけです。

　同志ドゥダコフによって提案されたアイデアは物理学の観点からは理にかなったものです。つまり、理論的には、彼が提案する速度に近い値まで砲弾の速度を上げることができます。それ故、専門家たちによってより詳しい検討がなされることが望ましいと思います。専門家たちはそのアイデアを実現する時に直面する技術的困難をどの程度克服できるかを明らかにできるでしょう。

　発明においてはアイデアはその価値の一部に過ぎません。これまでに提起されたアイデアの数は非常に多いので、技術においては今何か全く新しいことを思いつくのは困難です。発明家の功績は、通常、アイデアを出すことで

---

129) 6月20日に、スターリンの秘書ポスクレブイシェフから、スターリンの名前でカピッツァに電話があり、高等教育機関に関する委員会の議長S. V. カフタノフがスターリンから「然るべき指示」を受けたと連絡があった。カフタノフはこの件についてよく分かっていなかったが、「誤解が解けた」ということだった。

　A. B. ミグダルの回想によれば、同じ日にカピッツァはミグダルに結果を伝え、「さあ、これで君はスターリン奨学生だ！」と付け加えた。[A]

はなく、それを技術的に実現する具体的形態を見出し、実現化の過程で出会うことが避けがたい様々な技術的困難すべてを克服することにあります。

　旅行者にとって重要なのは地図の上にルートを正確に書き入れるだけでなく、ルート上の予知できない障害を克服することがより重要です。それと同じように、発明家の場合にはそのアイデア自体を評価するという観点からばかりでなく、より重要な問題、すなわち、果たして彼は十分に優れた人物で、技術的に広い教養をもっているか、自分のアイデアを実現する道を進むために最後まで仕事をやり遂げられる粘り強さをもっているか、を問いながら、発明者を見なければならないと私は思います。ですから、そのような場合には発明自体を評価するだけでなく、発明者自身をも評価することが重要です。我が国では普通そのようなことをしないで、提案されたアイデアだけを評価します。しかし、もしアイデアは重要で、有望であるけれども、上に述べたような資格のない人物がアイデアを実行しようと試みるならば、その仕事は失敗する運命にあります。

（中略）

　この機会を利用して、我が国における発明に関して若干記したいと思います。

　以前、私は全くユニークなタイプの1人の発明家に会ったことがあります。彼は物理学者で、ユダヤ系のハンガリー人で、名前はシラード[130] です。私はロンドンで彼と知り合いになりました。彼は他のユダヤ人と一緒にハンガリーで始まったファッシズム化から逃れて、ロンドンにやって来ました。シラードは専門的知識が豊富な研究者で、アインシュタインの弟子で、稀に見る創造的発明の才能を持った人物です。彼はポンプや、新しい印刷法や、トーキー（音声の出る映画）の改良などを発明しました。しかし、彼の発明の仕事の最も興味深い点は、彼は決して自分のアイデアを実現しようと試み

130）レオ・シラード（1898-1964）はE. P. ウィグナー、フォン・ノイマンなどと共にハンガリーの生んだ天才的科学者の1人。1939年からアメリカに移住した。原爆のアイデアに寄与し、後に原爆投下に反対した人物である。カピッツァはこの時点では原爆開発におけるシラードの役割を知らなかった。

なかったことです。彼は特許を取り、100-200ポンドという安い価格でどこかの会社に売りました。その会社は喜んで特許を買いました。もっとも、会社の第一の目的は、ライバルがその発明を利用する可能性から守るということでした。ですから、そのような少額を渡したのです。シラードは年に10から20の発明をし、それで楽に生活していました。あくせくしないで、なに不自由なく暮らしていたのです。それらのアイデアの1つでも実現されたということを聞きませんが、おそらく彼はそれには関心がなかったのでしょう。

　もちろん、このような人々は、彼らのアイデアが誰かに引き継がれ、実地に用いられるときにのみ、技術と科学の発展に影響を与えることができます。

　興味があるのは、シラードのような人物が我が国においてどのように暮らしていけるのかです。

　率直に言って、発明活動の発展にとって我が国よりも悪いシステムを思いつくのは困難です。唯一つ、我が国できちんとしているのはスターリン賞のやり方ですが、そこでも堕落の始まりがあります。狭い縄張り主義のために人民委員部がそれらの賞を利用する傾向が益々顕著になっています。我が国と海外における私自身の仕事の経験から、我が国ほど驚くべき発明の天才を有する国は他にないと思います。それはおそらく遠い昔からそうです。我が国では至るところに現れるこの発明の才能でドイツ人を相当程度上回っています。発明の才能は我が国の基本的な力の1つであるとは言え、それを集め、発達させ、恐るべき力に換えるために、私たちは、例えば、芸術や映画などと比べて、少ししか努力していません。

　私はこれらの問題について少し詳しく記しました。というのは、ここに記した観点は、もしかしたら、あなたに興味があるのではないかと考えたからです。

あなたを尊敬する　P. カピッツァ

発信者：カピッツァ	**[A]**
受信者：G. M. マレンコフ	日付：1944年4月25日　発信地：モスクワ

同志マレンコフ

　私は今物理問題研究所の工作室の正規職員を注意深く選んでいるところです。工作室のために一定の基準を満たす人々、すなわち、研究者としての才能を持った、高度な技能を持つ熟練工を探しています。そのような人々には滅多に出会いません。しかし、出会ったときには、そのような人を研究所に来る気にさせたいと思っています。

　いま私たちの工作室に適した候補者が現れました。それはヴィクトル・アントノヴィッチ・グドフスキーで、スターリン記念モスクワ自動車工場の工具製造熟練工で、29歳の非常に有能な青年です。彼は上記の工場で月に2,500ルーブルを稼いでいますが、もっと少ない俸給額1,500ルーブルで私たちの研究所に来る用意があります。彼について集められた情報は非常に良好です。もしモスクワ自動車工場のリハチョフ所長に彼を放出することを求めれば、所長は拒否するだろうと前もって言うことが出来ます。そこであなたにこの問題で助けて頂きたいのです。

　グドフスキーが私たちの所で働きたいと考える主な理由は、彼が私たちの所ではさらに成長できるだろうし、それに対して自動車工場では、彼自身の表現によれば、彼は「既に天井まで成長した」からです。ですから、研究所の視点からだけでなく、国家的な面からも彼は私たちの研究所で働くべきだと考えます。

あなたを敬愛する　P. L. カピッツァ

　グドフスキーについての必要な情報を添付致します[131]。

131）V. A. グドフスキーは、結局、物理問題研究所の機械工作室の指導的なスタッフの1人になり、1986年まで働いた。［A］

発信者：カピッツァ	**[A]**
受信者：S. G. スヴォーロフ	日付：1944年9月19日　発信地：モスクワ

全ソヴィエト連邦共産党中央委員会科学部門主任　S. G. スヴォーロフ宛
敬愛する同志スヴォーロフ

　ヴェクシンスキーの「合金の金属組織を研究する新しい方法」という本を秘密にすべきかどうか、について判断をしてほしいというご依頼をあなたから頂きました。私は秘密にする必要はないと思います。以下にその理由を述べます。

　どのような科学技術の成果を秘密にしなければならないか、その際どのような国家的利益を追求するのかという問題についての我が国の原則的な方針を私は知りません。ですから私の個人的な意見を述べます。それは次のようなもので、具体的な例を挙げて話を進めます。

　ニュートンは、彼の人生の後半に、イギリスの造幣局長官という非常に重要なポストに任命されました。それは流通している貨幣の不足による極めて深刻な財政危機がイギリスで起ったためでした。この危機を乗り切る能力がなかったチャールズ2世は、天才的学者をこのポストに任命するという最後の策に出ました。その結果、わずかの時間で、設備を増やさないで、ニュートンは造幣局の生産高を8倍にし、国を危機から脱出させることに成功しました。ニュートンの造幣局長官としての活動はこれまで秘密にされています。（中略）1802年にナポレオンの依頼で、ラプラス[132]はニュートンのこの面での活動を詳しく知ろうとしましたが、成功しませんでした。今日まで200年以上経ちます。この時期のニュートンの活動は伝記として興味があるのですが、多分イギリス人はいかなる情報も公表していません（ニュートンは、おそらく、自分の活動を通して、労働の組織化におけるフォード方式[133]とテイラー方式[134]の原理を発見したのですが、これについては私達に

---

132) ピエール-シモン・ラプラス（1749-1827）はフランスの数学者、天文学者。数学では確率論で、天文学では太陽系の形成について新しい説を提出した。

133) ヘンリー・フォードが導入した大量生産の方式。

134) フレデリック・テイラーによる生産効率化を追求した管理システム。

は分かりません）。多分、イギリス人はお金の製造と関連するすべてを厳重に秘密にしなければならないと考えています。この件の技術を外国人から守るだけでなく、紙幣の製作の現場で、好奇心を持っている自国の人間の活動を抑えるためです。これは理解できます。

　しかし、ニュートンの著作「プリンキピア（自然哲学の数学的諸原理）」を秘密にすることが決っているとしましょう。その理由としては次のようなものが考えられます。ニュートンによって発見された力学の法則は機械や装置を設計するための強力な武器で、イギリスばかりでなく、外国においても技術の発展に寄与します。そのような秘密化から何が起るか想像してみて下さい。

　もちろん、秘密化によって世界の科学技術の発展がその歴史の道筋を変えることはないでしょう。何年かの遅れは起るでしょうが、それでも力学の法則は、自然の他の客観的な法則と同様に、発見されるでしょう。ニュートンがいかに天才であるとは言え、それでもやはり、彼は世界の科学の発展の道筋を変えることはできないでしょう。彼は小さな部分だけを変えたに過ぎません。各国の産業は世界の文化の発展のプロセスで得られた成果の総和を利用しています。国の技術水準は世界の科学の発展水準によって決まります。それ故、どんな文化国家も世界的な規模での科学技術の大きな発展に関心を持ち、あらゆる方法でその発展に寄与するに違いありません。

　与えないで取ることができると考える偏狭なエゴイズムは、おそらく、頭の鈍い人間だけの政策です。聖書に次のように書かれているのは理由があることです。「貧しい人に与える人は欠乏することはない[135]。」個々の人間の生活においても、国家の活動においても、狭いエゴイズムは決して正しいとされることがないということは私たちの人生経験が示しています。

　私達は世界の文化の成果をあらゆる方法で活用し、それを具体化し、まさにそれによって我が国の文化的な活動を高めねばなりません。もし私達がそれを十分に実行できない場合には、その責任は自分が負うべきであって、秘密にすることによって西欧を追い越せると考えるべきではありません。（中略）

135）旧約聖書の箴言第28章27節の言葉（聖書協会共同訳聖書による）である。

技術での重要で、本質的な成果は、すべて、常に、協同の作業の結果です。ですから、重要な技術の進展には、世界的規模での重要な科学の発展と同じように、すべての文化国家が原則的に関心を持っていると私は思います。というのは、国の固有の文化の発展はその技術の進展に依存するからです。世界文化の発展は1つの国ではできません。それ故、たとえわずかでもこの重要な科学技術の発展に貢献することは、共通の財産を使ってなされねばなりません。私達だけでなく、他の誰かもそれを先立って利用して、さらに先へ行ったとしても、うろたえる必要はありません。アレクサンドル・ポポフによる無線電信の発見は、ハインリッヒ・ヘルツ、エドアール・ブランリー、アウグスト・リギその他の人々の仕事の上になされました。ポポフの後に、グリエルモ・マルコーニ、ジョン・フレミング、その他大勢によって大きな前進がもたらされ、その結果として、今日の無線電信があります。私達が世界の科学技術にたくさん与えれば与える程、私達はたくさん受け取ります。ですから、秘密にするのは、技術の分野では特殊なプロセス、特別な設計など、例えば、薬品の調合、触媒、特殊な機械など限られた産業で利用され、広く使われることがないものだけに限るべきだと私は思います。

　ヴェクシンスキーは、自分の本の中で、合金を研究する新しい、興味ある方法を述べています。この方法は現代の金属学の様々な課題の解決に応用できるでしょう。この方法に基づいて、新しい性質を持つ合金を素早く見出せるであろうと期待されます。もし私達が馬鹿でないなら、あらゆる経験を手に、他の人々より速く、その方法を生産のために利用します。ヴェクシンスキーの方法は技術の発展における重要な成果と見なさねばなりません。それを秘密にするのは意味ありません。私達は、世界の文化にこの寄与を加えたことを誇りに思うことが出来るのです[136]。

　私達の持つ力は活気にあります。私達は開かれた道を誰も追い付けないような速さで進み、すべての人を追い越さねばなりません。秘密のルートを通

---

136) 1946年に合金の作成と研究の新しい方法の開発でS. A. ヴェクシンスキーはスターリン賞を授与された。彼の本は1944年末に出版された。[A]

れば追い越せると考えるとすれば、それは本物の力ではありません。もし私達が秘密に前進する道を選ぶなら、私達は自分の力を決して信じられないでしょうし、他の人々を説得することができないでしょう。

あなたを敬愛する　P. カピッツァ

追伸：病気のため、返信が遅れ、申し訳ありません。

6.2　ランジュヴァン、ボーアの招聘

発信者：カピッツァ	**[A]**
受信者：V. M. モロトフ	日付：1940年11月10日　発信地：モスクワ

親展

同志モロトフ

　私は、ちょうど今、ケンブリッジから電報を受け取りました[137]。それにはP. ランジュヴァン教授がパリの刑務所にいると記されていました[138]。ランジュヴァンは卓越した研究者であり、ソヴィエト社会主義共和国連邦の大の友人です。私は彼をたいへん気にいっています。彼は清廉な人物です。

　もし私たちが何か彼のためにできるなら、私達への友人たちの関係を私たちが高く評価していることを彼らが知ってほしいと思っています。

　このような理由からランジュヴァンの件についてすべて記しました。

あなたの　P. カピッツァ

追伸：ランジュヴァンは私たちと親しい団体の議長、あるいは、その活発な
　　　メンバーの1人でした。

137）電報はP. ディラックが送ったものである。[A]

138）ランジュヴァンは1940年10月30日にドイツの占領政権によって逮捕された。彼は38日間パリのサンテ刑務所に収容され、ゲシュタポの予審判事によって尋問を受けた。その後、パリの南東166キロにある小都市トロアに送られた。[A]

発信者：カピッツァ 　　　　　　　　　　　　　　　　　　　　　　　[A]
受信者：S. A. ロゾフスキー 　　　　　　日付：1940年12月31日　　発信地：モスクワ

外務人民委員代理　S. A. ロゾフスキー宛

敬愛するソロモン・アブラモヴィチ

　電話でお話ししたことの確認として、私たちの研究所で研究するために
やって来るランジュヴァン教授に相応しいポストを彼に提供し、また、然る
べき住宅を彼に保障できる（地方から来て、私たちの研究所で研究する研究
員のために、研究所は立派な家具付きの小さいアパートを持っています）こ
とを私は嬉しく思っていることをお伝えいたします。ソ連科学アカデミー副
会長のO. Yu. シュミット氏と私はこれらすべての問題について合意してい
ます。そして、私は、研究所のお客としてだけでなく、私の個人的な友人と
して、ランジュヴァンについてのあらゆる世話を引き受けます。

　ランジュヴァンが夫人と一緒に、場合によっては、娘さんあるいは息子さ
んとも一緒に、来訪する可能性について、ご検討頂ければ幸いです。彼の子
供たちは既に成人で、彼らは皆、彼らを知っている人から好感を持たれてい
ます。（中略）

追伸：私たちの研究所が工場の作業場の仕事を指導する試みは順調に進んで
　　　います。私たちの装置がいよいよ動き出すと期待できる十分な根拠が
　　　あります[139]。

　　　私だけでなく、ランジュヴァンを知っている研究者はすべて彼がソ
　　連にやって来ることを非常に喜んでいて、このような偉大な学者が我
　　が国の物理学者のところに滞在するのはソ連の科学の進展に有益に違
　　いないと私は信じています。

　　　　　　　　　　　　心からの敬意をもって　P. カピッツァ

---

139) 1940年7月に、ソヴィエト連邦人民委員会議の下の経済会議は、V. M. モロトフ
　　が議長であったが、モスクワガス溶接工場における設計と試験の技術的指導を行う
　　ことを物理問題研究所に委任した。この工場にはタービンエンジンの酸素設備の特
　　別な仕事場が作られていた。[A]

発信者：カピッツァ	**[A]**
受信者：V. M. モロトフ	日付：1943年10月14日　発信地：モスクワ

敬愛するヴャチェスラフ・ミハイロヴィチ

　デンマークの物理学者ニールス・ボーアがスウェーデンに逃れたということを今日知りました。ボーア（1885年生まれ）は最も偉大な学者であり、原子に関する現代の学説の創始者、ノーベル賞受賞者で、多くの科学アカデミーの名誉会員であり、その中には我が国の科学アカデミーも含まれます。ボーアはソヴィエト連邦と親しい関係にあり、我が国には3回程来訪し、講義その他をしました。私は彼をよく知っていますが、彼を大学者で、立派な人物だと思っています。

　もし私たちが彼と彼の家族をこの戦争の時期にソヴィエト連邦に招くことができるなら、こんな素晴らしく、適切なことはないと考えています。たとえ彼が私たちの提案を受け入れることが出来なくても、これはなさねばなりません。もしあなたがこれを妥当だとお考えになるのでしたら、科学アカデミーか、あるいはもっと堅苦しくなく、私が彼に招待状を書くことも出来ます。

　（以下略）

あなたの　P. カピッツァ

発信者：カピッツァ	**[B]**
受信者：N. ボーア[140]	日付：1943年10月28日　発信地：モスクワ

親愛なるボーア

　私たちは、あなたがデンマークを去って、今スウェーデンにいらっしゃることを知りました。あなたが祖国を離れた事情をすべて知っている訳ではあ

140）招待状をボーアに出すことを認められたので、カピッツァが書いた手紙である。この手紙の時期、ドイツとの戦争では、1943年1月末にスターリングラードのドイツ軍が降伏し、ソ連による反攻が進んでいた。

りませんが、ヨーロッパ全体が混乱状態にあることから、私たちすべてのロシア人科学者はあなたの状況について心配しています。もちろん、この嵐をくぐり抜けるにはどんな道筋を選ばねばならないかはあなたが最善の判断をできる立場にありますが、ソヴィエト連邦ではあなたを歓迎することをお伝えしたいと思います。我が国はあなたとあなたのご家族に避難場所を提供するためにあらゆることをする用意があり、科学研究を行うための必要な環境がすべてあります。あなたのご希望とどんな実際的手段があなたにあるのかをお聞かせ頂けば十分です。あなたとあなたの家族にとって適当と思われるときにいつでも私たちはあなたを援助することができると思います。

　ご存知の通り、私たちは戦争の初期にかなり困難な時期を経験しましたが、今は最悪の状態を脱しました。我が国の全国民は、心を1つに団結して、歴史上類例を見ない野蛮な侵略から自分たちを守る努力をしていると申し上げても誇張ではありません。今や我が国の完全な勝利は明らかに時間の問題です。我々科学者は、自分たちの知識をこの戦争の目標のために用いて、できることはすべてやってきました。我々の生活条件は今は改善されています。我々は皆モスクワに戻り、研究に時間を割くことができます。我々の研究所では毎週研究の会合を開き、そこにはあなたの友人たちが出席しています。科学アカデミーはモスクワで活動を始め、会合では多くの新メンバーが選出されました。

　あなたがモスクワにいらっしゃれば、我々の研究に参加することができるでしょう。あなたがここにいらっしゃって、生活を共にできるかもしれないという漠然とした望みについて、我が国のすべての物理学者は心から歓迎しています。ヨッフェ、マンデリシュタム[141]、ランダウ、ヴァヴィロフ[142]、タ

---

141) レオニード・イサーコヴィチ・マンデリシュタム（1879-1944）は光の散乱理論で知られる理論物理学者。

142) セルゲイ・イヴァノヴィチ・ヴァヴィロフ（1891-1951）は光学を専門とする物理学者。1945年から1951年まで科学アカデミー会長。

ム、アリハノフ[143]、セミョーノフ、その他多くの物理学者たちは私にあなたによろしく伝えてほしいと言っています。

　家内と子供たちは皆元気です。子供たちはずいぶん大きくなりました。息子のピーター［長男セルゲイのこと］はもう実業中学校に入りました。奥様とお子様たちがどうしていらっしゃるか、私たちは心配しております。イギリスの物理学者たちの状況については、時折電報の交換で入る情報を除いて、ほとんど知りません。彼らは、私たちと同様に、私たちの共通の敵であるナチズムに対して懸命の闘いをしています。

　今後の幸運を祈っております。私と妻からあなたとご家族に心からの挨拶を送ります。私たちはあなたのことを偉大な科学者であるだけでなく、我が国の友人と考えていることを、繰り返しになりますが、申し上げます。あなたとあなたのご家族のために最善を尽くすのは私たちにとってたいへん名誉なことと考えています。そして、私の個人的な考えですが、私は常にあなたの名前とラザフォードを結びつけ、私たちが彼について抱いている大きな愛情は私たちの間の強い結びつきになっています。私にとっては、どんなことであろうと、あなたに手を差し伸べるのは大きな喜びです。

　ご多幸をお祈り致します。

心よりあなたの　P.カピッツァ

追伸：この手紙へのお返事はあなたが手紙を受け取った経路を通してお送り
　　　下さい[144]。

---

143)　アブラム・イサーコヴィチ・アリハノフ（1904-1970）は原子核、素粒子の実験物理学者。

144)　ボーアはカピッツァの手紙をアメリカへの旅行から帰った後にイギリスで受け取った。アメリカでは原子爆弾に関する研究について知った。外交ルートを通じて得たカピッツァの手紙はイギリス政府の支配層に大きな騒ぎを引き起こした．ボーアはイギリスの諜報部と打ち合わせをしてカピッツァへの返事をしなければならなかった。そのボーアの返事が次の1944年4月29日付の手紙である。[B]

発信者：N. ボーア　　　　　　　　　　　　　　　　　　　　　　　　　**[B]**

受信者：カピッツァ　　　　　　　　　日付：1944年4月29日　発信地：ロンドン

親愛なるカピッツァ

　10月28日付のお手紙にはどれほどお礼を申し上げてよいかわかりません。お手紙は、アメリカ訪問から帰還して数日後、ロンドンにあるソヴィエト大使館の参事官ジンチェンコ氏を通じて、受け取りました。私はあなたの信義の厚い友情と、私と私の家族のモスクワへのご招待に表された寛容さとご親切に深く感動致しました。私がソヴィエトでの文化における努力に常に深い興味を持って注目してきたことはあなたがご存知の通りです。あなたと他のロシアの友人たちと共に、共通の興味ある研究に参加するのはどんなに嬉しいか、申し上げるまでもありません。しかし、現在、私の計画は全く決まっていません。（中略）

　連合国側の戦争での努力をささやかながら援助したいという緊急の望みを私は持っていましたが、侵略者に対する精神的な抵抗を支援し、1933年以後デンマークへ逃れ、そこで研究をする環境を得た多くの亡命科学者たちを保護するのを助ける可能性がある限り、デンマークに留まることが自分の義務と考えてきました。しかし、昨年9月、亡命科学者すべてや私の兄弟や私のような多くのデンマーク人が逮捕され、ドイツに送られるであろうことを知ったとき、私の家族と私は、ナチに対する全デンマーク人の団結のお陰で、ゲシュタポの手の込んだ方策の裏をかくことに成功した多くの人々と共に、幸いにも際どい所でスウェーデンに逃れました。多くの理由から、あなたの親切なご招待を受諾して、長期あるいは短期に、間もなくロシアに行けるようになることを期待しています。私の計画についてもう少しはっきりしましたら、再びあなたにお手紙を差し上げます。あなたに心からのお礼と、あなたとあなたのご家族とモスクワにいる私たちの共通の友人たちのご健勝をお祈り致します。

| 発信者：カピッツァ | **[A] [B]** |
| 受信者：P. ランジュヴァン | 日付：1945年1月23日　発信地：モスクワ |

親愛なるムッシュ・ランジュヴァン

　あなたがフランスの占領という恐ろしい日々を生き抜き、あなたの愛するパリへ戻ったというニュースが届いた時、私は本当にうれしく思いました。野蛮なドイツ人たちに対する闘いを続けるために、占領下のフランスに留まるというあなたの決断に私の心は心配で一杯になりました。これは大きな勇気を要することで、あなたがドイツ人から受けたどんな苦しみを耐え抜かねばならなかったか、私は理解できます。このモンスターたちは科学にも正義や平等にも敬意を抱いていません。その正義と平等のためにあなたは闘ってきたのです。私たちの民主主義国家の共通の勝利はもうすぐです。やがて戦争の恐怖は過去のものとなるでしょう。あなたは自分の研究と学生たちの所に戻れるでしょう。自分たちの尊敬する先生が戻り、学生たちは喜ぶことでしょう。若い世代はあなたの優れた研究のみならず、あなたの勇気から学ぶことが多いことでしょう。

　私には以前にお会いしたときの楽しい思い出があります。私たちの軍隊の勝利が私たちを隔てている壁を壊そうとしていますから、私たちは間もなく再び会えるでしょう。その日を楽しみに待ちながら、あなたの誕生日のこの機会に、あなたが健康であること、また、あなたが非常に大きな寄与をしたフランスの科学の早い復興を心よりお祈り致します。

　あなたのご家族とあなたの周りのすべての研究者たちに私の挨拶をお伝え頂ければ有難く存じます。

　私の大切な友よ！近くお会いする日まで。

P. カピッツァ

6.3 酸素プロジェクトの推進

	[A]
発信者：カピッツァ	
受信者：I. V. スターリン	日付：1943年4月19日　発信地：モスクワ

国家防衛委員会議長　I. V. スターリン宛

同志スターリン

　本年2月28日、私は人民委員会議に、液体酸素の装置を試験的に運転し始めたことを報告しました（これは1942年3月2日付国家防衛委員会の決議の施設No.1です）。既にこの2ヶ月間この装置の産業への導入の問題が進んでいます。しかし、私はすべてが健全でない道を進んでいると思っています。

　この戦時下に、液体および気体の酸素を大規模に製造する新しい方法のような大きな課題に取り組むことは、実際にそれが本当に必要である場合にのみ可能です。それが実際に必要であると決っているのならば、いかに困難でも、本気で、全力で、取り組まねばなりません。中途半端に援助し、中途半端に信頼し、中途半端に急がせることはできません。では実際にはどうなっているでしょうか？

　最近の5-6ヶ月、私は研究所と自分の研究を脇に置いて、ここモスクワにおいて、この装置の製造の仕事を委任されたガス溶接工業管理局の手助けをしてきました。健全な技術の組織ならば、私の参加なしにこの仕事を完全に遂行できるでしょう。しかし、我が国では革新的な事業はしばしばうまく行きません。それは、我が国の産業がまだ新しいアイデアや原理を習得できないからです。わがままな赤ん坊を相手にするように、よく煮て、口に入れなければなりません。そうして初めて、いやいやながら、飲み込みます。この5-6ヶ月、私たちは十分に噛み砕く仕事を行い、育て、几帳面に仕事することを教え、難しい組み立てを自分で行い、あらゆる細かい技術上、生産上の困難を解決しました。研究所はあらゆる設備の図面さえ作りました。今、もし我が国の産業にこの装置を再現するように提案しても、彼らは独力でそれをやりぬくだけの用意はできていません。一昼夜で液体酸素を5トンまで得

られますが、産業部門ではそれを習得する準備ができていませんでした。設置作業の期間中のテストで、しばしば、酸素が何トンも外部に流れ出すことになりました。彼らは私たちが酸素を手に入れられること自体を信じないのか、あるいは、そもそも予定通りに仕事ができないのか、どちらともはっきりしません。

　私はこの混乱状態を見て、全くへとへとになりました。ガス溶接工業管理局がしっかり仕事をするようにさせる権限は私にはありません。私は今のところせいぜい道徳的働きかけができるだけです。彼らの中には立派なスタッフがいて、彼らとだけは満足な結末に達するまで仕事をやり遂げることができました。それに加えて今は懐疑的な人間はほとんどいません。むしろ反対に、熱心な人々がたくさんいます。主な欠陥は組織と経営担当者たちです。

　これ以上このように働き続けることはできません。研究者である私が、調達の問題や基本的な技術の組織などの問題を解決するために働かねばならないということが馬鹿げているのではありません。もちろん、戦時にはいかなる仕事も拒否することはできませんが、酸素の問題に中途半端に取り組むのは馬鹿げているのです。

　現在、私やカフターノフ委員会[145]のメンバーたちは、液体酸素を大量に得る問題は既に解決済みであり、導入の準備ができていると考えていますが、私たちの方法で気体状態の酸素を大規模に得る研究をする必要があると思っています。

　通常の条件であれば、この最後の一歩は難しいことではなく、達成に成功するであろうと期待する十分な根拠があります。そうして、冶金工業の強化、石炭のガス化、炉の中でのアルミニウム、カーバイドなどの生産の見通しが開けます。気体状態の酸素の値段が十分安くないことが、今日、現代技術の諸問題の解決にブレーキをかけています。もちろん、すべては解決可能です。私はこの問題に喜んで取り組みます。もし中途半端ではなく、全力

---

145)　セルゲイ・ヴァシーリエヴィチ・カフターノフは政治家で、戦争中は国家防衛委
　　員会の代表だった。

で、十分な速さで仕事を行うならば、課題は解決できます。

　しかし、この3ヶ月の間、疎開からの復帰に向けて研究所を片付けるために必要な建築材料、輸送手段、工作機械の修繕などを進めることができません。ここには軍隊がいて、多くのものが損傷を受けたのです。

　そこで、あなたに次の問題を提起いたします。この戦争中に、これら酸素の問題すべてを研究する価値があるでしょうか？何しろそれは他の産業部門に犠牲を強いるという大きな危険性があります。もちろん、それに加えて、あらゆる新しいことにつきもののリスクがあります。この客観的にリスクを評価できる委員会を作ることをあなたにお願いしました。もちろん、そのような委員会はどのようにでも任命できるかも知れませんが、早く、断固として作るべきです。もしそれが遂行に値すると決定されるならば、私たちは手助けしなければなりませんし、それは中途半端でなく、全力で、自信を持って、きっぱりとやらねばなりません。

　ここでは、研究のためにも、生産に導入するためにも、一層大きな規模が要求されます。工場を建設しなければなりませんし、他の産業から職員を獲得しなければなりません。材料が必要ですし、機械などが必要です。この事業への取り組みのためには優れた、責任あるスタッフを選抜しなければなりません。この課題を最も重要な課題の1つとみなして、すべてについて、直接、きちんとした監督と点検を行わねばなりません。

　もし何か疑いをお持ちでしたら、平和が訪れる時まですべてを延期するのがいいと思います。科学においてはたくさんの興味ある、重要な問題があり、それらの問題については、最も困難な条件下においてさえ、最も控えめな資金で取り組んで、大きな利益をもたらします。残念ながら、酸素の問題はそうではありません。中途半端にその問題に取り組むと、エネルギーと資金ばかり必要で、戦争中には間に合いません。これは全く仕事をしないよりももっと悪い状況になります。

あなたの　P. カピッツァ

発信者：カピッツァ	[A] [B]
受信者：I. V. スターリン	日付：1944年10月13日　発信地：モスクワ

同志スターリン

　どうすべきか分からないので、お手紙を差し上げる次第です。同志マレンコフに酸素工業本部の件で面会したいというお願いの手紙を書いてから今日で3週間になります。彼は月に1回私と話をしようと述べていましたが、連絡がありません。不平を言うのは馬鹿げています。マレンコフの秘書の同志スハノフに絶えず電話をしていれば、何か返事があるでしょうが、それでは研究者への敬意がないことを意味します。敬意は私達を結び付けるのに必要です。このような状態にしておくのはプロジェクトのためによくないでしょう。

　この状況や他の一連の事情を見ると、私には酸素プロジェクトに関して疑問が生じます。たとえアイデアが先進的であったとしても、現実から遊離していて、まだ機が熟していないアイデアを実現しようと努力すれば、無駄に体力を失うことになります。ポルズーノフ、ヤブロチコフ、ロドィギン、ポポフ[146]の場合、彼らを止めるものは誰もいませんでした。それどころか、彼らには支持さえありました。彼らの不幸は、実行可能なことに従事しないで、時代の先を行き、その結果不成功に終わったことです。それはドン・キホーテとレスコフの左利き[147]の中間です。彼らが何か重要な利益をもたらしたとすれば、それは後代の人への教訓です。

　酸素を用いていろいろなプロセスを強化することはとても重要な問題です。それは経済のあらゆる主要な分野に関係します。この問題は、年令を問わず、すべての人がその意義を理解して初めて解決できます。私の考えでは、大事なことは、新しいソヴィエトの技術によってのみ、私たちは世界に

146）この4人は18世紀から20世紀初めまでのロシアのエンジニアである。

147）ロシアの作家　ニコライ・セミョーノヴィチ・レスコフ（1831-1895）の小説「左利き」の中に出て来る鉄砲鍛冶の職人が精巧な技術で、鋼鉄製の蚤の蹄鉄を作ったという物語に基づく。ここでは、ドン・キホーテの空想癖と「左利き」の職人の超絶的な職人的技術を対比している。

勝てるのだということで、それを理解する必要があります。これが今日の課題です。何しろ、技術的、文化的に優位にある場合にのみ私たちの勝利を確固たるものにできるのです。しかし、私たちの多くはまだ自分たちの創造力を本当には信じていなくて、他の国々を模倣する道を好みます。この問題では宣伝が必要で、もちろん、私たちは地道にそれを実行するよう努めています（雑誌「酸素」や会議など）。

　同志マレンコフは気配りの行き届いた人で、人を助けることに努め、問題を素早く見極め、本質を見抜くことができます。しかし、彼は酸素問題に本当に熱意を持っているでしょうか？私は一度ならずそのことについて考えました。もし彼が大きな国家的課題として酸素問題に関心を持っているのならば、何週間も毎回面会を心待ちにするようでなければならないでしょう。

　もし彼が酸素問題に強い関心を持っているのならば、なぜ工場や機械を視察することに彼は興味がないのでしょうか？私は再三そのことについて話しました。しかし、もし我が国のそのような影響力の大きい人たちが新しい問題に興味をもっていないのなら、他の人々はそれにどう対応したらいいのでしょうか？新しい技術は自然に対する勝利です。あらゆる闘いにおいてそうであるように、そのための必要条件の1つは、情熱です。私たちが本格的にドイツ人に打撃を与えるようになったのは、私たち1人1人が本当に彼らに対して怒るようになったときです。

　大きな技術的問題の発展は個人的な事柄ではなく、社会的事業で、我が国では国家的事業です。

　私は科学の問題においては孤独とか自然との闘いを恐れていません。（中略）酸素プロジェクトは、もちろん、進んでいて、多くの人はうまく行っていると思っていますが、私は満足していません。情熱、精神的昂揚、スピードがありませんし、それら無しでは不可能です。例えば、新しいことに夢中になれる最先端を行く人々が私たちの所に自由に来ることが許されていません。多分、私は宣伝が下手で、人々を鼓舞したり、説得することができないので、適任ではないのです。要するに、まだ機が熟していないのです。

　私はあなたに特別な敬意を抱いています。新しい物に対する卓越した、老

練な闘士としてのあなたに。ですから、この大計画を延期するのが正しくないのかどうか、私たちは時代を先に行き過ぎて、社会から遊離していないかについて、お考えをお聞かせ下さい。私はどうかと言えば、延期になればより気が楽になるでしょう。これまで実験室は私に十分な幸せを与えてくれ、人生への私の欲求を完全に満たしてくれました。

あなたの　P. カピッツァ

発信者：カピッツァ　　　　　　　　　　　　　　　　　　　**[A] [B]**
受信者：I. V. スターリン　　　日付：1945年3月14日　発信地：モスクワ

同志スターリン

　2ヶ月前の1月20日にあなたにお手紙を差し上げ、その中で酸素プロジェクトの予定された段階が首尾よく進み、今や新しい段階を開始しなければならないと記しました。この大きなプロジェクトの発展のためには新しい組織形態が必要になっています。この問題についてあなたと少しお話ししたいとお願いいたしましたが、まだお返事も頂いておりません。このような場合に何をしなければならないか、私には分かりません。何しろ、あなたについて苦情を言う相手がいません。しかし、酸素プロジェクトに取りかかった以上、私には沈黙する権利はありません。

　酸素を用いて工業プロセスを強化することによる産業の全体像の変貌が目前に迫っています。というのは、同じ労働力で約2倍の金属や化学生成物が得られるようになるからです。これについては疑問の余地はありません。しかし、私には別の点で疑いがあります。それは、このような大きい課題を遂行するには、私たちはまだ十分に成長していないか、あるいは、そもそもこのようなことはもっと時間をかけて、数10年のスケールでなされるべきことかも知れないという疑いです。いかに望んでも、歴史の流れを強制的に変えることはできません。

　この問題を解決するためには、老若を問わず、すべての人が技術における新しい道筋を探す必要性とその意義を明確に認識する必要があります。我が

国には今はまだそれがありません。革命から27年経ち、その間に多くの建設を行い、多くをマスターしましたが、我が国が技術にもたらした大きな独自のものは何とわずかでしょうか！私が挙げることができるただ1つの大きな成果は、私の見る所、合成ゴムです。この業績は世界的スケールの成果で、我が国が最初トップを走っていましたが、残念ながらアメリカとドイツが既に我が国を追い越しました。しかし、私たちはこの巨大な成果の意義をほんの僅かしか感じていなかったし、現在でも感じていません。科学アカデミー会員のレベデフ[148] は合成ゴムの開拓者であり、新しい方法の創造者ですから、国民的英雄になるべきです。しかし、劣悪な車両に乗って旅行して発疹チフスに罹り、1934年に亡くなりました。これは私たちにとって最も恥ずべき出来事です。資本主義国ならば、レベデフが死亡するとしたら、恐らく、それは特別車両の中のことであって、列車事故によるものであろうことを、率直に申し上げねばなりません。これは偶然ではなくて、新しい技術に従事する人々が必要であることを私たちがまだ感じていないことを示しているだけに過ぎません。我が国ではそのような人の話はいつも決まっていて、それはレスコフの「左利き」なのです[149]。おそらく、これは単に我が国には国民的な天才がたくさんいるので、私たちはそのような人たちをこれほどぞんざいに扱っているのでしょう。

　私の計算では、この27年間に、資本主義諸国は、我が国の合成ゴムに匹敵するレベルの約20の根本的に新しい技術の発展の方向を生み出しました。私は、その中に、例えば、合成燃料、プラスチック（有機ガラスその他）、内燃タービン、テレビジョン、超硬合金（タングステンカーバイド）、ロケットなどを入れます。一方、私たちはたった1つしか作りませんでした。このような状態を続けるわけにはいきません。第一に責任があるのは私たち研究者で、新しい技術の持っているすべての力を示し、健全な発展の方向を

148）有機化学者セルゲイ・ヴァシーリエヴィチ・レベデフ（1874-1934）である。ポリブタジエンの合成ゴムを発明した。

149）1944年10月13日付のスターリン宛の手紙を見よ。

目指して闘うことができていません。

　今こそ新しい技術を発展させるために思想的に指導することに取りかかる時だと私は思います。私は今酸素工業本部の仕事でそのことを強く感じています。私たちの党が、我が国の政府を思想的に指導し、全く新しい国家体制を創造できたように、社会主義体制のあらゆる優位性を利用し、思想的指導によって我が国の産業の発展の新しい方向を作り出さねばなりません。思想的指導は政府機関抜きでなければなりません。人民委員部、国家計画委員会、アカデミーはそれを行うことはできません。

　私はこの問題についてマレンコフ、カフターノフ、シュヴェルニク[150]と話をしました。私はあなたがいかに多くの仕事をされているか知っていますので、あなたとお話しすることをお願いするのを避けてきました。しかし、今回は、それを達成するために何が必要かを記して、きちんと考えをまとめることができませんでした。そこで、あなたにご相談することにしました。

　酸素問題は益々国家的、政治的課題になり、然るべき権威を持った人物が必要になっています。この課題は私には手に負えません。ですから、あなたが酸素問題の組織形態を検討する指示を出し、私にお返事を下さるようお願い致します。

あなたの　P. カピッツァ

6.4　モスクワ大学物理学部の改革を訴える

　モスクワ大学はソ連の最高峰の大学の1つであるが、カピッツァは、科学アカデミー会員 A. F. ヨッフェ、A. N. クルィロフ、A. I. アリハーノフの3名と連名で、当時の物理学部の教授陣が物理学の進展に付いていけなくなっていて、若者の教育のため改革が必要であると考え、政府に手紙を書いた。彼らのモスクワ大学物理学部への批判は、カピッツァ宛の V. A. フォックの

150）ニコライ・ミハイロヴィチ・シュヴェルニク（1888-1970）は政治家、党活動家で1944年からソヴィエト連邦最高会議幹部会議長であった。

手紙にも詳しく記されている。

発信者：カピッツァ	[D] [151]
受信者：V. M. モロトフ	日付：1944年7月11日　発信地：モスクワ

ソヴィエト社会主義共和国連邦人民委員会議副議長宛
敬愛するヴャチェスラフ・ミハイロヴィチ

　既に何年もの間、私たちはモスクワ国立大学の物理学部での若い研究者の養成の状況に深刻な憂慮を抱いてきました。物理学部で起っている状況は次のような特徴があります。それは、最先端の科学ではなくて、しばしばえせ科学に陥る時代後れの風潮が物理学科に広がる可能性があることです。カステーリン教授、ティミリャーゼフ教授の仕事はそのえせ科学の最近の例です。彼らの許容できない間違いを以前ソヴィエト連邦科学アカデミーの物理・数学分科が暴露したことがあります。物理学部には同じような過ちを繰り返し易い土壌があります。例えば、我が国の科学の最も先進的な潮流の1つであるアカデミー会員 N. N. セミョーノフの化学運動論に対して、馬鹿げた、不健全な闘いが今起っているのです。

　最近、理論物理学の講座の入れ替えが問題になりました。その際、物理学部は明らかに適当でない候補者を選びました。その時、何人かの科学アカデミー会員たちが高等教育委員会議長に手紙を出しました。その手紙の結果、理論物理学の講座の主任として我が国の最も傑出した理論物理学者である科学アカデミー会員 V. A. フォックが任命されました。ところが、2ヶ月後に学部における労働条件によって、強制的に彼に対して退職問題が提起されました。学部がどんな状態かは、私達のうちの1人に送られたフォックの手紙に記されています。その手紙のコピーを添付致します[152]。

---

151)　この手紙と次のフォックの手紙はhttps://wikilivres.ru/Письмо_четырёх_
　　академиковがソースである。
152)　次のカピッツァ宛のフォックの手紙がその一部である。

152

この手紙には物理学部の基本的な欠陥が、適切に、そして明瞭に、まとめられています。私達はすべて、そこに表明されている見解に賛同いたします。モスクワ大学は我が国における指導的大学でなければなりません。物理学部の現状では、明らかに、最先端の物理学者のスタッフを養成することは出来ません。ソヴィエト社会主義共和国連邦科学アカデミーの物理・数学分科のアカデミー会員である私達物理学者は、現状を変革するために思い切った対策が必要であると考え、あなたが然るべき指示をして下さるようお願い致します。

1) 緊急の方策として、学部の指導部からA. S. プレドヴァディーテレフ教授を解任するのが必要だと思います。彼は科学アカデミーの工学分野の準会員ですが、最先端の物理学の代表者とみなすことはできません。

2) 学部の指導者には最高のソヴィエトの物理学者から1人を任命しなければなりません。この目標に相応しい人物としては、I. V. オブレイモフ教授、M. A. レオントヴィチ教授（2人とも科学アカデミー準会員）、アカデミー会員のV. A. フォック教授を挙げることが出来ます。

3) モスクワ国立大学物理学部の教育の再編の責任ある仕事に科学アカデミーの物理・数学部門を全体として関わらせるのが望ましいと私たちは考えます。

ソヴィエト連邦共和国科学アカデミー副会長 物理・数学部門科学アカデミー書記
科学アカデミー会員　A. F. ヨッフェ
科学アカデミー会員　A. N. クルィロフ、P. L. カピッツァ、
　　　　　　　　　　A. I. アリハーノフ

発信者：V. A. フォック	[D]
受信者：カピッツァ	日付：1944年7月5日　発信地：不明

親愛なるピョートル・レオニードヴィチ

　あなたの依頼に応えて、モスクワ大学の事態について記します。

　モスクワ大学理論物理学講座の主任の職に2ヶ月在任し、私はモスクワ大学物理学部に生じた異常な状況をより近くで知ることができました。私が到達した結論をあなたにお知らせしたいと思います。

1)　物理学部のスタッフには個々の傑出した物理学者（あなた［P. L. カピッツァ］、科学アカデミー会員L. I. マンデリシュタム、科学アカデミー準会員 M. A. レオントヴィチ教授、科学アカデミー準会員D. V. スコベリツィン教授、その他少数の人々）がいますが、これらの研究者たちは事実上学部の管理から排除され、学部の出来事に何の影響力も持っていません。科学アカデミー準会員G. S. ランズベルト教授[153]のような分光学分野の優れた物理学者が他の学部（数学部）へ移るよう強要されました。大学の管理者は上記の最も傑出した物理学者たちの意見を尊重しません。彼らのうちの誰かの名前によって大学を輝かせる必要があるときだけ、彼らの名前を出すのです。

2)　学部のスタッフは極めて多数の可もなく不可もない物理学者たちによって一杯になっている状態です。それらの物理学者のうちの何人かは既に研究をやめ、現代物理学を理解していません。このグループの中には、学部長の科学アカデミー準会員のA. S. プレドヴァディーテレフ教授と以下の教授がいます。イリイン、カステーリン、ティミリャーゼフ、コルチャーギン、テオドルチク、ムロゼーエフスキー、セメンチェンコ、カプツォフ、科学アカデミー準会員アルカーディエフ教授、

---

153)　グリゴリー・サムイロヴィチ・ランズベルク（1890-1957）は物理学者。L. I. マンデリシュタムと共同で光のラマン散乱を発見した。C. V. ラマンとK. S. クリシュナンによる同じ現象の発見より早かったが、西欧ではラマン散乱という名前で呼ばれるようになった。

グラゴーレヴァ＝アルカーディエヴァ教授、その他大勢で、全体として彼らは多数派（学部会議の2/3以上のメンバー）を形成しています。特にその攻撃的性格でひと際目立つのは、ベラルーシ・ソヴィエト社会主義共和国の科学アカデミー会員のN. S. アクーロフ教授です。彼は化学運動論に関する（えせ科学とは言わないとしても）間違った論文を出版し、自分の研究上の敵に対して全く容認しがたい、挑発的な態度をとっています。

3)　学部の管理はA. S. プレドヴァディーテレフ教授の手にありますが、彼は、彼なりに熱心な人間で、多くの時間を自分の職務に捧げています。しかし、彼は占めているポストに相応しい研究上の資格を持たず、客観的には、大学に大きな害をもたらしています。A. S. プレドヴァリーテレフにはいくつかの間違った研究があり（私は彼の間違っていない研究を知りません）、現代物理学を知りませんし、その精神を理解していません。彼の全般的傾向としては、学部の他の有力なメンバーたちと同様に、現存する物理の理論を古い考えに戻って論破したいという欲求を持っていることに特徴があります。すべての現存する物理理論が揺るぎないものであるとは申しませんが、物理学の発展の自然な道が示しているのは、論破あるいは古い理論の根本的な変更は高度な視点からのみ可能であり、その上、その変更が始まるのは、古い理論が既に役割を終えたと判明するときです。A. S. プレドヴァリーテレフと彼の同調者は「論破のための論破」への欲求を抱いています。最初に、何かを論破するという課題が設定され、その後に、そのための方法を探し出すのです（しかも、もちろん、いつもうまく行かないのですが）。

（以下省略）

敬具

V. フォック

発信者：カピッツァ　　　　　　　　　　　　　　　　　　　　**[A]**

受信者：V. M. モロトフ　　　　　　　日付：1944年9月7日　発信地：モスクワ

尊敬するヴャチェスラフ・ミハイロヴィチ

　2ヶ月前（7月11日）、私を含めた科学アカデミー会員の物理学者があなたに、私たちの若者が教育を受けているモスクワ国立大学のえせ科学的傾向を一掃するための方策を取るよう指示して下さることをお願いしました。あなたにこの手紙を書きますのは、同志カフターノフへ書いた手紙（そのコピーを添付しました）は効果がないことが分かったからです。もちろん、現在、あなたが非常にお忙しいことを承知していますが、お返事や結果を頂けないのは残念です。

　研究者は常に実生活から書斎や実験室へ逃避する傾向があります。彼らを統合して、大学の状況の異常さに反応させるのは容易ではありません。もし彼らの発言が注意を引かないままであると彼らが感ずるなら、彼らを眠りから起こすのはもっと困難でしょう。

　あなたご自身はえせ科学との闘いの必要性を指摘していました!

　私たち科学アカデミー会員が手紙に書いたことは正しいでしょうか？私はそう思うのですが。

　しかし、もし科学アカデミーの物理分科が物理学について間違った判断をしているならば、その時は科学アカデミーを改革しなければなりません。なにしろ、科学アカデミーの規約第1章には、科学アカデミーはソヴィエト社会主義共和国連邦の最高の科学機関であると述べているからです。

　その権威を守ることは重要です。

　　　　　　　　　　　　　　　　あなたの　P. カピッツァ

第7章　公職を剥奪され、ダーチャで研究を行う

　ソ連がドイツとの闘いに勝利した第2次世界大戦末期には、カピッツァは物理問題研究所での研究に加えて、カピッツァが考案したタービン法による工業利用のための大規模な酸素生産を推進する酸素工業本部の本部長としての仕事が付け加わった。さらに、アメリカが原爆を製造すると、ソ連も原爆を製造するため原爆問題に関する政府の委員会の委員としての任務が加わった。原爆問題の委員会のトップは科学の基礎知識を持たないL. P. ベリヤであった。

　カピッツァはベリヤと意見が合わず、スターリンに手紙を書いて委員の辞任を申し出た。この委員辞任の背景には、ベリヤの政治家としての資質の問題もあった。ベリヤが研究者に対して敬意を持って接しなかったことに、誇り高いカピッツァは我慢できなかったのである。一方、カピッツァ自身の適性の問題もあったと思われる。実験物理学と工学の研究では秀でていたが、原爆開発では政治が複雑に絡んでいる上、原子爆弾はカピッツァの専門領域ではなかったし、多くの人を動かさねばならない。このような仕事はカピッツァには本来不向きであったと思われる。

　1946年にソヴィエト閣僚会議の決議によってカピッツァは公職から追放された。公職追放の理由は、カピッツァの酸素生産法に対する一部研究者の根拠不十分な批判に基づいていた（これに対するカピッツァの反論は後に示す手紙の中に示されている）。8月17日にはその決議にスターリンが署名し、公職追放が決まった。カピッツァにとって、科学アカデミー会員の地位だけが残り、科学アカデミー会員としての給与がカピッツァにとって唯一の収入になった。

　公職追放後はモスクワ郊外にある自分のダーチャ（小さく、質素な別宅で、後にその写真を示す）に住むことになった。手紙の住所がニコーリナ・ガラとなっているのはこのダーチャの住所である。カピッツァはこのようなことではひるまない。このダーチャを個人的な「研究所」にして、流体力学

の問題、高出力エレクトロニクスなどの研究を行った。彼は自分のダーチャをИзба физических проблем（物理問題小屋　略称　ИФП）と呼ぶこともあった。ИФПはИнститут физических проблем（物理問題研究所）と略称が同じだからである。これはカピッツァ流のユーモアである。

　公職追放中も科学アカデミーの会員であり、科学アカデミーとの繋がりを保っていた。また、モスクワ大学に講座を持ち、学生に講義をしていた。しかし、科学アカデミーとモスクワ大学がスターリンの70歳の誕生日を祝う祝賀行事を行ったとき、カピッツァは健康状態を理由に欠席した。モスクワ大学は、これを政府へのプロテストと見て、カピッツァへの懲罰として学生への講義の権利を奪った。

7.1　原爆開発委員会でのベリヤとの対立、研究所長などからの解任

発信者：カピッツァ	[A] [B]
受信者：I. V. スターリン	日付：1945年10月3日　発信地：モスクワ

同志スターリン

　あなたが署名した9月29日付の人民委員会議の酸素工業本部に関する決定は約半年間詳細に検討されたものでした。この間、審議は人民委員会議管理部の7つの委員会と3つの会議で行われました。委員会も管理部も、普通、何を切り詰めなければならないかを考えるので、そのような支出の切り詰めを行った後にはわずかしか残りません。例えば、初めは、「シュコーダ」工場にタービンコンプレッサーを30台注文しなければならないと考えられましたが、その後10台までカットされ、その後さらに4台まで、最後は2台が残りました。この半年間にこのように生産の拠点を見出せず、さらに2ヶ月延期されました。酸素問題のこのような扱いは、この問題が我が国にとってまだ機が熟していないことを明白に証明していることは明らかです。我が国は文化的にもっと成長しなければなりません。せめて、この決定の承認に責任

がある指導的同志たちは、この問題の重要性を信じて、我が国の独自の進歩は我が国の固有な科学の成果を根付かせることによってのみ可能であり、他国の技術を模倣することによってではないことを理解してほしいと思います。

重機械製造人民委員会のガス溶接切断工業本部を酸素工業本部へ移管する決定を作成する過程ではM. K. スーコフ[154] と大きな摩擦がありました。彼はこれまで酸素生産のタービン法の発展にブレーキをかけてきました。スーコフは共産党中央委員会の第一書記のあなたに手紙を書きましたが、その手紙はかなり広く知られるようになり、同志ベリヤ[155] は人民委員会議管理部の会議でそれを引用しました。この手紙には私の個人的な性格に対する中傷が含まれています。私がたいへん驚いたのは、一部の同志たちがそれを異常なことだと思っていないことで、同志ベリヤはスーコフが酸素工業本部の私の代理になるべきだと主張しました。私は、スーコフに対して中傷の責任を問わなければならないと思います。それについては共産党中央委員会の同志マレンコフに手紙を書きました（手紙のコピーを添付いたします[156]）。

上に記したことが明瞭に示すように、同志ベリヤは私たち研究者の評判にほとんど配慮しません（彼は「君の仕事は発明すること、研究することだ。なぜ評判を問題にするのだ」と言いたいのでしょう）。原子爆弾に関する特別委員会で同志ベリヤと衝突して、彼の研究者への接し方はとても許せないものだと私ははっきり感じました。

彼が私を自分の原爆委員会の仕事に誘ったとき、自分の秘書に命じて私を自分のところに呼び出したのです（帝政ロシアの財務大臣セルゲイ・ユリエヴィチ・ヴィッテがメンデレーエフ[157] に度量衡検定局の仕事を依頼したと

---

154) ミハイル・クジミチ・スーコフはガス溶接切断工業本部の主任で、1946-1947年には酸素工業本部の主任になった。

155) ラヴレンティ・パヴロヴィチ・ベリヤ（1899-1953）は1938年12月から1945年までソ連内務人民委員、1945年から1953年までは人民委員会議副議長。スターリンの死後、裁判にかけられ、銃殺された。

156) 本書では省略している。

157) ディミトリー・イヴァノヴィチ・メンデレーエフ（1834-1907）はロシアの化学者で、周期表の考案者として有名である。

きには、ヴィッテは自分でメンデレーエフのところにやって来ました）。9月28日に私はベリヤ同志の執務室に行きました。彼は、突然、会話を終える時だと判断して、すぐに私に手を差し出し、「では、さようなら」と言いました。これは取るに足らないことですが、相手に対する、そして研究者に対する敬意の表明の仕方を示すものに他なりません。私たちは表明の仕方によってお互いに自分の考えを伝えるのです。

　ここで直ちに生ずるのは、我が国における市民としての立場はその人の政治的な重みによってのみ決まるのか、という疑問です。何しろ皇帝の隣に総主教が立っている時代がありました。その時は教会が文化の担い手でした。教会が消えて、総主教は用がなくなりました。しかし、国においては思想上の指導者なしで済ますわけにはいきません。社会科学の分野においても、マルクスの思想がいかに偉大であっても、それでも思想は発展し、成長しなければなりません。

　科学と研究者のみが我が国の技術、経済、国家体制を前へ進めることができます。あなた自身は、レーニンのように、研究者、思想家として国を前に進めています。これは我が国にとっては例外的に幸運なことで、我が国にはいまそのような指導者がいますが、いつでもそうであるとは限りません。遅かれ早かれ、私たちは研究者を「総主教」の位まで上げなければならないでしょう。なぜなら、そうしないと、研究者を国のために熱意を持って奉仕させられないからです。何しろ我が国ではそのような人々を買うことはできないからです。資本主義国のアメリカではそれはできますが、私たちにはできません。研究者がこの総主教の地位に着くことなしには国は文化的に独立して成長できません。これはフランシス・ベーコンが彼の著書「ニュー・アトランティス」で指摘したことです。ですから、今こそ同志ベリヤのような人々は研究者への敬意を学ぶ時です。

　これらすべてから、政治家と研究者の密接で、実り多い協力の時は我が国ではまだ到来していないと私は感じざるをえません。酸素問題は、今日、我が国ではユートピアです。

　私の全部の力を直接に研究に捧げるならば、私の国にも、人々にも、より

大きな利益をもたらせると私は確信しています。それゆえ、私は研究に専心することを決心いたしました。私は研究が好きですし、それによって人々の敬意を得たのです。

このような次第で、科学アカデミーでの私の仕事を除いて、人民委員会議に関わるすべての任務から私を免除して下さるようにお願い致します。

一言で言いますと、総主教の1人であることは、私にはまだ早いのです。当面は修道院で生活する方がいいでしょう。

酸素工業本部では同志K. S. ガモフ[158] が私の任務をうまくやってくれるでしょう。また、（原爆に関する）特別委員会では同志ベリヤは私がいなければ平静にいられるでしょう。もちろん、これまでと同様に、私は自分の科学的知識によって、我が国に役立てるよう努めます。

あなたの　P. カピッツァ

発信者：カピッツァ	**[A] [B]**
受信者：N. ボーア	日付：1945年10月22日　発信地：モスクワ

親愛なるボーア

戦争の苦しい試練が終わり、平和な生活を再開できるのは何と大きな安堵を与えてくれることでしょう。あなたとあなたのご家族があらゆる予期しない出来事を無事に通り抜け、コペンハーゲンで合流されたことを知り、私たちは皆たいへんうれしく思っています。あなたとあなたのご家族からのニュースは私にとって常に喜びでしたが、ニュースは毎回ずいぶん遅れて届きました。（中略）

私たちは皆モスクワに戻りました[159]。研究所が通常の研究活動を再開してから既に2年になります。戦争前のように、一週間に2回液体ヘリウムが供

---

158) キリル・セルゲーエヴィチ・ガモフのことで、彼は酸素工業本部副所長であった。有名な物理学者ジョージ・ガモフではない。
159) ナチス軍のソ連侵攻後、カピッツァ研究所は1941年にモスクワからカザンに疎開し、1943年にモスクワに戻った。

給されています。そして、低温で起る奇妙な現象をいくつか発見しました。あなたはヘリウムの超流動に関するランダウの理論的研究をご覧になったことでしょう。また、戦争直前に私たちが超流動現象を発見したことをおそらくご記憶でしょう。現在では、超流動ヘリウムはノーマルなヘリウムとエントロピーがゼロのヘリウムの混合物であることが証明されたと見なせます。私はそれを実験的に証明しました。これに基づいてランダウは自分の理論を展開することに成功しました。ヘリウムのこの性質は、原理的に、絶対零度に限りなく近づいても成立すると推測できます。絶対零度への接近を制限しているのは技術的な困難さのみです。ランダウは、また、超流動ヘリウムの中に2つのタイプの弾性波が伝搬するはずであることを証明しました。つまり、ヘリウムII中には2つの音速が存在するはずで、1つは既に知られている 150 m/s で、もう1つは新しい波で 17〜20 m/s です。ペシュコフは実験的にヘリウムIIの中で、この第2の音速を見出しました[160]。

　この平和な性格の仕事の他に、私たちの研究所は戦争中に国を助けることができました。それによって労働赤旗勲章を受賞したことをお伝えできることを誇りに思っています。このような賞を受けたのは科学アカデミーの中で私たちの研究所だけです。

　私は今科学の国際協力の問題についてたいへん心配しています。そのような協力は世界における文化の健全な進歩に絶対必要です。原子核物理学における最近の発見と有名な原子爆弾は、再度、それが大学教授たちの楽しみではなく、世界政治に影響を与えうる因子の1つであることを示しました。科学上の発見は、秘密にしておくと、広く人類に役立たないで、特定の政治的グループ、あるいは、国家グループの利己的な利益のために用いられる危険性があります。このような場合に、科学者の正しい態度はどのようなものであるべきかを私は時々考えます。そのうちこれらの問題についてあなたと個

160）超流動ヘリウム中を伝わる波は2つあり、第1の波は密度の波で、第2の波はエントロピーの波である。この第2の波はヴァシーリー・ペトロヴィチ・ペシュコフ（1913-1980）によって1944年に実験で発見された。

人的に議論したいと思います。また、科学者の何らかの国際的な組織で、できるだけ早く、この問題を議論するのが賢明であろうと思います。科学の自由で、実り多い進歩を保障する「国連」の法規の中にどんな方策を含めるべきかを考えてみるのは価値のあることでしょう。海外の指導的科学者たちはこの問題についてどんな態度で対応しているのか、あなたからお聞きできたらうれしく思います。また、これらの問題を議論する方策についてあなたの提案があれば、心から歓迎いたします。ロシアにおいてこの方針について何ができるか、私からあなたにお伝えすることができます。

　あなたと、奥様と、お子さんたちに、再度、よろしくお伝え下さい。近い内にお目にかかれればいいと思っています。

あなたへの深い敬意を持って　P. カピッツァ

　次のスターリン宛の長い手紙はカピッツァが原子爆弾開発に関する特別委員会と技術会議の委員になるよう求められたが、委員長のベリヤと考え方が合わず、スターリンに委員を辞任させてほしいと申し出たものである。この手紙には原爆問題を含むソ連の科学政策への批判が展開されている。カピッツァのその後の人生にとっても、重要な手紙である。

発信者：カピッツァ　　　　　　　　　　　　　　　　　　**[A]**
受信者：I. V. スターリン　　　　　日付：1945年11月25日　発信地：モスクワ

同志スターリン

　最近のほぼ4ヶ月の間、私は原子爆弾に関する特別委員会と技術会議の会合に参加し、活動に積極的に加わっています。

　この手紙を差し上げますのは、この作業組織に関して私の意見を詳しく申し上げ、この活動への私の参加を免除して下さるよう、再度お願いしようと決意したからです。

　原爆に関する作業組織には多くの正常でないことがあるように見えます。いずれにせよ、現在起こっていることは、原爆を作るための最短で、最も費

用がかからないルートではありません。

　私たちの前には次のような課題があります。アメリカは20億ドルを使って、3-4年で戦争と破壊のための現時点での最強の兵器である原爆を作りました。現在知られているトリウムとウランの埋蔵量を使うならば、地球の陸地にあるすべてのものを5-7回続けて破壊するに十分です。

　しかし、原子核エネルギーの基本的な利用法はその破壊力にあると考えるのは愚かであり、ナンセンスです。人間の生活における原子核エネルギーの役割は、疑いなく、石油、石炭や他のエネルギー源より大きいものがあります。そのエネルギーは液体燃料に比べて、1,000万分の1の重さに凝縮しているというたいへんなメリットがあります。1グラムのウランあるいはトリウムは約10トンの石炭と同等であり、ウラン1グラムは10コペイカ銀貨の半分の塊ですが、10トンの石炭はほとんどプラットフォーム一杯分の貨物と同じになります。

　私たちはまだ原爆の秘密を知りません。鍵となる問題についての秘密は極めて注意深く守られていて、アメリカ一国だけが持っている最も重要な国家秘密です。今のところ、私たちの手に入る情報だけでは原爆を作るには十分でなく、与えられる情報は、しばしば、正しい道から迷わせるためのものです。

　原爆を実現するためにアメリカ人は20億ドルを使いました。これは我が国の工業生産量で言えば約300億ルーブルに相当します。この20億ドルはほとんどすべてが建設と機械製造で費やされたに違いありません。戦後の復興期に、それも2-3年で、我々がこれを行うことはとてもできないでしょう。ですから、アメリカの方式に沿って早く進むことは私たちにはできないし、もし進めば、どうせ遅れることになるでしょう。

　この問題を解決するに当たって、当面唯一のプラス面は、我々は原爆の問題には答があると知っていることで、アメリカ人はそのリスクを負って進んだのに対し、我々にはそのリスクがないことでしょう。一方、我々のマイナス面は次のような点です。

1. アメリカ人たちは我々より強い産業の上に立脚していますが、我々の産業はもっと弱く、戦争で破壊されました。

2. アメリカ人たちは全世界の最も優れた研究者を研究に引き寄せました。一方、我が国では研究者が少なく、彼らは劣悪な条件下で生活しています。兼務によって過度の負担を負わされ、十分に働けません。

3. アメリカ人たちは強力な研究基盤を持っていますが、我が国では基盤が十分でなく、戦争でひどく損なわれました（最近の11年間に科学アカデミーでは2つの研究所が建設されました。それは私の研究所と遺伝学研究所です。しかもそれは化学産業人民委員部に移管されました）。

4. アメリカは科学機器の優れた産業を持っていますが、我が国ではこの領域はさまざまな人民委員部[161] に分散していて、放置され、無秩序な状態にあります（もしそれを秩序ある状態にすれば、全く悪くないだろうということを指摘しておかねばなりません）。

このように、基本的な4点に関して、我々には厳しいハンディキャップがあります。しかし、それでも我々は戦いを放棄してはなりません。我が国には2つの主要な優位点があります。第1は、我々の国家体制には、資源を結集し、動員する大きな可能性があること、第2に、我が国の若い組織の持つ力にあります。少し厳しいとは言え、どんなことがあっても、速く、安く原爆を作ることを試みなければなりません。しかし、それは我々が現在進んでいる道ではありません。それはやっつけ仕事で、計画性のないものだからです。

我々のアプローチの主な欠点は、第1に、我々の組織力を活用していないことであり、第2に、それが型にはまったものだということです。

我々は自分の道を進もうとしないで、アメリカ人が行ったことすべてを試みたいと考えています。アメリカの道を行くことは我々には高価で手が届かないし、時間がかかることを忘れています。ですから、我々が努力すべき第1のことは人と産業両方を最大限有効に利用することですが、そのような努力がされていないと私は思います。

もしどのような道を進むべきか知っているならば、事はもっと簡単でしょ

161）人民委員部というのは省に対応する組織である。

う。しかし、私たちはその道筋を予め知っていませんから、まず道筋を見出すための研究が必要です。そして、実現に必要なのは、然るべき強力な産業基盤と組織です。道筋を手にしていなければ産業基盤を創れないように見えますが、必ずしもそうではありません。工場のタイプや規模は十分正確に予測できます。すなわち、工場の準備のために必要な指示を与え、工場の規模を十分正確に予言できます。例えば、トリウムとウランの材料作成に関しては、確かに、大きな工場が必要だと言えます。

　私は次のような全般的な行動計画を採用すべきだと思います。現時点では、産業を準備するための2年計画を作成し、その間に必要な実験的、理論的研究を遂行しなければならないでしょう。産業の準備が進んでいる間に、我々は研究を軌道に乗せます。この2年計画を練り上げることは可能だと私は思っていますし、コンプレッサー工場、化学設備の建設、圧延管製作工場、スームィ工場、キエフ工場、“ボリシェヴィキ”工場、“クラースヌィ・ヴィボルジェツ”工場、メリトーポリ工場、ネフスキー機械工場、純粋のウラン、トリウム、アルミニウム、ニオブ、ベリリウム、ヘリウム、アルゴンなどを手に入れるための工場を復興することが必要であることは今や明白です。

　建設の主力をこれらの工場に向けるべきです。そして、この2年間に我が国の科学研究の基盤を高めるためにいくつかの施策を実施しなければなりません。また、おそらく必要な政策を練り上げる委員会を創らねばならないでしょう。

　第1に、我が国の科学研究を遂行する研究所の質と科学者たちの生活条件を上げねばなりません。

　第2に、我が国の高等教育、高等専門学校、大学の水準を上げ、科学のために若者を養成しなければなりません。

　第3に、科学の機器製作と試薬の確保を組織的に行うことが必要です。

　これらのすべての政策は、今のところ、うまく進んでいませんし、実現にほど遠く、まとまりがない状態です。しかし、それらの政策なしでは私たちは力を発揮できません。原子爆弾の他に、戦争の中で生れた他の問題、例え

ば、ジェットエンジン、レーダーなどのような我が国が立ち遅れている問題でもそれらの施策が必要です。

この仕事が進行している間、現存するあらゆる研究集団を最大限有効に活用しなければなりません。その力はそれほど小さいわけではありません。もしそれらを大切に扱い、育て、励まし、そして何よりも、組織化することができるなら、ある程度は成果を挙げられるでしょう。しかし、現在行われていることは何の役にも立ちません。

原則に忠実なアプローチと全般的な計画を持たなければ、人とテーマの選択がよく調整されたものにならないことは言うまでもありません。(原爆に関する)技術会議は大きすぎて、機関として機動性がなく、私の見るところ、うまく機能していません。

最も優れた研究者とエンジニアからペテン師まで、その中に囚人まで含めて、あらゆるレベルの研究者、技術者の間で今、原爆への大きな熱気があるのに気付きます。それはさまざまな原因で起こっているとは言え、この気分はよい方向に活用できます。しかし、彼らを好き勝手に働かせたのでは、力を分散させることになり、成果が得られません。

彼らのすべての研究活動を組織することは最も重要であり、同時に、難しい課題です。我が国の資金や出来ることは決して多くないので、我が国の研究者を極めて適切に、よく考えて活用しなければなりません。そうして初めて、アメリカよりも早く、費用を節約しつつ、問題を解決する新しい道を見出せるチャンスがあります。

ここでの課題は、総司令官が要塞をいかに奪取するかについていくつかの提案を受ける場合と同じです。総司令官は、将軍のうちの誰か1人がうまくいけばいいと考えて、各将軍に「各人の計画に従って要塞を奪え」とは言わないでしょう。指揮をするためには、常に、1つの計画と1人の将軍を選ぶでしょう。科学においてもそのように行動しなければなりません。ところが、残念ながら、その点はそれほど明らかではなく、決まっている訳ではありません。

それぞれの研究者が、別々に、自分の考えに従って仕事をするのはなぜ許

167

されないのか、何もリスクを冒していないし、ひょっとしたらうまく行くかも知れないのにと考える人がいるでしょう。「すべての専門家がうまくいかないと言うけれども、実際にやってみるとうまくいったということがあるではないか」という話は発明家あるいは寓話作家によってよく語られます。

しかし、実際には、立派な人物はいつも、必ず、他の優れた人の優れた提案を正しく評価できるのです。ですから、重要なのは優れた専門家を選び出すことであって、無責任でやっつけ仕事をする人間（実は、そういう人が少なくありません）を選ばないことです。

決められた計画に沿ってテーマの厳格な選択がなされていないので、現在、原爆をめぐって大混乱が始まっています。ペテン師も、山師も、正直な人々も大騒ぎしています。もちろん、この混乱からいずれ何か出て来るでしょう。しかし、これは明らかにアメリカを乗り越えられるような、短期間で達成できる、お金のかからないルートではありません。アメリカ人は、おそらく、この大混乱と投機的な道を進んだために、彼らにとってそれは高くつきました。しかし、残念ながら、我が国では大きすぎて、いろいろな人が混じった技術会議という組織でこの課題に取り組むのは困難です。

しかし、もし早い成功を目指して急ぐのであれば、成功への道にはリスクがあり、極めて限定された、適切に選ばれた目標に向けて主要な攻撃力を集中しなければならないでしょう。この問題に関して、私は委員会の他のメンバーたちとは意見が違います。彼らはしばしば私と議論をすることを望まず、私には秘密で、政策を実行に移しています。

唯一の有用な方法は、総司令官が単独で決断して、少人数の軍事会議で議論することです。

次の問題は指導者の人員構成です。これもまた大きな問題です。指導者の選択の規準は、その人がこれから何をやると言っているかではなく、彼がこれまでの人生で何をやり遂げたか、でなければならないと私は申し上げています。戦争の場合と同じように、あらゆる新しい任務の指揮官を選ぶときには、これまでに課題の遂行に成功したかどうかによって判断します。我が国ではよだれが出るような大げさな約束がたいへん好まれます（多分、これは

瞑想的なロシア人の性格によるものでしょう）。「もしうまく行ったらどうだろうか」と責任ある地位の同志は考えます。通常、責任者の同志は問題をよく分析しないで、信じやすく、すぐに無駄だと分かるような仕事を自由にやらせます。つまり、我が国では、現在、無駄な多くのもので一杯になった建物、無駄に使われている器具、無駄に配備された装置や人間などがあります。結果として、失敗することになります。そして、責任者は研究者と科学への全般的不信という別の極端に陥ることになります。

　これらすべての問題を正しく処理することは、ただ1つの条件が満たされたときのみ可能ですが、その条件は現在のところ満たされていません。しかし、その条件が満足されない限り、私たちは原爆の問題を、素早く、独力で解決できないでしょうし、全く解決できないかも知れません。その条件とは、研究者と政治家の間により大きな信頼がなければならないということです。我が国ではこれは古くからある話で、革命の遺物です。戦争によってこの異常な状態はかなり軽減されましたが、それが今でも残っているなら、それは研究者と科学への敬意が十分育っていないからに尽きます。

　確かに、我が国の国民経済と防衛の諸問題への研究者の参加はかなりの人数になり、その寄与は重要でした。しかし、提起されたあれこれの課題に助言したり、解決したりして援助をしてきましたが、研究者は脇に留まっていました。ここで指摘しておかねばならないのは、極めて残念ながら、我が国の産業と軍備は既存の設計の改良によって発達してきたということです。例えば、ヤーコヴレフ、トゥーポレフ、ラーヴォチキン[162]は極めて偉大な設計者たちですが、彼らはすべて既存の飛行機の型を改善したのです。ジェットエンジンのような新しい型の飛行機は、より創造的で、大胆な別のタイプの設計者を必要としました。

　我がソ連ではそのような人々は十分な自由度を持っていません。そのた

162）アレクサンドル・セルゲーヴィチ・ヤーコヴレフ、アンドレイ・ニコラーエヴィチ・トゥーポレフ、セミョーン・アレクセーエヴィチ・ラーヴォチキンの3人は、いずれもソ連の航空機の設計者である。

め、原理的に新しいアイデアに基づいた技術、例えば、原爆、V2ロケット、レーダー、ガスタービンなどは、ソ連では弱体であるか、あるいは、全く進んでいません。

私のタービン膨張機による酸素液化装置は原理的に新しい事業ですが、私が総局長になって初めて動き始めました。それは研究者にとっては普通でない仕事でした。この任命によって、信頼と影響力が私に与えられ、それによって酸素を得る装置を早期に実現することが可能になりました。しかし、このことは、もちろん、正常なことではなく、不合理なことです。私の上に権力が重くのしかかったのです。私は新しい境遇を受け入れました。というのは、我が国は戦争の真っただ中にあり、成功を達成するためには、出来ることをすべてしなければならなかったからです。

この結果、私は世界的名声をもつ研究者のカピッツァとしてではなく、人民委員会議の下の総局長のカピッツァとしてのみ、話を聞いてもらうことができました。我が国の文化に関する教育はまだ不十分で、研究者であるカピッツァを組織の長であるカピッツァの上に置くことができないのです。（中略）現在でも原爆の諸問題の解決において同じ事が起こっているのです。研究者の意見は、しばしば、疑惑の目を持って受け取られ、背後で勝手に進められているのです。

同志ヴァンニコフ[163]と技術会議のその他の人々は小話の中のある男を私に思い出させます。その話とは、医者の言うことを信じないで、カフカス山脈のエセントゥキのあらゆるミネラルウオーターを、その内の1つが効くだろうと期待して、次から次へと飲む人の話です。

原爆に関する特別委員会は党の同志たちに研究者たちを信頼するように教えなければなりません。そうすれば、研究者たちは自分の責任をより深く自覚するようになるでしょう。ところが、今のところそうなっていません。特別委員会の研究者たちと党の同志たちに平等に責任を負わせてはじめて、そ

163）ボリス・リヴォーヴィチ・ヴァンニコフはソ連の政治家で、原爆開発と核兵器開発に中心的に関わった。

れが可能になるでしょう。そして、科学と研究者が、現在のように副次的な力ではなく、主要な力として、すべての人々に受け入れられるときにのみ、それが可能になるでしょう。

　ベリヤ、マレンコフ、ヴォズネセンスキーの各同志は、特別委員会の中で、スーパーマンのように振る舞っています。特に、同志ベリヤがそうです。彼は手に指揮棒を持っています。これは悪くありません。しかし、研究者は彼の指示で第1ヴァイオリンを弾かねばなりません。何しろ、ヴァイオリンは全オーケストラにトーンを与えます。指揮者は指揮棒を振るだけでなく、スコアを理解していなければなりません。この点で同志ベリヤは基本的に不十分です。

　私の個人的な考えでは、同志ベリヤは、もし仕事にエネルギーと時間をもっと多く費やせば、自分の課題をもっとうまく処理できるでしょう。彼はエネルギーに満ち、うまく、素早く事態を把握し、主要なものから副次的なものを適切に区別できます。しかし、彼には一つの欠点があります。それは自信過剰であることで、その原因は、おそらく、彼が音楽のスコアについて無知であることにあります。私は彼に直接こう言いました。「あなたは物理学を理解していません。これらの問題の判断を私たち研究者にお任せ下さい。」それに対して、彼は、私が世間の事を何も分かっていないと反論しました。そもそも私たちの対話は特に友好的なものではありません。私は彼に、物理学を教えるから、研究所の私のところに来てはどうかと提案しました。例えば、絵の意味を理解するには自分が画家になる必要はないのです。

　我が国の天才的な商人で美術の保護者であるトレチャコフ[164]、シューキン[165]などの人々は絵画に素晴らしく通暁し、他の人々より先に卓越した画家たちを見出しました。彼らは画家ではありませんでしたが、芸術を勉強しました。ベリヤは、もしあのように怠け者でなくて、持ち前の能力と「人間

164）パーヴェル・ミハイロヴィチ・トレチャコフは実業家で、ロシアの絵画の収集家でもあった。
165）セルゲイ・イヴァノヴィチ・シューキンは西欧絵画のコレクターである。

についての知識」をもって仕事をすれば、間違いなく、科学者と技術者の創造的過程を理解できて、原爆というオーケストラの第一級の指揮者になれるでしょう。例えば、海底ケーブルがどのように敷設されたか、最初のタービンはどのようにできたか、などについて、一般向けの解説ではなく、原典に当たるべきです。そうすれば、これらの過程の一般的な法則が分かって、原爆の研究を進める上で何が重要で、必要なのかを理解するために、その経験を利用できるでしょう。しかし、そのためには、よく働き、議長の椅子に座って、決議案に自分で鉛筆を持って線を引くことが必要です。それでもまだプロジェクトをリードするのに十分ではありません。

　私とベリヤは全くうまく行っていません。既に記しましたように、彼の研究者への態度は私には気に入りません。例えば、彼は私に会いたいと言うので、この2週間に9回の面会の日時を決めました。しかし、彼が会見をすべてキャンセルしたので、会合は行われませんでした。彼は、恐らく、私をじらすためにそうしたのでしょう。彼が自分の時間を思うままにできないとか、2週間の間のいつ空いた時間があるか彼が分からないとは想像できません。

　これまで述べた事を要約して、私は次のように結論します。原爆に関する問題の立案を成功裏に遂行するには、私の考えでは、別々にまとめられる2つの部分に問題を分ける必要があります。

　第1は、原爆のために最良の産業部門を短期間、例えば、2年で再建し、発展させること、および、ソ連における科学研究を強化することです。

　第2は、原爆生産をより短期間に安い費用で行う道筋を発見する仕事です。このためには、適切に選んだ研究者を指導者として配置し、彼らを全面的に信頼して、我が国の研究者たちをはっきりと組織的に方向付けることです。

　第2の点を実現することは、例えば、原爆の特別委員会のあらゆる議事録といろいろな指導者の命令に研究者が署名して、確固たるものにすることです。政治委員（コミッサール）と同じように、科学委員（コミッサール）を創る必要があります。現段階においてはこれは助けになるでしょう。以前はこれによって我が国の実行スタッフを政治的に正しく行動させることができ

ましたが、今は実行スタッフを科学的に正しく行動させるのです。ベリヤと同じようなすべての指導的な同志たちは、自分の部下たちに、この問題では研究者たちこそ主導的な力であって、副次的ではないことを認識させねばなりません。

　原爆に関する技術会議において何人かの党の同志から科学についての見解を聞いてみるだけで十分価値があります。何しろ彼らはナイーブなので、彼らの話を聞きつつ、礼儀のために笑いを抑えるのに苦労することがしばしばあります。2掛ける2が4であることを知っていれば、数学のあらゆる深い真理が理解できて、しっかりした判断ができると思い込んでいるのです。これこそ科学への不遜な態度の根本原因で、それこそが仕事を妨げるものであり、根絶しなければなりません。

　現在の仕事の状況では、私が特別委員会と技術会議に留まることにはいかなるメリットも見出せません。同志アリハーノフ[166]、ヨッフェ、クルチャートフは私と同等かそれ以上の能力を持っています。原爆に関係するあらゆる問題で、彼らは私の代わりを立派に勤められます。

　ですから、あなたがお気づきのように、私がこれ以上原爆に関する特別委員会と技術会議に留まることは、私を強く苦しめるだけで、私の研究活動の妨げになります。私はこの件のメンバーである限り、当然、それに責任を感じます。しかし、この件を私の思うように変更することは私の手に負えることではありません。いや、それは不可能です。なぜなら、同志ベリヤは、多数の同志と同様に、私の異議には同意しないからです。盲目の実行者になることは私にはできません。なぜなら私は既にこの状況から成長して、衣服が体に合わなくなった人間だからです。

　私と同志ベリヤの関係は段々悪くなっていますから、彼は私が去ることに満足するでしょう。この創造的仕事のためには仲直りが必要であり、それは（将軍と部下の上下関係なしの）平等の原則の上でのみ可能です。しかし、

166）アブラム・イサーコヴィチ・アリハーノフは原子核物理学、原子炉の物理と工学などの専門家。また、ソ連の原爆開発者の1人である。

いまそれは存在しません。このような気分で仕事をすることは私にはできません。私は最初からこの事態に私を巻き込まないようにお願いしました。というのは、事態がどうなるかは前もって予想できたからです。

このような次第ですので、私を特別委員会と技術会議への参加から免除して頂きたく、あなたに再度、切にお願いする次第です。同意頂けるものと私は期待しています。なぜなら、研究者の希望を押さえつけることはあなたの方針と合致しないからです。

あなたの　P. カピッツァ

追伸：私たちの研究所にはタービンを用いて気体酸素を生成する装置が入りました。既に何度か試運転をして、計算値の85％になりました。1月1日までにこの問題を終了して、人民委員会議にもっと詳しく報告したいと考えています。そうなれば、我々に残るのは、溶鉱炉や他の巨大な産業への酸素供給のために必要な規模への拡大の問題です。しかしこれは既に原理的な問題ではなく、むしろ組織の問題です。こうして、酸素の問題の最後の重要な段階は及第点をもって終わるでしょう。

さらに、鉄道の貯蔵タンクに入れた液体酸素を13トンずつモスクワからゴーリキー市まで試験的に輸送することに成功しました。私が予言した通りに、損失は僅かで、約6-8％でしょう。これは商業用酸素を国が供給する新しい方式になります。

冶金、セルロース、その他の産業分野に酸素を向ける5年計画は既に（約2ヶ月前）ゴスプラン（ソ連国家計画委員会）に移管されました。しかし、まだ検討されていません。

このようにして、酸素に関する国と政府への私の約束はすべて果たされたことになりますので、私が酸素工業本部の仕事から解放され、自分の研究の仕事に完全に復帰できますように、強くお願い致します。

再追伸：同志ベリヤにこの手紙を見て頂きたいと思っています。なぜなら、
　　　　これは密告ではなく、有益な批判だからです。私は、機会があるな
　　　　ら、ここに記した事すべてを彼に話す用意があります。もっとも彼
　　　　と面会するのは厄介なことですが[167]。

発信者：カピッツァ　　　　　　　　　　　　　　　　　　　　　　　　[A]
受信者：I. V. スターリン　　　　　　日付：1946年1月2日　発信地：モスクワ

同志スターリン

　あなたに見て頂きたく、グミレフスキーの本「ロシアの技術者たち」を同
封致しますが、ご迷惑にならないことを希望しております。

　この本の内容は次のようなものです。グミレフスキーは外国の技術者につ
いて何冊か本を書きました。ド・ラヴァル、パーソンズ、ディーゼル[168] な
どの技術者です。これらの本は立派で、内容は新しいものです。そこで、私
は彼に、我が国の工学分野にはたくさんの人材がいますが、少ししか知られ
ていないのでそのような人々について書くべきではないか、と話しました。
彼はそれを実行し、この興味深い、魅力的な本が出来上がりました。この本
で興味深いのは個々の人の業績の記述の他に、数百年に亘る我が国の先進的
技術の発展の全貌が自然に分かることです。

---

167) カピッツァの話によれば、この手紙をクレムリンへ発送してから、すぐにベリヤ
　　から彼に電話があり、こちらに来て欲しいと依頼された。ベリヤは「少し話をしな
　　いといけないのだが。同志スターリンが私にあなたの手紙を見せてくれました。…」
　　と言った。カピッツァは「私からあなたにお話することは何もありません。もしあ
　　なたが私と話をしたいのでしたら、研究所に来て下さい。」と答えました。すると、
　　ベリヤがやって来ました。彼はカピッツァに豪華な贈り物を持ってきました。それ
　　はふんだんに象嵌が入ったトゥーラ製の2連発銃でした。[A]
168) カール・グスタフ・ド・ラヴァル（1845-1913）はスウェーデンの蒸気タービンな
　　どの発明家。チャールス・アルジャーノン・パーソンズ（1854-1931）は蒸気タービ
　　ンの発明などをしたイギリスの発明家。ルドルフ・ディーゼル（1858-1913）はドイ
　　ツの発明家で、ディーゼル・エンジンを考案したことで知られる。

私たちは、多分、我が国の工学の思想の中にいかに大きな創造力ある才能の宝庫があるかを考えてみることが少ないのです。我が国の建築家たちは、特に、才能豊かです。この本から明らかになるのは、多数の傑出した工学的企てが我が国に生まれながら、（建築分野以外では）私たち自身はほとんど全くそれらを発展させることができなかったことです。このような先駆的貢献が生かされない理由は、私たちが、多くの場合、自分の国の発想を過小評価し、外国人の発想を過大評価することにあります。組織上の欠陥のために、わが国の工学におけるパイオニア的な仕事が発展して、世界の技術へ影響を与えるのを妨げてきました。この欠陥の多くは今日でも存在します。主要な欠陥の1つは自分の力を過小評価し、外国の力を過大評価することです。過度な謙遜は過度な自己過信より大きな欠点です。

　勝利を確固たるものにし、海外における我が国の文化的影響を高めるためには、私たちの創造力と可能性を自覚することが必要です。

　今こそ自分たちの独自の技術を一層向上させねばならないとはっきり感じます。私たちは自分流のやり方で原子爆弾やジェットエンジンや酸素の高濃度化やその他多数のことを成し遂げねばなりません。

　それを成し遂げるには、我が国の技術者と研究者の才能を信じて、敬意を払い、わが国民の創造的な潜在能力は他の民族より決して低くなく、むしろ高いことを認識することです。その潜在力は頼りになります。このことは、この何世紀の間、私たちを飲み込む民族はいなかったことによっても証明されます。

　この本はこの重要な努めの助けになります。これがあなたに厚かましくもこの本に注意を向けて頂きたいと考える理由です。

　著者はこの本を本気で執筆しました。もちろん、本の中には欠点もあります。いくつかの点でさらに練り上げることが必要です。例えば、非常に傑出した電気技師であるポポフ（無線電信）[169]、ヤブロチコフ（アーク放電）[170]、

169）アレクサンドル・ステパノヴィチ・ポポフ（1859-1906）はロシアの電気技師で発明家。
170）パーヴェル・ニコラーエヴィチ・ヤブロチコフ（1847-1894）はロシアの電気技師。

ロディギン（白熱電球）[171]、ドリヴォ＝ドブロヴォリスキー（交流）[172] などが
省略されています。私の名が挿入されていますが、私はむしろ研究者で、必
要ありません。

　このような本や類似の本は私たちにとって非常に有用なもので、ソヴィエ
ト連邦共産党中央委員会の出版部門によって議論されるなら素晴らしいこと
です。

あなたの　P. カピッツァ

追伸：著者から私に送られた原稿を添付いたします[173]。

発信者：カピッツァ　　　　　　　　　　　　　　　　　　　　　　　**[A]**
受信者：I. T. テヴォシヤン　　　　　　日付：1946年1月11日　発信地：モスクワ

鉄工業人民委員　I. T. テヴォシヤン宛
敬愛するテヴォシヤン同志

　昨晩、酸素工業本部の技術会議の会合に出席し、あなたが欠席されること
を知り、たいへん残念に思いました。昨日は耐火材料に関する問題が分析さ
れました。ご存知のように、耐火材料は鉄工業において酸素の利用が成功す
るかどうかの決定的要素の1つです。酸素の利用では必然的により厳しい温
度領域が関わっています。それに加えて、すべての工場と耐火材料に関する
研究拠点はあなたの人民委員部の管轄の下にあります。

---

171) アレクサンドル・ニコラーエヴィチ・ロディギン（1847-1923）はロシアの電気工学者。
172) ミハイル・オシポヴィチ・ドリヴォ＝ドブロヴォリスキー（1862-1919）はロシア
　　の電気工学者で、三相交流の発明者。
173) この手紙にはスターリンからの以下のような返事が届いた。スターリンから返事
　　が来るのは稀である。「1946年4月4日付　スターリンからカピッツァへの返事[B]：
　　同志カピッツァ、あなたの手紙はすべて受け取りました。その中にはためになるこ
　　とがたくさん書かれています。いつかお会いしてお話ししたいと思っています。L.
　　グミレフスキーの本「ロシアの技術者たち」は確かに非常に興味深い本です。近い
　　うちに出版されるでしょう。I. スターリン」

177

昨日、会議の公開された部分における報告と議論から次の点が明らかになりました。

　我がソヴィエト連邦で生産できる耐火材料はその品目と品質において海外に遅れています。海外で開発された多数の耐火材料は、酸素を利用する溶鉱炉で役に立つと思われますが、我が国では作られていません。

　私たちは耐火材料の生産のために鉱物原料をよく知らずに利用しています。恐らく、最良の耐火材料の1つはジルコニウムをベースに製造されているものですが、我が国の産業はそれを確保していません。科学アカデミー会員ベリャンキン[174] は、自身の講演の中で、ジルコニウム鉱石の世界最良の鉱床は我が国のコラ半島にあるが、利用されていないと指摘しました。

　我が国の研究拠点は現在余りにも放置されています。例えば、実験室には1,500℃以上の温度での実験用焙焼のための炉さえありません。ところが、海外では既に産業の規模で1,750℃の焙焼温度の炉が存在します。それは高いレベルの耐火材料の製造にまさに必要なものです。

　演説をした耐火材料本部の技術主任は惨めな印象を与えました（実際、彼の報告は講堂に笑いを引き起こしました）。

　ご存知の通り、我が国の耐火材料の向上のために、ソヴィエト連邦人民委員会議の下の酸素工業本部は既に一年前から耐火材料のコンテストを発表しました。もちろん、十分ではありません。優れた研究者をこの事業に引きつけるためにも、また、この生産活動の研究拠点および産業拠点を強化するためにも、いろいろな思い切った施策が必要です。

　これは重要な問題です。なぜなら、これを解決しないでは鉄鋼業における酸素問題を強化することはできないからです。

　あなたが欠席したことは、言わば、この問題の前進を阻害することになったのは確かです。もしあなたがこの会議に出席できないと私に予め知らせて頂ければ、もちろん私は会議を延期するように努力したでありましょう。

174）ドミトリー・ステパノヴィチ・ベリャンキン（1876-1953）は岩石学者で岩石工学の創立者。

もしあなたが会議の速記録に目を通して、科学アカデミー会員バルディン[175] といっしょに今年1月24日の次の技術会議の会合までに、我が国の産業における耐火材料についての課題を然るべきレベルまで上げるための具体的な施策を審議するよう準備して下さるならば、うれしく思います。

　　　　　あなたを敬愛する

　　　　　人民委員会議酸素工業本部技術会議議長　P. カピッツァ

発信者：カピッツァ　　　　　　　　　　　　　　　　　　　　**[A]**
受信者：I. V. スターリン　　　　　日付：1946年1月11日　発信地：モスクワ

同志スターリン

　人民委員会議議長としてのあなたにお手紙を差し上げます。

　人民委員会議によって酸素工業本部の技術会議のメンバーに任命されたテヴォシヤン同志は、昨日、鉄鋼業と直接関係する諸問題とそこへの酸素の導入を検討する会合に出席しませんでした。

　私の考えでは、技術会議の仕事の基本的な意義と課題は次の点にあります。それは、我が国の指導的な科学技術研究者と、技術会議の常任委員で人民委員会議によって任命された我が国の産業の指導者たちが、直面する課題に関する会合において結束することです。

　我が国の科学技術分野の研究者たちを引き付け、組織し、課題に関心を起こさせることは私の仕事ですが、それはうまく進んでいます。しかし、経営責任者をこの新しい試みに真剣に取り組むようにさせることでは私は全く成功していません。明らかに、学問上の権威が不足しているのです。この問題で助けて頂けるのはあなただけです。私がお願いしたいのは、このことについてテヴォシヤン同志に話をして頂くということです。テヴォシヤン同志は、もちろん、非常に立派な、進歩的な人民委員ですが、もし彼が酸素によ

---

175) イヴァン・パヴロヴィチ・バルディン（1883-1960）は科学アカデミー会員で、冶金、鉄鋼などの専門家。

る冶金工業の強化に真剣に取り組む見本を自ら示さないならば、彼の下にいるすべての職員も同じようにするでしょう。そうなれば事業は失敗に終わります。

　どうぞご助力をお願いいたします。

あなたの　P. カピッツァ

　テヴォシヤン同志への私の手紙のコピーを添付いたします。

発信者：カピッツァ	**[A]**
受信者：I. V. スターリン	日付：1946年3月10日　発信地：モスクワ

同志スターリン

　「研究員などの給与の増額について」という決議を知りました。ソヴィエト連邦における研究活動を高めることを私は心から歓迎しますが、決議の精神には賛成できません。と言いますのは、研究者の研究活動の生産性ではなくて、科学の分野での団体組織の活動が給与を決める高い割合として設定されているからです。例えば、この決議によると、研究に献身する決意をした研究者の受け取る給料は9,000ルーブル（5,000ルーブル＋4,000ルーブル＝9,000ルーブル）[176]以下になります。これは故人となった科学アカデミー会員A. N. クルィロフ[177]に適用されるはずの給与です。クルィロフは研究以外に自分の時間を使うことに我慢できず、特に、事務処理や会議がそうでした。言い換えますと、常任委員会のメンバーたちは、例えば、プーシキンの詩「ドゥンドゥク公」[178]の生きた化身である科学アカデミー会員のオブラツォフ[179]のように、15,000ルーブル以上を受け取るでしょう。

---

176) これは科学アカデミー会員の俸給プラス上級研究員の給料の合計である。

177) P. L. カピッツァの妻の父である。

178) プーシキンの短い詩ではドゥンドゥク公をからかっている。

179) ヴラディーミル・ニコラーエヴィチ・オブラツォフ（1894-1981）は鉄道設計、建設、経営、輸送のさまざまな形態に関して研究した。科学アカデミー会員。

　ですから、この決議はロシアの科学の古い、悪しき伝統を維持するものです。この伝統では、才能ある若い研究者は、最初、自分のすべての力を研究に注ぎますが、昇進すると、給料と名誉に目が眩んで管理職のポストに就くようになり、その後は急速に研究から遠ざかって忘れ、自分の時間を管理と会議に捧げるようになります。つまり、彼は退化して「ドゥンドゥク」になりますが、新しい決議によれば、以前と同様に、最高額の給料が払われます。

　そもそも賃金の支給額が研究の成果に影響するのであれば（これは、きっと、その通りでしょう）、研究者への物資による奨励と給料は、何よりも、その人の研究成果と釣り合っていなければならないと思います。ですから、例えば、スターリン賞は我が国の科学の発展に非常に多くの寄与をしたと言えるでしょう。

　もちろん、科学アカデミーは「ドゥンドゥク」のような管理の仕事に興味がある人間なしで済ますことはできないですし、そういう人から受ける利益があります。つまり、誰かが代表となって、事務処理をしなければなりません。公表された決議に加えて、よく考え抜かれ、研究者の研究を物質的に思い切って奨励し、その研究に科学アカデミーで最も名誉ある地位を与える施策が不可欠であると私は思うのです。

　当然ながら、型通りには進みません。難しいのは、研究は給料によって影響を受けるだけではありません。例えば、作家あるいは画家の創造活動が、出版された本、あるいは、展示された絵の販売で評価されるようには、研究を評価できるわけではないということです。今回の不適切な決議が生まれたのは、おそらく、誰かがドゥンドゥクを奨励したいと思ったからではなく、新しい特別な形態を探さないで、現状のやり方通りに進んで、気前よく給料を増やすことになったということでしょう。

　研究者が「ドゥンドゥク」に堕落するのはよく知られた現象で、科学とアカデミーがあり、研究者の研究成果の評価なしに、その人の地位に従って給料を得る可能性があるすべての国で起きります。イギリスとアメリカでは、最近、この状況からの出口を捜す動きが始まりました。私たちも彼らの経験を考慮に入れる必要があります。イギリスでは Research Professor、Research

Fellow、Research Student という名前の一連の研究職が創られました。これら3つの等級の研究員は管理の仕事を免除され、彼らは特別な許可によってのみ、非常に限られた教育の任務を持てます。これらの職については新聞などに公に発表されて、選ばれ、その職は最も名誉あるものと考えられています。最高の職である Research Professor は、アカデミーあるいは大学のあらゆる現存の給与中で最高の給与を受けます。イギリスではその数は5人に制限されていて、その人たちは重要であるので、Royal Society Research Professor と呼ばれています。私はその人たちの「高い地位」をよく知っています。というのは、私はその人たちのうちの1人だったからです。「高い地位」を作るというアイデアは、研究における生産性をしっかりとコントロールをすることにあります。このために、例えば、5年毎に専門委員会の審査のため、自分の研究について書面の報告書を提出します。委員会の結論は科学アカデミーの常任委員会に送られ、それに基づいて、次の5年間の選び直しが行われます。これは60歳あるいは65歳まで行われ、その後は年金になります。私はこれらの職についての印刷された規定を持っています。

　我が国でこれらの問題がどう解決されるべきかについて私は予め答えを持っていません。しかし、もし我が国が強い科学を持ちたいのであれば、まず第一に、研究者を彼らの研究成果に従って評価しなければなりません。

　自分で研究をしていないアカデミー会員はもはや研究者ではない、というモットーを掲げねばなりません。

　研究者が生涯の最後まで研究を行い、自分の時間と力の大部分を研究に捧げるように、学術環境の雰囲気を作り、研究者を鼓舞しなければなりません。

　我が国では I. P. パヴロフがこれを実行しました。パヴロフは、自分の意志の力によって、何が何でも、そのように行動しましたが、大多数の人々にとっては、外からの鼓舞する力が必要です。この力を創り出すことに向けて科学の組織において努力しなければなりません。残念ながら、この原則が人民委員会議の決議において見落されています。

あなたの　P. カピッツァ

発信者：カピッツァ　　　　　　　　　　　　　　　　　　　**[A]**
受信者：L. P. ベリヤ　　　　　　　日付：1946年4月2日　発信地：モスクワ

ソヴィエト連邦閣僚会議副議長　L. P. ベリヤ宛

ベリヤ同志

　酸素を冶金工業で利用するに当たっての基本的な困難は、酸素を大量に手に入れなければならないという点にあります。エネルギー分野では電気エネルギーを大量に手に入れることはピストンエンジン（不連続的動作）からタービンエンジン（連続的動作）への移行によって実現されました。周期的なプロセスから連続的プロセスへのこのような移行は現代技術の発展の基本法則の1つです。ですから、酸素を大量に得る問題を解決するために、私は、現在使われているピストンエンジンに基づく方法に代わって、タービン法で酸素を得ることに力を向けました。

　私たちはまずタービン法が優れていることを証明することに成功し、液体酸素を大量に得る問題を解決しました。昨年、バラシハのタービン装置が稼働し、以前のタイプの大きなピストン型装置と比べて、タービン法では1つの設備で液体酸素を3-4倍多く生産できます。タービン装置は既に1年以上、成功裏に、安定して稼働しています。

　もちろん、私たちにとって最も大きい意味を持つのは気体酸素を得る問題の解決です。私たちは、最近、タービン法によるこの問題の解決に向けて力を注いできました。私たちの研究所で製作した気体酸素を得るためのタービン法による装置は、私見では、この課題について満足すべき解決策を与えています。

　このような問題の解決には、最初は小さい装置で行うのがよいと私は考えます。その場合は実験をしながらすぐに装置を改造し、実験室のレベルでその中で起っているプロセスを調べ、理論計算が正しいかどうか検討することができるからです。

　小さいサイズの装置は効率の点で大きなサイズの装置に劣り、それを作るのは、実際にはたいへんですが、費やされた労力は十分に報いられます。という

のは、設計理論や性能を検証し、大きなサイズの装置の信頼できる設計のために必要なデータを集め、その装置の性能を予測する可能性を与えるからです。

　私たちの装置はトゥーラに作る予定の装置の約50分の1ですが、90-95%の酸素を1時間に80-90立方メートル生産します。これは、現代のスケールでは、かなり大きな面積を持つ独立した酸素工場の生産量に相当します。一方、この装置はかなりコンパクトですから、全面積が65平方メートルの部屋にコンプレッサーといっしょに置くことができます。もちろん、この装置は初めて製作した装置であるので、これで新しい方針が完了したとみなすことはできません。そうではなくて、装置の開発の過程で、新しい着想が得られて、それを実行に移せば、この新しいタイプの装置が著しく改善されるに違いありません。私たちは、もちろん、それらすべてについて、近いうちに調べる予定です。しかし、私の考えでは、既に達成された結果だけでも、直ちに大きい規模でこの装置を建設するには十分で、トゥーラの溶鉱炉はすぐにでも稼働できると確信しています。私たちは問題の他の側面、すなわち、冶金学的プロセスに酸素がある方がよい理由をなるべく早く究明しなければなりません。

　我が国の冶金工業の急速な発展のためには、酸素が極めて重要であり、また、タービン法が正しい方法であるということに対していくつかの技術グループの中に懐疑的態度や疑いがあることを考慮して、私は次のように考えます。この問題の進展を目指し働いている人たちが健全な精神と精神的高揚を持ち続けるために、装置の進展のこの重要な段階において、私たちのタービン酸素装置の実現から生まれるいろいろな可能性が実際はどうなのか、それを公平に評価することがたいへん望ましいと思います。実際はこの評価は酸素工業本部のトップが行なうべきですが、私は酸素工業本部と極めて緊密な関係にあり、客観的な評価が難しいので、あなたに次の点について決定をする委員会を任命して頂きたく、お願い致します。

　1つは、提唱された方式の装置は、実際に、低圧のタービン法によって冶金工業のために必要とされている気体酸素を大規模に生産できる可能性があることを明らかにすることです。

　それに加えて、現在、酸素工業本部は装置の建設に必要な生産基盤を持っていないということを指摘しなければなりません。ですから、試験的な冶金と化学の工場に早くタービン酸素装置を導入するために、酸素工業本部の生産技術の基盤を十分な規模まで拡張することの必要性について、この委員会に評価を依頼して下さいますようお願いいたします。

　新しい方法によって気体酸素を得るためにこれまで行ってきたことは非常に重要ですので、提案された施策を閣僚会議で取りあげて下さるよう、あなたが指導している実施部局にお願いいたします。それは得られた結果をできるだけ早く実生活に導入するために必要です。

あなたを尊敬する

物理問題研究所長　Ｐ. カピッツァ

　カピッツァは自分の研究以外に、原爆開発の特別委員会と技術委員会のメンバーとしての仕事、また、酸素工業本部の本部長としての仕事を引き受けることになり、スターリンやベリヤの共産党政権と難しい関係に直面するようになった。1946年ソヴィエト連邦閣僚会議はカピッツァについて重要な決議をし、8月17日スターリンがそれを承認し、署名した。その決議には以下のように記されていた［A］。

「ソヴィエト連邦閣僚会議の下の酸素工業本部長であり、物理問題研究所長である科学アカデミー会員カピッツァは、ソヴィエト連邦の産業への酸素導入に責任があるが、より優れた海外の装置とソヴィエトの研究者たちの提案を無視して、自分の装置を使った実験研究のみに従事してきた。その結果ソヴィエト連邦での酸素工業は然るべき発展をせず、海外の技術水準から著しく遅れることになった。ソヴィエト連邦における酸素工業の遅れを克服し、この分野に存在する欠陥を除去するためにソヴィエト連邦閣僚会議は次のように決議する。

1.　ソヴィエト連邦の酸素工業の発展に関する政府の決定を履行せず、海外における酸素分野における先進技術を活用せず、また、ソヴィエトの専門家の提案を活用しないゆえに、科学アカデミー会員カピッツァをソ

ヴィエト連邦閣僚会議の下に置かれた酸素工業本部の本部長の職、酸素
工業本部技術会議議長の職、さらに、ソヴィエト連邦科学アカデミー物
理問題研究所所長の職から解任する。（以下略）」

この決議によって酸素工業本部長の後任にはM. K. スーコフ[180] が任命さ
れ、物理問題研究所長には科学アカデミー準会員A. P. アレクサンドロフ[181]
が任命された。

1ヶ月後、科学アカデミー常任委員会もこの件について意見を述べた。「科
学アカデミー常任委員会は、この数年間物理問題研究所においてP. L. カ
ピッツァの下で行われてきた低圧の酸素装置を創る仕事は良い結果をもたら
していないと考える。生成物の純度は不十分であり、効率が低く、酸素分野
での海外の技術の経験が生かされていない。物理学の最も緊急の現代的課題
が物理問題研究所の仕事に反映されていない。」

カピッツァの研究に対するこのような否定的評価は学問的公平性を欠いて
いた。カピッツァ自身のこの評価への反論は、例えば、後に示す1948年の
A. A. ジダーノフ宛の手紙に記されている。

カピッツァが公職から追放されてから
研究場所として利用した自分のダーチャ

---

180) M. K. スーコフについては任命前にどのような業績があった人物か訳者には分か
らない。
181) アナトリー・ペトローヴィチ・アレクサンドロフは物理学者。しかし、果たして
顕著な研究業績がある人物かどうか不明。

　物理問題研究所所長からの解任によって、カピッツァは住居をモスクワから郊外のニコーリナ・ガラにあるダーチャ（小さな別宅）へ移さねばならなくなり、物理問題研究所で研究できなくなった。これはカピッツァの研究にとって大きい影響を与えた。カピッツァはダーチャを個人の「研究所」として、そこで実行可能な範囲の研究を行うことになった。

7.2　ダーチャを「研究所」として研究を続ける

発信者：カピッツァ　　　　　　　　　　　　　　　　　　　　　　　　**[A]**
受信者：S. I. ヴァヴィロフ　　　日付：1947年2月12日　発信地：ニコーリナ・ガラ

ソヴィエト連邦科学アカデミー会長　S. I. ヴァヴィロフ宛
敬愛するセルゲイ・イヴァノヴィチ

　健康状態が勝れないため、残念ながら、街に行けませんので、書面で次に記す個人的お願いをすることにしました。

　私は理論流体力学の研究をすることによって、神経のバランスと平静が得られることを発見しました。この分野は以前に関心を持っていた問題で、最近私が「Доклады誌」に送った論文[182]からもお分かり頂けると思います。この外に、私は「極低温の技術の基礎」という本の出版準備をしています。そしてまた、以前に私が行ったが、戦争と多忙のために、出版への準備の時間がなかった一連の研究の出版へ向けた準備をしています。

　私のお願いは以下のようなことです。

　私の個人的助手のS. I. フィリモノフに私が自由に仕事を頼めるようにすることをお願い致します。というのは、彼のところに私の以前の仕事の資料があり、彼の助けは私の仕事の出版への準備を軽減してくれるからです。

---

182) S. I. ヴァヴィロフは学術誌 Доклады Академии наук СССР（ソヴィエト連邦科学アカデミー報告）の編集長だった。ここで問題になっている論文は「2次元の乱流における熱伝達に対する理論的、経験的表式」（ДАН 55, 595 (1947)）である。

ご存知のように、流体力学の多くの問題は、簡単な実験を行うことによって、方程式を検証することが必要です。また、研究所からいくつかの実験器具を借りることができるなら有難いのですが。そうすれば、私の助手たちの助けを得て、現在研究しているいくつかの問題を進める上で重要な若干の簡単な実験を私のダーチャで行えるようになるからです。

　私の本「極低温の技術の基礎」は印刷するとおよそ640から960ページになります。その半分は既に書きました。今年の末までに完成したいと思っています。もし科学アカデミーがこの本を出版計画の中に含めて頂けるなら有難く思います[183]。

　最後に、私の論文を雑誌Докладыに短縮せずに掲載する許可を頂き、たいへん感謝しています。

あなたを尊敬する　P. L. カピッツァ

　カピッツァの公職追放、特に、彼の研究の拠点である物理問題研究所の所長からの解任についてはV. A. フォックがスターリンに再考を促す手紙を出しているので、参考のため、以下に示す。物理問題研究所は科学アカデミーに属する研究所の1つである。

発信者：V. A. フォック	**[C]**
受信者：I. V. スターリン	日付：1947年2月16日　発信地：モスクワ

敬愛するヨシフ・ヴィサリオーノヴィチ

　科学アカデミーに関する件でお手紙を差し上げます。科学アカデミー会員P. L. カピッツァを彼が創設した物理問題研究所所長のポストから解任するという1946年9月20日の発表はすべてのソヴィエトの研究者に非常に辛い思いをさせました。それは、カピッツァが世界にも数少ない例外的に偉大な研究者であるからだけでなく、彼が稀に見る率直で、誠実な人間で、自分

183）カピッツァ自身がこの本を完成することはなかった。

の祖国を熱烈に愛し、自分の全エネルギーを国家の利益のために捧げているからです。科学アカデミーの歴史において、カピッツァの所長のポストからの解任は、昔のアカデミーにおけるD. I. メンデレーエフの会員落選と同じような悲しい事実として将来残るでしょう。カピッツァが所長のポストに復帰し、彼に自分の愛する研究所で研究する可能性を与えるには、科学アカデミー会長へ向けたあなたの一言で十分です。その一言があなたから発せられることを私は心から望んでいます。

　私がこのお手紙を差し上げますのは、おそらく、科学アカデミー会員の他の誰よりも、研究者として、人間としてのカピッツァを非常に身近で知っているからで、ソヴィエトの研究者のコミュニティの全般的な意見をあなたにお伝えしようとする決意を持った人が他にいないからです。さらにまた、この件は科学アカデミーに関わりがあるだけでなく、国家的な重要性がある問題だからです。

　　　　　深い敬意を持って
　　　　　科学アカデミー会員、スターリン賞受賞者　V. フォック

| 発信者：カピッツァ | | **[A]** |
| 受信者：S. I. ヴァヴィロフ | 日付：1947年4月末 | 発信地：ニコーリナ・ガラ |

敬愛するセルゲイ・イヴァノヴィチ

　私のヘリウムに関する研究について記念号に寄稿するようにという編集部からの依頼のお手紙を1947年4月15日に受け取りました。しかし、私は困難な状況に自分が置かれているのを感じます。1946年9月20日付のソヴィエト連邦最高会議幹部会の決議には「物理学の最も緊急の現代的問題は物理問題研究所の研究に反映していなかった」と記されています。その研究所の指導部から私を解任し、私に「傑出した意義を持つあなたの研究について…」執筆するように、とあなたが依頼する正にその研究を継続する可能性を奪いました。

　私から継続する可能性を奪った研究についてそのような論文を書くように

というご提案は、人間的観点からは、腹ぺこの人間に大宴会の場面を描くように提案するようなもので、残酷な皮肉です。

　それだけでなく、以前に私と私の弟子たちが共同で行い、今も研究しているその仕事について論文にするのは間違っていると私は考えます。何しろ、私の指導が排除された後、ソヴィエト連邦科学アカデミー物理・数学分科によって私の研究活動の批判的検討がまだ行われていないのです。私は再三これについてお願いしています。科学アカデミーの正会員の立場からはこの私の依頼は全く正当であると思いますが、それにも拘らず、その依頼はこれまで実行されていません。科学研究の成果は、世界の科学の発展の状況を背景に、絶対的な価値を持っています。ソヴィエト連邦における指導的組織である科学アカデミーは、研究成果がどこで、いかに得られたかには関係なく、客観的評価を下さねばなりません。

P. カピッツァ

発信者：カピッツァ　　　　　　　　　　　　　　　　　　　　**[A]**
受信者：S. I. ヴァヴィロフ　　　　日付：1948年2月28日　発信地：ニコーリナ・ガラ

敬愛するセルゲイ・イヴァノヴィチ

　あなたの指示で私に与えて下さった実験器具をニコーリナ・ガラにある私のダーチャに納めて、小さな、個人的な実験室を整備いたしました。

　この実験室で流体力学に関する実験を行っています。この研究は目下 Zh. Eksp. & Teor. Fiz. 誌に刊行予定です[184]。

　私の個人的実験室の費用（実験室の事務職員の給料、電気代、暖房、必要な材料や器具の購入など）は1948年末までに月に3,000-5,000ルーブルを超えないと思いますが、その必要額の分け方についての指示をお願い致します。

184）その論文は "Wave flow of thin layers of a viscous fluid I & II" Zh. Eksp. & Teor. Fiz. **18**, 3 and 19 (R) (1948) である。

　また、実験室の女性事務職員を科学アカデミーのスタッフに含めることについてのあなたの指示をお願い致します。(以下略)

　　　　　　　　　　　　　　あなたを敬愛する　P. カピッツァ

発信者：カピッツァ　　　　　　　　　　　　　　　　　　　　　　**[A]**
受信者：A. A. ジダーノフ[185]　　日付：1948年5月23日以前　発信地：ニコーリナ・ガラ

　科学アカデミー会長S. I. ヴァヴィロフは、私宛の手紙の中で、海外との文通について、次の2つの問題に関してあなたと話をするように助言してくれました。

　第1の問題は、Royal Society of Arts, London (王立技芸協会) が私をメンバーに選ぶことについて私の同意を求めている件です。この協会は「物質文化アカデミー」として歴史ある協会で、我が国にはこのようなものはありません。私の知る限り、我が国ではアカデミー会員のタルレ[186] が以前にメンバーに選ばれています。

　この協会に私はどう返事すべきでしょうか?

　そもそも、外国の科学協会がソヴィエトの研究者を選ぶのは、ソヴィエトの科学への社交辞令と見なす必要があります。ある個人が選ばれるのは、その人の活動の中に最も明瞭に、また、具体的に、科学の様々な分野における成果が現れていると考えられるという理由にすぎません。研究者がこの名誉を自分だけのものと考えるのは愚かで、不合理なことです。

　この機会を利用して、科学に関する我が国の対外政策についてより広く問

---

185) アンドレイ・アレクサンドロヴィチ・ジダーノフ (1896-1948) は共産党の古参政治家。1934年からソ連共産党中央委員会書記で、同時に、レニングラード地域委員会、レニングラード市委員会の書記。スターリン体制の一翼を担った。独ソ戦におけるレニングラード防衛に参加し、戦後には哲学、文化面での共産党による統制の中心人物の1人であった。

186) エフゲーニイ・ヴィクトロヴィチ・タルレ (1875-1955) は歴史家で、ソヴィエト連邦科学アカデミー会員であった。

題提起をしたいと思います。というのは、実のところ、我が国がどのように明瞭で、確固とした方針を持っているか分からないので、全く当惑しているからです。

　我が国の発展の基礎となる科学や文化の成果は、その相当程度が、研究者、作家、思想家、芸術家などの国際的協力の結果であるのは明らかで、議論の余地がありません。もし文化の発展を守るために柵で囲って反対などが起るのを禁ずるならば、文化の発展は初めのうちは停滞し、それから退化に向かうでしょう。ちょうど、自然界で自分の種とだけ交配する種はすべて退化するように。これには既に中国という先例があります。偉大な文化人たちに代表される遠い国の専門家たちが作ったあらゆる最良のものを借りることによってのみ、国は栄え、発展できます。私たちが他に何も与えないで、受け取ることができると想像するのは馬鹿げています。聖書には「与える人の手は貧しくなることはない[187]」と書かれています。

　我が国の研究者がいま置かれている孤立状態は前例がないものです。現在、文通さえも厳しいコントロール下にあります。科学アカデミー会員S. I. ヴァヴィロフからの手紙によりますと、あなたならば、当然、そのような研究者に答えることができるとのことです。しかし、それは「言うまでもなく、問題の（政治的に）正しい解明という条件で」とのことです。個人的発想によるアプローチが禁じられているのならば、答えられることは何もないのは当然な事で、ただ決まりきったやり方が要求されるのです。自由な発想を持つ研究者の忠誠心への信頼はないのでしょうか？

　会議、面接、旅行、文通、これらはすべて科学の発展に不可欠な要素です。もしそれらを拒否するならば、我が国の科学が最初に苦しむことになるでしょう。

　現在起っている秘密化の動きは、何よりも、科学を我々自身から秘密にします。（中略）柵を作って科学を外国から守ることができる、あるいは、そ

187）これは旧約聖書の箴言28章27節の言葉である。聖書協会共同訳聖書では「貧しい人に与える人は欠乏することはない」となっている。

のために万里の長城を建設する必要があるなんて信じ難いことです。

　科学を秘密化すれば、科学を導き、健全にする重要な要素を科学から排除することになります。これは科学のコミュニティの見解です。今我が国では科学のコミュニティの会議での当たり前の討論がありません。皆が国家秘密に関する法律に牴触することを話していないかと心配しているのです。

　科学の発展がそのような具合に続くならば、我が国には強く、健全な科学は育たないだろうと確信を持って言えます。

　第2の問題は酸素生成装置の特許についての外国からの問い合わせに関する問題です。

　問題のいきさつを手短かに記します。1936年から私は酸素問題を研究しています。私の基本的アイデアは、産業の重要領域（鉄鋼業、石炭のガス化、人工液体燃料、その他）の強化は、大量に酸素を生産する方法を見出せば可能になるだろうということです。この方法では大量の気体を再処理しなければなりませんが、それを実現する唯一の現実的な方法として、熱工学とのアナロジーで、タービン法を提案しました。低圧のサイクルに基礎をおいて酸素を得ることでした。発表した論文[188]　で、私はこの方法を実現する道筋とそれが極めて重要な意義を持つことを示しました。この論文の発表の後、この仕事への興味が高まるに従って、1939年にヘルムート・ハウゼン［熱工学分野のドイツの専門家］をトップとする我が国とドイツのエンジニアのグループが私を非難し始めました。しかし、アメリカのエンジニアたち（バーネット・ドッジ［化学熱力学の専門家］その他）は逆に私の仕事の新しさと意義を認めています。戦争によってこの議論の進展が妨げられましたが、戦争中、私は共同研究者と共に、非常に困難な状況の下で、未だかつてない規模の私が提案するタービン型の酸素装置を製造することに成功しました。そして、既にモスクワの産業は、基本的に、私が作った1台から得られる酸素を利用しています。戦争が終わり、研究者とエンジニアが疎開から

---

188) P. Kapitza: J. Phys. USSR 1, 7 (1939) "Expansion turbine producing low
　　temperature applied to air liquefaction"

戻ってくると、私に対するキャンペーンが強まりました。もしキャンペーンが学問的討論の枠内に留まっているならば、すべては平穏無事だったでしょう。ところが、それは明白に中傷に変わり、政府に手紙を書き、その中で私に対してだけでなく、私の装置に対して有りもしない否定的性格の嘘が付け加わりました。学界では私を擁護するために立ち上がる試みもありましたが、それからは何も出てきませんでした。2年前に私はリーダーの仕事から解任され、私が専門家と見なされているこの分野で研究を続ける可能性は完全に奪われました。私の酸素装置に関しては、私の方針を終了して、古いドイツの機械をお手本とし、卑屈にもそのコピーを作り始めました。

しかし、この期間にアメリカ人たちはまず私の仕事を再現し、それをさらに発展させることに成功しました。彼らは私と同じ結果に到達し、ドイツ人たちの言い分の中にある間違いを指摘しました。そして、私のアイデアが将来への展望の点で優れていると考えて、そちらに乗り換えました。その例として、アメリカは今では私のアイデアに沿って、巨大なタービン型酸素装置を建設中であり、この1つの設備から液体燃料を得るために酸素が供給されることになるでしょう。多分、この1基の建設のために、我がソヴィエト連邦が全酸素産業のためにその出現の時から使った額よりも大きな金額が支出されるでしょう。

しかし、ここに興味深い状況が生じています。アメリカと、多分、イギリスは法的権利なしに私たちの酸素装置を建設しています。というのは、この装置の一連の基本的特許はこれらの国で既に1938年に私たちが取得していたからです。これらの特許は発明者としての私の名前で取られています。ですから、私たちはいつでもそれらの装置に「拒否権」を行使するか、補償を要求できます。この事を知って、アメリカ人たちとイギリス人たちはこれらの特許の権利を私たちから買おうとしています。そして、発明者としての私に照会してきています。

ところが、奇妙な状況が生まれました。我が国では私の装置が拒否されただけでなく、私がこの分野で仕事をするのを禁止し、ドイツの装置を建設しています。一方、アメリカ人たちは我々が特許を持っている我々の装置を建

設しています。しかし、事態はそれほど単純ではありません。もし我々が特許をアメリカ人とイギリス人に売ることを拒否すれば、彼らはいくつかの法律に基づいて我々の特許権を無効にしようとする可能性があります。一方、もし我々が、例えば、途方もない条件を吹っかければ、彼らは特許権を無効にすることはもう出来ないでしょう（これは資本主義国の特許法のトリックの1つです）。ですから、外国からの特許販売についての照会には注意深く対応し、真剣に検討しなければなりません。さらに、私の酸素装置が我が国にとって必要ないならば、この発明を外国で利用することから得られるはずの収入をなぜ国は放棄するのでしょうか？また、1938年に私たちが特許を取ったときに、私は同志モロトフ宛の手紙に、特許は発明者としての私の名前で取得しないといけませんが、私は特許とそれからの収入を完全に我が国のものだとみなしていると書きました。ですから、私たちの特許の販売についての照会に私はどう回答すべきか、あなたの指示をお願いいたします。

　手紙の最初に書いたことに関連して述べたことをまとめて、次の点を指摘しておきたいと思います。

　当然のことですが、私が酸素問題を正しく解決したということについての疑問は私たちの内輪の問題に過ぎず、所詮、役所のプライドと科学的真理との間の闘いに過ぎません。約2、3年後にはここでも真理が勝利することを私は信じています。私たちにとって闘いのすべてのプロセスが教訓的です。ソヴィエトの思想がアメリカの研究者とエンジニアの手によって認められたのだということを受け入れることが必要です。この件で最も屈辱的なことは、もちろん、闘いの過程で私の行動の自由が奪われ、科学研究を禁じられたことです。しかし、いずれにせよ、進歩は必ず達成されるでしょう。私はそのことによって慰められます。酸素問題がすべて秘密にされ、狭い専門家グループを除いて、我が国で起ったことすべてを誰も知らないとしてみましょう。そのときは、役人のうぬぼれ、陰謀と嘘が科学的真理に打ち勝ったのだということになるのです。

　私たちがささやかな教訓を引き出せるように問題提起している私の態度をあなたは評価して下さるものと思います。私たちはいつもわがソヴィエトの

成果の評価を外国での承認によって行うのでしょうか？

　そうなら、ここにこそ本物で、最悪の外国崇拝があります。

| 発信者：カピッツァ | **[A]** |
| 受信者：S. I. ヴァヴィロフ　　日付：1948年5月23日　**発信地**：ニコーリナ・ガラ | |

敬愛するセルゲイ・イヴァノヴィチ

　4月29日付のあなたのお手紙を受け取りました。その中であなたは海外の郵便物をどう扱うべきかを私に親切に助言して下さいました。

　この助言に従って、インド科学アカデミーとアイルランド科学アカデミーの会員に選ばれたことへの返事を送ります。私宛の彼らの手紙のコピーを添付致します。

　また、外国の特許の売却についての私の手紙へのあなたのコメントに関してお手紙を差し上げます。あなたのお手紙には「同じような申し出を受け取ったときどう対処すべきかは、普通の愛国的感情から分かるでしょう」と記されていました。このコメントは、おそらく、誤解から生じています。というのは、あなたはご存知ないかも知れませんが、既に1938年に私はソヴィエト連邦人民委員会議議長の同志V. M. モロトフに手紙を書き[189]、その中でソ連内と海外での私の酸素装置の特許権を国に譲渡すると記しました。この申し出の通り、私は酸素装置から生ずるいかなる利益も手にしていませんし、今後もそうする積もりはありません。私があなたへの手紙の中でこの問題を提起した理由は、ただ、外国におけるこの科学的成果による外貨収入や貸付を、たとえ我が国で拒否されても、それを失うのは我が国にとって意味がないと考えるからです。なにしろこれはいかなる情報の漏洩とも関係がなく、以前に公表された特許書類に書かれている原理で働く機械の建設と稼働の法律的権利の販売だけに関係しているに過ぎないからです。私たちがこれを承認しなければ、我が国は何も利益を得ずに、ただ損をするだけでしょう。

189）これは1938年4月20日付の手紙で、本書に掲載されている。

　現在の状況下で、次の疑問を呈するのは妥当であると、あなたも同意して下さることでしょう。

　第1は、酸素を得るための我々の新しい独自のタービン法をさらに発展させる道がソ連において拒否されただけでなく、完全に停止されていますが、その原因を作ったのは私でなく、官僚や「専門家」です。それだけでなく、古いドイツの方式の模倣をしています。彼らの薄っぺらな愛国心に疑問を持ちます。

　第2は、誤りが許され、誤りが科学と国に損害を与えることを理解していながら、我々の成果に起っていることに無関心である我が国の一部の研究者の愛国心についての疑問です。

　おそらくあなたは既にご存知でしょうが、酸素を得るためのタービン法は、既に10年前私が論文に書いた方法ですが、今や、最も先進的であるとして完全な認識が得られています。これは、アメリカもイギリスも我々の特許を売ってほしいと我々に依頼せざるを得ないということだけでなく、海外で発表された多くの論文（私の知っているのは約20編です）から証明されます。いま、酸素問題は原爆問題と同じレベルの意義と規模になっていて、緊急性においてはそれ以上になっていることに、いくつかの論文から気付きます。

　アメリカにおける建設は巨大なスケールで実施されています。その設備1台にはソ連にあるすべての設備に支出された金額よりも大きな額が支出されています。

　当然ながら、酸素問題の分野での私のアイデアがそのように公式の認知を受け、成功していることは研究者としての私にとって嬉しくないはずはありません。しかし、ソヴィエトの市民としては、この成功が外国において達成され、我が国においてではないことに深い悲しみを覚えます。

　我が国のこの悲しい状況は、多分、我が国のこの研究を取り返しがつかない位駄目にした人々の持つ役人的プライドが、科学的真理を打ち負かしてしまったことにより説明されるべきものです。

　あなたも同意して下さるでしょうが、私の考えでは、私の仕事の扱いにつ

いて、あなたが指摘した問題に関して権限のある司法機関に私が個人的に訴えるのは不適当です。ですから私は問題をあなたの判断にゆだねます。

あなたを尊敬する　P. カピッツァ

発信者：カピッツァ	**[A]**
受信者：I. V. スターリン	日付：1948年8月6日　発信地：ニコーリナ・ガラ

同志スターリン

　私自身が全うな条件下で研究する可能性を奪われてから既に2年になります。

　国民経済における技術の発展の抱える現代的な課題の中で最大のものは産業の基幹部門（燃料、金属など）を酸素によって強化することだと私は考えていますが、この見方が正しいことは、この期間の世界の技術の発展から一層明らかになっています。研究者の中にはこの問題は原子核エネルギーの問題と同程度の重要性があるだけでなく、それ以上の緊急性があると考える人もいます。アメリカにおいては、これは科学研究の方向転換そのものによって、また、酸素設備の建設によって、さらに、それらへの支出の大きさによって裏付けられています。最初に私が提案した酸素を得るための低圧タービン法は酸素の産業への大規模利用の一層の発展の可能性も開きました。

　最近の数ヶ月間、アメリカにおける新しい設備の建設の情報や私が提案しているタイプの巨大な酸素装置についての情報がフランスにおいて出版物上に次々と現れています。この設備は、アメリカでは、液体燃料の合成に使われ、各装置の生産高は年に25万トン以上で、その内の70%はオクタン価が高い燃料です。

　歴史が教えるところでは、新技術の実現の問題では、時が経てば必ず科学的真理が明らかになります。2年前に私の研究の方向が完全に止められ、既に廃れている高圧のドイツの装置のコピーをするという間違った道を我が国は歩き始めました。それだけでなく、重要なことは、我が国が自国生まれの、独創的で、先端的な技術の大きな発展の流れを回復不能なまでに破壊し

てしまったことです。この先端技術は我々が誇ることができるはずのものだと私は十分な根拠を持って申し上げます。このことがすべての人に明白になる時が来るのを私も辛抱強く待っています。

　そうなれば、私は「好かれない研究者」の状態から解放されるでしょう。なぜなら、私が、研究者として正しく現代の最大の課題の1つの発展に我が国において誠実に努力したことは必ず認められるでしょうから。

　私が「好かれない研究者」の立場におかれ、人々が私を避け、援助などをするのを恐れている間は、私の研究のために広い活動の場を見出すことは考えられず、1人で、ささやかな規模で研究を行うことに限定しなければなりません。今自由に使える小さな設備を利用して、私は理論と実験の研究を行っています。今までのところ4つの論文を仕上げました（既に公表された論文の別刷を別便でお送りいたします）。また、ちょっとした発見もしました。それは液体の新しいタイプの波動的流れです。しかし、仕事の進行は遅々としています。というのは、実験器具を含め、すべてを1人で、自分の手でやらねばならず、助けてくれるのは家族だけだからです[190]。

　研究条件の改善のためには、以下のものが必要です。

a.　　私のところに、S. I. フィリモノフのような常雇いの助手が一時的に派遣されること。

b.　　私の（ダーチャの）実験室の公認。すなわち、2、3名の定員を付け、運転資金と設備を割り当て、急を要する修理（暖房設備など）を行うこと。

　私は既に何度かこれについて科学アカデミーにお願いしました。科学アカデミーはこのささやかな要求に同意してもいいが、閣僚会議では賛成しないだろうと言っています。あなたが学術的創造に敬意を抱いていらっしゃることを知っていますので、私の研究条件を改善するために、あなたが科学アカ

---

190)　スターリンに送った論文の1つの別刷に、「自分は研究をしている研究者ではなく、研究をしないではいられない研究者です」とカピッツァは書いた。また、ダーチャでの研究中、長男セルゲイといっしょに論文を書いている。[A]

デミーに指示を出すことに同意して頂けるものと信じております。

　私の現在の状況では、この小さな研究と大学での教育[191] 以外、どうしたら大きなスケールで国と科学に奉仕できるか、分かりません。私自身はそれを望んでいるのですが。

P. カピッツァ

7.3　スターリンの70歳を祝う集会に欠席する

　1949年12月、スターリン（1879年12月21日生まれ）の70歳を祝う集会が、科学アカデミーとモスクワ大学物理工学部で開かれた。カピッツァは科学アカデミー会員であり、モスクワ大学では講座を持っていたので、出席が期待されていたが、両方に欠席した。カピッツァは健康上の理由で欠席したと述べたが、この欠席への罰として、カピッツァはモスクワ大学で教える権利を奪われた。

発信者：カピッツァ　　　　　　　　　　　　　　　　　　　　　**[A]**
受信者：S. I. ヴァヴィロフ　　　日付：1949年10月28日　発信地：ニコーリナ・ガラ

敬愛するセルゲイ・イヴァノヴィチ

　9月30日付のあなたのお手紙受け取りました。その中で、科学アカデミー常任委員会が私に対して、「会議に欠席する理由を知らせ、以後、全体会議に出席できない場合には、それについて常任委員会に連絡するように」[192] と

191）公職追放後もカピッツァはモスクワ国立大学物理工学部で講義をし、講座を持っていた。

192）科学アカデミー常任委員会のこのような問い合わせは、多分、1949年12月にスターリンの70歳を祝う科学アカデミーの盛大な会議が行われるはずであることから出されたと思われる。この会議にカピッツァが欠席して「目立つ」ことを常任委員会は恐れ、それを避けようとしていた。カピッツァが問い合わせに対して非常に詳しく答えているのは、間違いなく、それが理由と思われる。彼は前もって、なぜ記念の会議に行かないかを説明したのである。そして、実際カピッツァは会議に来な

要請しています。

　私の欠席の理由は健康問題であることをお伝え致します。主として、神経状態の問題です。

　1946年にあらゆる公職から完全に解任されて以後、最も重要なことは、低温、強磁場、液体ヘリウムなど、私の研究が充実し、私の業績や発見が既に広く認められた分野で、3年以上、私から研究を行う可能性が奪い続けられていることです。その中で私の精神状態はとても正常であり得ないであろうことは、純粋に人間としてあなたにはご理解頂けるはずだと私は思います。何しろ、これは音楽家から楽器を奪うこと、画家を絵具と絵筆のない状態にすること、作家を鉛筆と紙のない状態におくことと同じですから。

　ご存知の通り、酸素を得るための私の方法は我が国では拒否されましたが、今世界中で先進的な技術の大きな成果として認められています。それにも拘わらず、私は依然としてずっと追放された状態のままに置かれています。

　私の以前の研究成果について述べるのを人は恐れているのか、それとも、言うことが許されないのかはっきりしません。例えば、1948年発行の「大ソヴィエト百科事典」の「ソヴィエト社会主義共和国連邦」の巻の「物理学」の項の記述を挙げてみましょう。そこには私の研究は何一つ述べられていません。私が発見したヘリウムの超流動は疑いなく広く知られていますが、それについてすら言及されていません。

　4ヶ月前、13年間住んでいたアパートから退去させられました。また、定期的にダーチャから私を追い出そうとしています。

　あなたの指示に従って指導部に私が出した要請、すなわち、私が興味を

かった。彼はこの会議だけでなく、モスクワ国立大学物理工学部の祝賀集会にも参加しなかった。カピッツァは1947年から1949年の間、大学で一般物理学の講義をし、講座の主任だったが、この欠席によって罰せられ、モスクワ国立大学における勤務から「教育の責務を守らずに欠席したという理由で」直ちに解任された（モスクワ国立大学副学長 S. A. フリスティアノヴィチからの1949年12月28日付の手紙とそれに対するカピッツァの同年同月29日付の返事、G. M. マレンコフ宛1950年6月25日付の手紙を見よ）。[A]

持っている研究を出来るように許可を頂きたいという焦眉の要請には回答がありませんでした。

　科学アカデミーは私へのアカデミーからの非常にわずかの研究資金をさらに削減しています。その資金によって私が個人的に行っている研究が支えられているのです。私がダーチャの実験室などで作り上げた研究のための最小限の環境がそれによってさらに制限されます。

　このような状況ではどんな研究者も神経病や精神障害になる可能性があるのは明白です。世間から孤立して生活し、自然の中で肉体労働をたくさん行い、それまでの自分の研究テーマについて敢えて考えることをせず、理論研究に集中してのみ、私は何とか心の平衡を保っているのです。

　このような状況にあっては、科学アカデミーの集会に積極的に参加することは私の状態にとって無益であるだけでなく、精神的に極めて負担が大きいことは明白です。

　私は、科学上の真実が勝利し、科学アカデミー常任委員会が1946年9月20日の決議と私のすべての研究に対する否定的評価を検討し直し、私が科学アカデミーの活動とより密接な関係を持てる時が来ることを希望しています。

あなたを尊敬する　P. カピッツァ

発信者：カピッツァ　　　　　　　　　　　　　　　　　　　　　　**[A]**
受信者：V. A. エンゲルハルト [193]　　日付：1949年12月2日　発信地：ニコーリナ・ガラ

敬愛するヴラディーミル・アレクサンドロヴィチ

　2年前にご親切に貸して下さった本と論文をお返しいたします。心よりお礼申し上げます。

　現状では、私の研究にとっては生物学が私の研究活動の唯一の活路であろうと思っていました。物理学においては、簡単な方法で本質的に新しく、重

---

193) ヴラディーミル・アレクサンドロヴィチ・エンゲルハルト (1894-1984) は生物化学者。ソ連における分子生物学の創始者の1人。

要な現象を探すことができる領域は最早ないと私は考えていました。しかし、私は間違っていました。研究所と低温と強磁場の装置を奪われた直後に、私は流体力学分野の興味ある問題を発見しました。それは粘性がある液体の薄い層の流れです。ポアズイユ[194]の時代からこれは層流の古典的なケースと考えられてきました。しかし、これが間違っていることを示す多くの事例があることに、私は気付きました。実際、表面の力を考慮に入れると、流れは波動的になることが理論から示されます。

　新しいタイプの波動的流れを発見することは珍しいことですので、私はこの問題をダーチャで使えるささやかな資材を利用して研究しました。息子の助けのみを借りて、実験をし、この波動的流れを発見し、追求し、自分の理論を証明することに成功しました（参考のため、論文の別刷をお送りします）[195]。

　この研究を終えて、もう1つの「処女領域」が頭に浮かびました。それも私のささやかな設備で解明したいと思っています。

　私は、今、助手なしで1人で研究しています。学生時代のように、自分の手で装置を自作しています。私はこの習慣を失っていないことが分かりました。旋盤工作機械の刃は私の言うことを聞いています。ですから成功する望みがあります。このような次第で、これから先の1年間「家での物理学」の興味あるテーマを持っています。しかし、やはり生物学に移るかも知れません。でも、今は、あなたの本をこれ以上お借りしている権利はないように思います。将来、あなたにご相談することがありましたら、暖かく、再び親切に私の願いに応えて頂けるものと確信しています。

　最後に、再度深くお礼を申し上げます。どうぞお元気にお過ごし下さい。

　　　　　　　　　　心よりあなたの　P. カピッツァ

194）ジャン・ポアズイユ（1797-1869）はフランスの物理学者、生理学者。

195）1948年2月28日付のS. I. ヴァヴィロフ宛の手紙に出て来る論文 "Wave flow of thin layers of a viscous fluid I & II" Zh. Eksp. & Teor. Fiz. **18**, 3 and 19（R）（1948）の続報として、息子セルゲイ・カピッツァとの共著の論文 "Wave flow of thin layers of a viscous fluid III" Zh. Eksp. & Teor. Fiz. **19**, 105（R）（1949）として発表された。

発信者：モスクワ大学副学長　S. A. フリスティアノヴィチ　　　　　　**[B]**

受信者：カピッツァ　　　　　　　　　　日付：1949年12月28日　発信地：モスクワ

　偉大なスターリンの生誕70年に当り、全国が、我がソヴィエト国家と我が国における共産主義建設事業への忠誠を示し、ソヴィエト人民とすべての進歩的な人々の指導者への熱烈な愛を同志スターリンに示しました。

　あなたが働いているモスクワ国立大学物理工学部とソヴィエト連邦科学アカデミーでは盛大な集会と同志スターリンの70歳を祝う会議が開催されました。あなたはどちらにも出席されませんでした。これは科学界にたいへんな困惑を引き起こしています。私たちはこの行為に対して納得できる説明を見出すことが出来ません。科学を志す若者の教育を我が国の全人民に敵対する人物に委託できないことをお認め下さい。（以下略）

発信者：カピッツァ　　　　　　　　　　　　　　　　　　　　　　　**[B]**

受信者：S. A. フリスティアノヴィチ　　日付：1949年12月29日　発信地：モスクワ

　私が集会に欠席した問題に関しては、その理由は唯一つです。すなわち、私の神経の状態は以前から悪く、回復にはほど遠く、多数の人々の集会や、劇場などに出掛けるのは非常に難しいのです。これについては科学アカデミー会長のS. I. ヴァヴィロフに手紙を差し上げました［10月28日付の手紙］。私の会合への欠席が何かの意思表示であるとする解釈は全く間違いであり、馬鹿げていて、何の根拠もありません[196]。

---

[196]　フリスティアノヴィチはこの説明を受け入れなかった。1950年1月3日付の手紙で、彼はカピッツァに「あなたのお答えは満足できるものとは認められません。」と書いている。1950年1月24日には、ソヴィエト連邦高等教育副大臣　A. ミハイロフの命令によって、カピッツァは「教育上の責務を果たさなかった」として、モスクワ国立大学物理工学部の勤務から解任された。

発信者：カピッツァ　　　　　　　　　　　　　　　　**[A]**

受信者：G. M. マレンコフ　　　日付：1950年6月25日　発信地：ニコーリナ・ガラ

親展

敬愛するゲオルギー・マクシミリアーノヴィチ

　あなたが共産党のリーダーであるからばかりでなく、私の研究へのあなたの配慮と指導に対して私はいつもあなたに最高の感謝の気持ちを抱いているという理由から、このお手紙をあなたに差し上げています。手紙が長くなりますが、これは私が記す問題が重要であることを示していると私は考えています。

　戦争の時に、戦線の背後への爆撃と闘うために、穴に潜り込むことや砲弾で撃ち落とすよりももっと効果的な方法は何だろうかとずいぶん考えてきました。兵器として原爆やジェット機や砲弾が加わるようになった今、この問題は最も重要な課題の1つとなっています。この4年間私は自分のあらゆる力をこの課題の解決に捧げて来ました。今は、問題の中で研究者が解決しなければならない部分に関する限り、やり遂げることができたと自分では思っています。

　防衛のための可能な方法の中で最も効果的な方法についてのアイデアは既にずっと以前から論じられてきました。それは、非常に指向性が良く、照射された物体を瞬時に破壊する位出力が大きい、高エネルギービームを創ることにあります。（中略）

　2年間の研究で私は新しいやり方でこの課題をおそらく解決しました。それに加えて、必要な出力を持つビームを実現する道を妨げるものは原理的に存在しないということを私は見出しました。

　次の実験のステップは、私が見出した放射のタイプの1つを実現する具体的条件を探し出すことにあります。新しい現象の探索は、普通、複雑な装置、あるいは、特別に強力な装置を必要としません。提起された課題の解決には私の現在の小さな実験室で十分です。それに新しい現象の探求は絶えず失敗と間違いを伴います。このような仕事は余計な目撃者のいないところで

するのがいいのです。

　私は丸一年自分が理論的に見つけた放射のタイプの1つを実現する方法を捜しましたが、うまく行きませんでした。昨年12月末になってようやく正しい道が頭に浮かびました。この時から仕事はうまく進み、今は完成したと見なすことができます。（中略）

　仕事の次のステップは放射出力を段階的に増大することになるでしょう。その際生ずる技術的困難がどれくらいかを明らかにしなければなりませんが、私の現在の設備ではその段階の仕事を実行するのは極めて困難です。

　我が国の科学のために徹底的に研究すべき有望なルートがすでに見出されたと考えるべき十分な理由があります。私のような立場の人間が今後いかに進むべきか、権威ある指示を頂くために、あなたにお手紙を差し上げる決意をしました。

　私の問題を詳しくお話しする前に、いくつかの興味ある問題についてあなたにお伝えしたいと思います。それらの問題には、私が発見した現象を利用して、取り掛かれると思えるからです。そのうちで最も重要なものは以下の通りです。

　私が見つけた平らな面からの放射のプロセスは可逆的で、高い効率を有しています。ですから、このプロセスは電力を高エネルギービームに変換できるだけでなく、逆も可能です。電磁放射を通常の電力に変換するために使うことができます。電線なしに遠くへかなりの電力を送る現実的な可能性がこれによって開かれます。

　もちろん、これらの問題のそれぞれを完全に解決するには多くの時間とエネルギーが必要ですから、私はそれらすべての解決に取り組むことはできませんが、願わくはビームに関連して始まった問題を実現できればと思っています。あなたにお手紙を差し上げるのは、「エレクトロニクス」という言葉によって電気が電線以外を伝わる電気工学のすべてのプロセスを意味していることを念頭に、現代のエレクトロニクスの当面の課題がどのような意義を持っているかを示したいからです。

　今日のエレクトロニクスは、19世紀半ばにおける電気工学が占めていた

位置を占めているように思えます。当時、電線を通じた電気の伝搬の実際的な利用は電気通信の発展から始まりました。そして、大出力の発電機を作ることを学んで初めて、電力は遠距離までエネルギーを伝える基本的な方法になり、国内の電化をもたらしました。私たちは今エレクトロニクスを無線通信のためだけに広く利用しています。というのは、大出力で利用することは今のところ出来ないからです。大出力エレクトロニクスは20世紀後半の先端的電気工学になり、上に記した問題と類似の問題の解決に取り組むことになると自信を持って予言できます。私の行った仕事はこの道程の出発点であり、そのために極めて重要な意義を持っています。

　話を私が今記している研究の今後のことに戻しましょう。

　新しい現象を発見し、それを理解するのは研究者の仕事の中で最も面白い、魅力的なところです。しかし、それは自分の研究活動の意義を自分に納得させることだけに過ぎません。それはまだ科学的成果とは言えません。

　ですから、まず第1に、私の研究成果が科学において活用されるためには、研究者の間でそれが認知されねばなりません。第2に、実地に応用されて、研究の意義がチェックされねばなりません。しかし、私が今置かれた状況ではこれら2つの条件を満たすことはほとんど不可能です。第1の条件を実現するのは簡単でしょう。もちろん、私は自分の理論的、実験的な仕事を公表する許可を一生懸命お願いしたのですが、現下の国際情勢は、我が国の科学的成果を、たとえそれが自分にとって損であっても、秘密にしておくよう強要されます[197]。

　第2の条件、すなわち、実地で使えるものにすることに関しては、私が自由にできることが限られているために困難になります。

　私の研究の正常な発展の道の前に横たわる主な困難は、間違いなく、私が

---

197) エレクトロニクス分野でのカピッツァの実験と理論研究の基本的な結果は1962年になって、Электроника больших мощностей（издательство АН СССР, 1962）［大出力エレクトロニクス］という本の中で公表された。雑誌に掲載された論文の英訳としては P. L. Kapitza: Sov. Phys. Uspekhi 5, 777（1963）"High power electronics" がある。

公職から追放された立場にあるということです。現状では有益な共同研究を組織することが私には出来ないのです。これはモスクワ国立大学での自分の教授職の経験からよく分かります。3年前物理工学部で講座を担当することになったとき、私の主要な困難は基本的なスタッフを集める点にあり、数少ない貴重な研究員の候補のうち、誰1人として、私のところに来る決心をしませんでした。公職から追放された私の地位に自分の運命を託すリスクを冒す研究員はいなかったのです。例えば、私は3人の若い物理学者に私の代理という地位を提案しました。このうち2人は私の学生でした（A. I. シャリニコフとE. L. アンドロニカシュヴィリ）。しかし、彼らは皆婉曲に断りました。物理工学部における2年間の勤務期間中、いっしょに研究を始めるに十分な資格があるスタッフを私は選べなかっただけでなく、独自の講義用の実験も満足できるように準備出来ませんでした。がっかりして、家で自分の手でデモンストレーション用の装置を作り、それを教室まで運んだこともありました。

　私の所に来なかったと言って、その人々をとがめることは出来ません。というのは、彼らは学部での私の地位がしっかりしていないと感じると言っていたからです。2年の仕事の後に副学長（フリスティアノヴィチ）から手紙を受け取りました。手紙には、同志スターリンの70歳祝賀の集会に欠席したことにより私を解任すると書かれていました。なぜ出席できなかったかについての私の書面による説明は根拠薄弱とされ、その月に私は辞職させられました。

　ここに記した問題を研究していた時期には、私にとっての重要な助けは助手のはずでした。しかし、どんなに努力しても、科学アカデミーを通して助手を採用することはできませんでした。そこで、私は実験室で自分ですべてをやっています。本質的には、このことは何も悪いことではありません。これまで独力での仕事は、私に充実感を与えました。あらゆる日常生活での不運にも拘らず、自分の力を十分に集中できるお陰で、研究は非常に捗りました。あなたへのお手紙に記している重要な仕事のほかに、この期間に流体力学に関する5つの論文が掲載され、今2つを掲載に向けて準備しています。

総合報告「極低温技術の物理学的基礎」はその2/3を書き上げました。しかし、アメリカ人たちが酸素を得るための私の低圧法を大規模に開発しているのを知ったとき（我が国ではこの研究の発展は事実上停止されています）、本の刊行がアメリカの技術の利益にならないように、執筆を止めました。

　一般物理学に関する講義を教科書の形で出版するために、私はその速記録を推敲していましたが、モスクワ国立大学からの解雇の後でそれを出版するのは認められないのではないかと心配しています[198]。

　私が創立した研究所は私に返還されないと聞いています。私の研究所で最も価値があるのは研究員や技術職員、機械工、助手、電気工などです。彼らはすべて私が念入りに選び、育てた人材なのです。もし今私がどこかに土地と資金を手にしても、私にとって必要なスタッフを採用できません。もちろん私は人材を再び若者から育てることは出来ますが、2、3年かかりますし、1人でやるのは困難です。多くの力が必要でしょう。

　このような状況に陥ったのは、まず第一に、私自身に責任があります。なぜなら、人間は自分の行為を現実の環境と合致できるようにすべきだからです。

　今私は悔しさの感情を忘れる覚悟ができています。現状を変え、私にとって重要なこの仕事の発展のために全力ですべてを行いたいと思っています。しかし、どうしたらその仕事に適切に取りかかれるか分かりません。

　私があなたにお手紙を差し上げるのは、あなたならば、現状を見て、私の研究の価値ある発展に向けた道を私に示して下さることが可能ではないかと期待してのことなのです。

心よりあなたを尊敬する　P. カピッツァ

198）この一般物理学の教科書は出版されなかった。

発信者：カピッツァ   **[A]**

受信者：I. V. スターリン   日付：1950年11月22日   発信地：ニコーリナ・ガラ

同志スターリン

　約1年前、私はあなたにお手紙を差し上げ、その中で現在大出力の高エネルギービームを生み出す新しい方法について研究していること、そしてこの問題がいかに重要であるかを記しました。今年春に、ついに捜し求めていた現象を発見し、ソヴィエト連邦科学アカデミー会長にこれについて報告しました。ヴァヴィロフ会長は喜んで、これまでになかったような出力のビームを実現する可能性を私に与えることに同意しました。彼の指示に従って、私は作業場所を確保し、設備の調達を終えつつあります。これはすべてささやかなものですが、十分です。なぜならそのプロセスは簡単に実現できるからです。

　しかし、ヴァヴィロフの可能性を超えた援助があります。1人で実験をするのは私には極めて困難なのです。なぜなら、高出力の高電圧を扱わねばならず、それには信頼できる助手が必要です。ヴァヴィロフは何度か私の元の研究所の所長に一時的に私の以前の助手を私のところに出向させてほしいと依頼してくれました。しかし、明確な結果は得られませんでした。ヴァヴィロフは、科学アカデミーは研究所に指図できないので、自分は無力だと言っています。

　今私にとって残された唯一の道は、あなたに手紙を書いて、私の以前の助手を私の指揮下に出向させるように、あなたが指示して下さるようお願いすることです。

　私が発見した現象は広い科学的価値があり、援助をお願いするのは現実的な根拠がありますので、不躾にもあなたにお手紙を差し上げる次第です。

　稀に見る大きな意義を持つ研究の道筋に私は当たったと言っても誇張ではないと思っています。私にとって今重要なことは、目の前に開けた可能性の限界をできるだけ早く突き止めることです。それには、新しい現象の発見に必要な手段よりももっと大きな資材が必要です。

　もし十分に援助をして頂けるなら、数ヶ月後には目に見える成果が得られ

るでしょう。この半年間、その設備が手に入るまで、研究は止まっています。私が必要としているのはわずかなものですが、早くほしいのです。

P. カピッツァ

発信者：カピッツァ	**[A]**
受信者：I. V. スターリン　　日付：1950年12月30日　発信地：ニコーリナ・ガラ	

同志スターリン

　同志 G. M. マレンコフから、エレクトロニクス分野での私の現在の仕事についてあなたに詳しく手紙で説明してはどうかと伝言がありました。

　最近の4年間に私が行った仕事については添付したメモに記しました。その中には得られた結果と私が発見した新しいことのエッセンスが書かれています。近いうちに作成予定の研究計画についても記しています。

　国防のための大出力の高エネルギービームを得る問題の科学的基礎と私が得た主要な結果は、1950年5月5日付のソヴィエト連邦科学アカデミー会長宛のメモの中で述べました。そのメモのコピーを添付致します。科学アカデミーは、このメモに基づいて、ヴァヴィロフの指示によって、より一層積極的に私への援助を始めました。科学アカデミーがこの問題に注意を向けるように、私はヴァヴィロフ宛にこのメモを書いたのです。なぜなら、この問題は焦眉の課題であり、今実現可能だと思うからです。もし誰かが私たちより先に完成するようなことがあれば、それは悲しむべき事態になります。

　私が再度申し上げたいのは、この分野の研究は我が国にとって極めて重要であるということです。もちろん、研究がこれからうまく行くかどうかは保証できないだけでなく、目の前のすべての課題に応えることすらしばしば困難なことがあります。しかし、研究者が答えることが出来て、答えねばならない1つのことは、選択した探求の方向が正しいかどうかということです。この問題を深く調べれば調べる程、それは焦眉の問題として浮かび上がってきます。私の国家への責務はそれに注意を向けさせることです。そこで、私はメモの中でエレクトロニクスの発展の展望を出来るだけ広い範囲に亘って

描こうとしています。

　今私は出来るだけ早く自分の研究によって高出力のビームを実現し、発見されたビームの重要性をそれによって証明すべく努力しています。何しろ実験こそが唯一の証拠で、すべての人にとって最後の説得力ある証拠だからです。

　今私はこの実験を始めるために必要なほとんどすべてのものを持っています。主要な障害物は電力の供給で、困難は有能な助手なしで研究することにあります。もしこれらの障害が取り除かれるならば、私は2月には実験に取りかかれるでしょう。

　あなたに再度ご援助をお願いいたします。お願いは非常に控えめなもので、すべては提起された課題の実現を早めることのみに向けられています。研究者にとっては信頼を受けていることが必要で、それなしには研究をするのは極めて困難です。

P. L. カピッツァ

発信者：カピッツァ	**[A]**
受信者：A. N. ネスメヤ　ノフ　　　日付：1951年10月20日　発信地：ニコーリナ・ガラ	

ソヴィエト連邦科学アカデミー会長　A. N. ネスメヤーノフ[199] 宛
敬愛するアレクサンドル・ニコラーエヴィチ

　科学アカデミー会員A. V. トプチーエフ[200] からの依頼に応えて、私の研究の進行状況に関するメモをあなたにお送りします。

　メモからお分かりのように、残念ながら、今は総括するには適切な時ではありません。

　長く待った電力が届くとすぐ、私は研究に没頭しました。この研究は非常

---

199) アレクサンドル・ニコラーエヴィチ・ネスメヤーノフ（1899-1980）は化学者で、1951年から1961年まで科学アカデミーの会長であった。
200) アレクサンドル・ヴァシーリエヴィチ・トプチーエフ（1907-1962）は化学者。1949年から1958年までソヴィエト連邦科学アカデミー会長秘書であった。

に興味深く、魅力的です。私はこれほど集中して仕事をすることは長い間ありませんでした。多分、若い時にだけ、人は熱中して、粘り強く仕事ができるのです。私の仕事はうまく行っています。それだけでなく、取り組んでいる問題は我が国にとって非常に重要であり、予見できる限りでは、この問題は解決できます。もし解決を早めるようにご援助頂けるなら、非常に有難く存じます。

　私が特に必要とするのは、信頼できる援助の手と、より完全で、最新の設備です。確かに、ロシアの諺「貧乏人はうまいことを思い付く（窮すれば通ず）」の通り、今私のところにある非常に粗末な設備でも、技術的な困難から抜け出すために、いろいろな「トリック」を思い付くことがあります。しかし、残念ながら、それはいつも時間の損失を伴います。

　メモの中で現在私が必要としているものすべてを列挙いたします。

　お送りする資料があなたにとって十分であればいいのですが。

　　　　　　　　　　　　　　　　　あなたを尊敬する　P. カピッツァ

第8章 公職への復帰からノーベル賞受賞の最晩年まで

　1953年3月5日にスターリンが死亡した。それに続いて、カピッツァと対立関係にあったベリヤが6月26日に逮捕され、12月23日に銃殺された。1946年にカピッツァの公職追放を行った主要な人物がこうして死亡したが、それでもすぐにはカピッツァは物理問題研究所長の職に戻れなかった。物理問題研究所の所長に復帰し、仕事が出来るようになるのは、それから1年以上経った1955年1月28日であった。

　カピッツァの研究にとってこの9年間の空白は大きかった。第2次世界大戦後のこの期間のアメリカ、ヨーロッパでの物理学と周辺分野での発展は目覚ましかった。例えば、ケンブリッジ大学のワトソンとクリックによって1953年DNAの構造が解明された。物質の性質を解明する物理学では磁気共鳴法、中性子散乱などの新しい実験法が開拓され、実験と並行して理論研究も著しく進展し、原子、分子、固体を量子力学によって理解する道が確立した。また、液体ヘリウムの「超流動」に続いて、固体物理学の長年の謎「超伝導」の解明までもう一歩のところに到達していた。

　この重要な時期に、9年間、カピッツァは世界の研究の潮流から切り離され、ダーチャで過ごさねばならなかったのである。

8.1　スターリンの死とベリヤの失脚

発信者：カピッツァ	**[A]**
受信者：G. M. マレンコフ　　　日付：1953年7月22日　**発信地**：ニコーリナ・ガラ	

ソヴィエト連邦閣僚会議議長　G. M. マレンコフ宛
敬愛するゲオルギー・マクシミリアーノヴィチ
　2ヶ月前の5月15日、ソヴィエト科学アカデミー会長　A. P. ネスメヤー

ノフのところで、アカデミー会員A. V. トプチーエフと同志B. P. ラザレンコといっしょに、会議が行われました。最近の出来事と関係して[201]、それについてあなたに手紙を差し上げねばならないと考えています。

　会議はエレクトロニクス分野での私の研究の体制に関するものでした。会長は私の仕事を支援することにためらいを見せましたので、過去7年間研究者としての私に研究する機会が十分に与えられていない理由について疑問を提起し、私の研究に対してそのような対応を正当化できるほどの大きな誤りが私にあるなら、それを指摘してほしいと会長に申し上げました。

　事実はまさに正反対なのです。1946年に、私が提案し、作り上げた酸素問題における新しいアプローチ、すなわち、低圧サイクル法が間違いであるとされ、私は罰せられました。しかし、私や他の何人かの研究者たちはこれに同意しませんでした。実際、酸素分野での私の研究の評価に言及している閣僚会議の決定は、疑いなく、間違っていたことが最近示されました。今や酸素分野での私の仕事は海外のみならず、国内でも広く認められています。今トゥーラ［モスクワ南方の都市］に私の低圧サイクル法に従って、タービンエンジンを用いる最大の設備が建設されています。予想通り、この設備のすべての経済的指数は高圧を使う以前のドイツの設備と比べて著しく高いことが分かりました。

　私は巨大な破壊力を持つ原子爆弾を創るために原子核エネルギーを利用できることを公に発言し、この問題を研究することが必要だと指摘したおそらく最初の研究者の1人です（1941年10月12日にモスクワにある列柱大広間で開かれた反ファッシスト集会での私の演説のことを言っています[202]）。

201）これは1953年6月26日のベリヤの逮捕を指すと思われる。

202）カピッツァはこの講演で、「…戦争の基本的な手段の1つは爆発物質です。科学が示しているところでは、原理的に、爆発力を1.5–2倍増することが可能です。しかし、最近、新しい可能性が開けました。それは内的エネルギーを利用することです。理論的な計算から、もし現代の強力な爆弾が、例えば、街の1ブロックを完全に破壊できるとすれば、原子爆弾は、たとえ小さいサイズでも、もしそれが実現できれば、数百万の人が住む巨大な首都を破壊できるでしょう。…」と述べた。［A］

私が質問しているのは、既に7年間、私の学生たち、共同研究者たち、低温、強磁場の分野での研究のために私が創った独自の設備を私から奪っているのは何故なのかということです。この研究が現代物理学の最も重要な分野の1つで我がソヴィエトの科学を指導的地位に導いたことは、広く認められていることです。

　現在のように私の研究を絶えず妨げることを正当化できるどんな悪いことを私がしたのか、と私は会長に質問しています。ネスメヤーノフの答えは、このような対応は私の研究活動によって引き起こされたのではなく、科学アカデミー会長としての自分にはその理由は知らされていないとのことでした。

　私はネスメヤーノフ会長に政府に公式に問い合わせて、その理由を説明してほしいと依頼しました。というのは、研究者としてだけではなく、ソヴィエト市民として、どういう点で私の行動は正しくないのか知る権利があるからです。科学アカデミー会長は、その立場上、アカデミー会員の質問に答える義務があります。私の側からの歯に衣着せぬ問題提起の後で、会長は私に、政府の何人かのメンバーと個人的な衝突がなかったか、と訊きました。私は、ヴォズネセンスキー[203] を除けば、そのような衝突はなかったと答えました。ネスメヤーノフは、そのことはたいしたことではない。しかし、ベリヤとは衝突しなかったかと訊きました。確かに彼とはいくつかの大きな意見の相違がありましたが、それはすべて仕事に関することで、我が国ではそれは研究者から研究する可能性を奪う理由にはなり得ないと思うと私は言いましたが、私がそう考えるのは根拠がないと言われました。そこに同席していたトプチーエフは、エレクトロニクスに関する私の現在の仕事と過去の仕事が関係している新技術の領域はベリヤが専ら担当しているのだと指摘しました。

　この話し合いを振り返って、ネスメヤーノフとトプチーエフが正しく、我

---

203) ニコライ・アレクサンドロヴィチ・ヴォズネセンスキー（1903-1950）は共産党の政治家で科学アカデミー会員。1949年に逮捕され、その後銃殺された。

が国において科学の諸問題の発展が特定の指導者の研究者への好き嫌いによって左右されうることは私には信じられませんでした。

　最近の出来事に照らすと、上に記した話し合いは、今、全く新しい意味を帯びてきます。ネスメヤーノフとトプチーエフは、おそらく、ベリヤが私の研究の進展を妨げ、駄目にしたと結論できる資料を持っているのでしょう。

　これに関連して、私の研究の扱いを見直すことを閣僚会議にお願いできる根拠があるのではないかと私は考えています。

　そこで、次のことをお願い致します。

　酸素問題において、私の提案による大量の酸素を得るための低圧サイクル法に産業界がうまく移行し、我が国のみならず、海外でも私のタービンエンジンが使われているという事実は、疑いなく、1946年8月17日付の閣僚会議の決議と1946年9月20日付のソヴィエト連邦科学アカデミーの決議にある私の仕事への評価が間違っていることを示しています。

　この間違いを認めることは、先端的なソヴィエト科学の発展のためになるだけでありません。なぜなら、それは我が国の研究者に、科学的真理は勝利するのだという確信を与えるからです。さらにそれはエレクトロニクス分野での私の現在の仕事を発展させるためにも重要です。(中略)

　今私が最も心配しているのは、あなたがよくご存知の私が詳しく研究している大出力エレクトロニクスの研究の今後です。最近、多くの困難があり、研究の道筋に障害物が横たわっているにも拘らず、私の研究はこの問題の解決に向けてずいぶん進展し、あなたがご存知の科学アカデミーの委員会に代表される科学のコミュニティーは一年前に全会一致で私の仕事を支持し、発展させることに賛成しました。しかし、委員会の決定はこれまで実行に移されず、必要としている支援を私はまだ受け取っていません。その理由はネスメヤーノフとトプチーエフとの話し合いで、ベリヤの妨害であることが明らかになったので、今はそれを止めねばならないことが分かりました。

　私にとっての現在の重要な課題は、すぐに新しいアイデアを試す実験、特に粒子を逐次的に加速する実験を行うことにあります。私はずっと科学アカデミーにこの件について援助をお願いしています。支出の規模に関しては、

主として、早く実験ができるように、極めて少ない、控えめな額をお願いしています。新しい課題の探求において最も危険なのは時間の浪費で、既に多くの時間が失われてしまいました。ネスメヤーノフの話では、政府の許可なしではこの問題について彼が責任を負う決断ができないそうです。また、閣僚会議の助けがないと、それを早く実現することはできません。ですから、あなたに次のような指示を出して下さるようお願い致します。

1. 私が必要としている特別な実験室の建物をすぐに建設すること。それは小さく、約2,000立方メートルです。設計は既にできています。0.5-1.0ヘクタールの土地を確保し、早く建設しなければなりません。すべての資料と必要な施設は、現在科学アカデミーの会長代理をしているI. P. バルディンが知っています。

2. 特別な設備（ソレノイドなど）を急いで製作することを保障すること。プロジェクトと申請書はできています。その資料はアカデミー会員A. V. トプチーエフのところにあります。

3. 私の仕事を正当と認め、10-12人の職員を割り当てることが必要です。私が研究に集中できるように、この実験室の経済的、技術的、財政的サービスはソヴィエト科学アカデミーの物理問題研究所に任すようにお願い致します。

　ここに提起した問題は時宜にかなっているのではないかと期待しています。あなたがこれまで私の仕事に対して与えて下さったご援助を感謝の念を持って思い出し、今はお忙しいと思いますが、私のお願いに注意を向けて下さることを願っております。

心よりあなたを尊敬する　P. カピッツァ

　スターリンが死亡し、フルシチョフが共産党の指導者になった機会を捉えて書かれた次の手紙でカピッツァは基礎科学と応用との関係について根本から論じている。彼は我々の周りにある自然の法則性の探求こそが科学で、それは革新的な発見を生み出す可能性があると述べ、一般に広まっている見方は正しくないと主張している。

発信者：カピッツァ	**[A]**
受信者：N. S. フルシチョフ	日付：1954年4月12日　発信地：ニコーリナ・ガラ

ソヴィエト連邦共産党中央委員会第一書記　N. S. フルシチョフ[204]宛
敬愛するニキータ・セルゲーエヴィチ

　我が国の生活環境の最も重要な側面について、最近、本格的に、オープンに、批判的に検討が行われたことを喜ばしく思っています。これによって、我が国の発展の道筋が正しいということを人々が一層確信を持つようになりました。

　しかし、我が国の科学組織の抱える諸問題はなぜか以前のままのはっきりしない状態にあります。率直に言えば、困った状態にあります。そこで、私は「コムニスト」紙上に「科学と生活」というタイトルで発表されたばかりの社説をたいへん興味を持って読みました。これはよい記事です。というのは、我が国の科学の陥っている病気について率直で、正しい診断がなされている最初の記事だからです。もっとも、この病気の治療法は明らかにされていません。しかし、この記事に対してだけでなく、我が国に広まっている科学と応用の関係についての非常に単純化した理解に対しては、より本質的な批判が可能であると私は思います。

　科学に課された重要な課題は我が国の経済が直面している差し迫った困難を解決することである、と考えるのが決まり文句になっています。もちろん、科学は是非そうしなければならないのですが、それは主要なことではありません。先進的科学は、本当は、我々の周りにある自然の法則性を調べながら、社会の物質的、精神的文化の発展の原理的に新しい方向を探求し、創造する学問です。先進的科学は実用の言いなりにならないで、文化の発展の新しい方向を創造し、それによって私たちの日常生活を変えます。昔の例で

204）ニキータ・セルゲーエヴィチ・フルシチョフ（1894-1971）は1953年9月に共産党第一書記になり、1956年スターリンを批判する有名な演説を行った。1964年10月にその座を追われた。

は、ラジオのような、また、現代では、原子核エネルギーや抗生物質のような、科学が創造した根本的に新しい方向のことを申し上げているのです。これらの方向は実験室で行われた新しい科学的発見と理論に基づいて創造されたものであって、決して日々の生活からの要求によるのではありません。もちろん、これらの問題の解決は実生活の要求と密接に結びついています。しかし、この結びつきは自明ではなく、初めは「学者」によって、それからかなり後になって「実務家」によって、少しずつこの結び付きが理解され、正しく評価されるようになります。

　我が国においては、実務家は、原子核に関する研究の中にはすぐに生活に直結するものが見えないと言って、長い間軽蔑してきたことを思い出してみましょう。もし「コムニスト」の社説の狭い実用主義の処方に従って科学を発展させるならば、人類は原子核エネルギーの利用への道筋を見出すことができなかったでしょう。大胆な人材登用と研究者によるこのような新しい問題の解決のみが我が国の科学を真に先進的で世界をリードするものにします。

　科学において新しい道を進むことは困難で、面倒であり、すぐに道が見つからなかったり、探索の過程で度々袋小路に迷い込むことがあります。ですから、失敗を恐れてはなりません。勇気と積極性と辛抱強さが必要です。今のところ、私たちはそのような状況を作るのに成功していません。こんなことでは我が国は明らかに資本主義国に負けてしまうことを率直に認識しなければなりません。

　実生活の切実な要求を解決するための通常の研究では、普通、仕事は既に確立した計画に従って行われ、役人による官僚主義的方法が特に仕事を妨げることはなく、得られた結果の収益性はすぐに明らかになります。事業がうまく行っているので、我が国の研究機関では、スケールの大きい、先進的な創造活動の欠如がしばしば巧妙に隠蔽されています。

　私はこのような状況を非常に悲しく思います。我が国は、間違いなく、創造力を十分に持っているのです。問題はそれをどう組織するかにかかっています。先進的科学の発展のためには、まず第1に、基礎的で理論的な科学の諸問題を重視することが必要です。第2に、そのためには、研究環境は、現状よ

りも、より文化的で、よく考えられたものであることが必要です。科学における当面の先進的課題は多くなく、それらを解決する能力を持つ人たちは少数であることを忘れないことが必要です。したがって、重要なことは、スタッフの選別を注意して行い、有能な人々をよく考えてサポートすることです。

　科学アカデミーは、閣僚会議の依頼によって、今、科学の全分野で最も重要な問題を選んでいます。最初は、科学の各分野で2つあるいは3つ以下の先端的問題が選ばれるだろうと思っていました。しかし、実際には違っていました。さまざまな性格の80の問題が既に決まっています。それらの大部分は私がお話ししたような最も重要な問題とは見なせないような種類の問題です。また、この中にはいくつかの重要な問題が抜けています。選ばれた問題の中には非常に重要ですが、基本的ではない問題があります。例えば、「真空管工場における欠陥品との闘い」です。一方、石炭の燃焼エネルギーの電気エネルギーへの直接的変換の問題が入っていません。これは現代の電気化学の基本的な問題で、石炭の有効なガス化の可能性と関係して、より緊急な意味を持っています。私見では、この問題が解決されるまでに数十年は要しないと思いますし、これによってエネルギー問題は根本的に変革されるでしょう。なぜなら、それは現代の発電所の様相を一変し、その効率を増大させ、構造はより単純になり、蒸気機関やボイラーなどはなくなるからです。

　現在、我が国では、新しい根本的な問題に対して研究者たちは臆病で、冷たい態度を見せていますが、これは偶然ではありません。それは、研究者を怯えさせ、必要もないのに非常にしばしば攻撃し、研究者が「修道院の見習い修道士であって、利口でなければ」高く評価される、ということと結び付いています。このようなことが起るのは、研究者の研究成果が官僚的方法によって評価され、研究者たちによって評価されていないからです。研究結果を秘密にするために、研究者たちの意見が全く排除されています。このような状況では先進的研究者が増えることは有り得ません。

　研究者を創造活動へ駆り立てる基本的な刺激は現存するものへの不満です。発明家は現存するプロセスに満足せず、新しいものを考案します。研究者は

現存する理論に満足せず、より完全な理論などを探し求めます。現状に満足しない活動的な人々は、面倒な人々で、彼らは、その性格から、素直な子羊、すなわち、官僚が好きな、最も面倒を掛けない研究者になれない人々です。

　もちろん、お人好しといっしょだと気苦労がありませんが、競馬では気の強い馬が勝ちます。

　　　　　　　心よりあなたを敬愛する　アカデミー会員　P. カピッツァ

発信者：カピッツァ　　　　　　　　　　　　　　　　　　　　　　**[A]**
受信者：N. S. フルシチョフ　　　　　日付：1955年1月16日　発信地：ニコーリナ・ガラ

敬愛するニキータ・セルゲーエヴィチ

　最近、我が国の雑誌から、何度か、原子力エネルギーについて論文を書いてほしいと依頼を受けました。しかし、私はこの依頼に応えることができませんでした。というのは、海外の社会・政治評論を読む可能性が奪われていたからです。外国の社会・政治関係の雑誌を見せてほしいと頼んだ時に、決まって、その必要はない、なぜなら何を書かねばならないかはこちらから指示するからだ、と言われました。すなわち、有名な処方箋「考えは私たちのもの、署名はあなたのもの」に従って行動せよと命令されたのです。やっと最近、雑誌「ノーヴァエ・ヴレーミヤ（新時代）」が私の必要としている海外の雑誌を取り寄せてくれたので、論文を書くことが可能になりました。この論文では、核エネルギーの平和的、軍事的利用に関する問題の現状に対する私の見解を述べています。この論文に書かれたことの多くは、あなたとお話しした時[205]のテーマでした。ですから私はあなたがこの論文に関心があるかも知れないと考えています。しかし、私が提示したいくつかの見解が雑誌の編集者によって削除されるのではないかと心配しています。経験豊かな友人たちは、それを避けるために、雑誌に論文を送る前に、それを出版することが適当かどうか、あなたのご意見を聞くように、と忠告してくれまし

205）この会談は1954年12月15日に行われた。[A]

た[206]。

　あなたが私に、研究において必要があれば援助し、私に友好的な対応をすると言って下さってから1ヶ月過ぎました。しかし、この期間、私の研究環境は何も変わりませんでした。共産党中央委員会に対して、研究所を私に返還するようにという科学アカデミーのずっと前からの要請には回答がないままです[207]。これらすべてのことを私は残念に思っています。それは、私が提起した「大出力エレクトロニクス」の問題を真剣に取りあげていないからです。私への5年の宣告期限が余りに長いことをあなたがお気づきになった時に、私が提起した課題の解決を急がねばならないとお考えになったものと私は思い込んでいました。しかし、今の動き全体を見ると、期限はもっと長くなるようです。

敬意を持って　P. カピッツァ

8.2　物理問題研究所長への復帰

　1955年1月、カピッツァは、ようやく、自分の物理問題研究所の所長の地位に戻った。その後は研究所での研究の他に、ソヴィエト連邦の科学の状況に関して共産党政権への忖度のない、率直な助言と批判を行った。

発信者：カピッツァ	**[A]**
受信者：N. S. フルシチョフ　　日付：1955年9月22日　発信地：ニコーリナ・ガラ	

親展[208]

敬愛するニキータ・セルゲーエヴィチ

　10年前に私が同志スターリンに書いたいくつかの手紙のコピーを同封い

206）論文「原子核エネルギー」は、結局、出版されなかった。[A]
207）12日後の1955年1月28日に、カピッツァは再び物理問題研究所の所長に任命された。
208）添付されているスターリン宛の手紙にベリヤの名が出てくるので、「親展」にしたと思われる。

たします。

　手紙は、当時存在し、現在でもまだ完全には根絶されていない研究を巡る不正常な状況を反映しています。ですから、多分、これらの手紙はあなたにとって興味があるのではないかと思います。

　1945年11月25日付の手紙をご覧下さい。その中で私は原子爆弾に関する委員会の委員としての仕事から免除してほしいと重ねてお願いしました。その後12月21日に委員会の仕事から免除されました。手紙から完全に明らかになるのは、この仕事を私がお断りする唯一の理由は、科学と科学者に対するベリヤの堪え難い態度にあるということです。我が国の原子力開発の初期段階の展開に対する当時の私の批判はその後考慮されて、役に立ったのだと思います。ですから、私が平和主義者だから原子爆弾の仕事を断ったのだ、という私に対する非難はすべて根拠がありません。人が自分の信念に従って、破壊と殺人の兵器を作ることを拒否するとき、何故その人に罪を負わせねばならないのか、私個人としては理解できません。戦争の時、私は積極的に我が国の防衛の仕事に参加しました。というのは、自分の祖国を外部からの攻撃から守るのは自然で正当なことだと思うからです。私のベリヤとの闘いに関して言えば、その闘いは正しいだけでなく、少しは役に立っていると思います。

　手紙のコピーの中のいくつかは酸素問題に関する課題とベリヤがそれをめちゃめちゃにするために選んだ道筋を明らかにするものです。今、共産党中央委員会が酸素問題に関する閣僚会議の以前の決定を見直していますので、それらの手紙は興味があるかも知れません。

　また、研究員の賃金体系に関する1946年の人民委員会議の決議に関する手紙のコピーも同封いたします[209]。私はこの賃金体系は正しくないと考えています。この賃金体系はこれまで存在していて、私の考えでは、私が当時指摘した害と同じ害を今日まで与え続けています。共産党中央委員会は現在研究員たちの賃金体系の問題に関心を持っていると聞いております。

（以下略）

---

209) 本書に掲載されている1946年3月10日付のスターリン宛の手紙を指す。

あなたを尊敬する　P. カピッツァ

　次の手紙は共産党の支配下でのソヴィエト連邦の科学の根本的問題点を率
直に指摘しているものである。その指摘はルイセンコによって間違った生物
学が蔓延した問題から始まり、より広くソヴィエト連邦の科学の状況への批
判と改善策が述べられている。カピッツァの指摘は現在の日本にも当てはま
るのではないか。例えば、研究者の低い労働生産性、スタッフの流動性の悪
さ、研究テーマの細分化などの指摘は、まるで、今の日本のことを述べてい
るようである。

発信者：カピッツァ　　　　　　　　　　　　　　　　　　　　**[A]**
受信者：N. S. フルシチョフ　　　日付：1955年12月15日　発信地：ニコーリナ・ガラ

敬愛するニキータ・セルゲーエヴィチ
　ちょうど1年前、あなたにお目にかかりました。ご記憶と思いますが、そ
のときの主な話題は我がソヴィエトの科学の将来でした。その将来は相変わ
らず楽観できるものではありません。私が科学アカデミーの活発な活動に復
帰し、科学アカデミーと研究所で進行中のことにより近くで触れるように
なった今、研究の質に関しては最近前進していないだけでなく、むしろ後退
しているのに気付きました。ですから私はあなたに再度科学の将来に目を向
けて頂くようにお願いしようと決意しました。
　昨年、共産党中央委員会は先進的技術、農業、さらに文学までの諸問題を
真剣に調査しましたが、科学の諸問題は真剣に検討されず、あたかも脇に放
置されたままでした。我が国のこのような状況は、もちろん、驚くべきこと
です。なぜなら、それは、よく知られている科学的基礎の上に建設される社
会主義社会の発展という基本原理に矛盾しているからです。
　レーニンの教えから、1つの社会体制が他の体制よりも優れていることを示
す2つの基本的指標があることが直ちに出てきます。第1の指標は労働生産性
であり、第2は主要な科学の水準です。ここで、労働生産性は国内の活動に関

する指標で、科学の水準は我が国の国際的影響力のある活動に関する指標です。

　人類の歴史が常に示しているのは、大きな国際的な文化的影響力を持つ国々は、まず第一に、世界をリードする科学を持っていることです。

　我が国のサッカー選手たちが外国チームのゴールにボールを叩き込むことに成功し、我が国のボクサーがよく闘い、我が国のバレリーナが回転やジャンプで最高の演技をすれば、私たちにとってはたいへん気分がよく、自尊心をくすぐられます。しかしこれらすべては我が国の文化の先進性の説得力ある証拠にはなりません。

　我が国の科学がトップのレベルにあるという認識に私たちが達したときにのみ、我が国は世界の中で最も進んだ社会体制を建設した国という地位を得ることになります。

　通常、指導的立場の同志たちは、科学に気を配るというのは我が国の国家財政の規模から見て大きな金額を科学に支出することだと考えています。確かに多額の支出は科学の発展が成功するために必要ですが、それには支出された金額が適切に使用されることが必要です。しかし、残念ながら、現状はそうなっていません。現在起っているのは、農業において、育成する農産物のことを考えないで、大量の肥料を土地に撒くときに起ることとほぼ同じです。よく知られていることですが、たくさん肥料を施すと有用な植物の成長を雑草が一層妨げます。これと同じようなことが我が国の科学でも起ります。科学者に高い給与と特権を与えたために、本物の研究者の成長を妨げる雑草が勢いを増しました。我が国において現在定められている研究者のための特権は、雑草をしっかり除草するときにのみ、よい結果をもたらすことができますが、現状はそうなっていません。最近我が国では次のような事情が明らかになりました。雑草が我が国の官僚主義的体制の弱みにつけ込んで、非常に大きな力を得て、健全な科学の発展に強くブレーキをかけ始めました。こうして状況は危険をはらむものになっています。

　この雑草と闘う唯一の正しい、十分に検証済みの方法があります。それは健全な世論ですが、今それが不足しているのです。

　科学の主要な問題に関して健全な世論が育つために我が国にはどんな条件

が足りないのでしょうか？

　第1の、そして重要な条件は、研究者が自由な討論を心から望むことです。我々の中にそのような欲求が現れるためには、研究者が、たとえ反論されても、自分の考えを恐れず表明することが必要です。我が国の指導者は、科学的真理を探し求める過程で、多くの間違った科学的主張が出ても、それを恐れる必要はありません。科学的真理は唯一つですから、正しい科学的主張は必ず生き残っていくということを覚えておく必要があります。生き残ることこそが、それが正しいことを証明しています。これは自然認識の発展の弁証法的法則です。科学的真理を法令で定めるのは、以前共産党中央委員会科学部がそのようなことをしたことがあり、特に、Yu. ジダーノフが議長のときにしばしば行われましたが、それは無益であるだけでなく、極めて有害です。科学ではアイデアは他のいろいろなアイデアとの闘いの中で生まれて、強くならねばなりません。そのようなプロセスによってのみ、真理になることが出来ます。この闘いを止めると、科学の成果はドグマになり、科学の発展は止まります。ドグマはいかに秀いで、注目に値するものであろうと、静的なものです。このことは唯物主義哲学の発展において最も目覚ましい形で起りました。我が国はマルクス主義の巨匠たちの成果を一連のドグマにしました。このため、我が国では哲学の発展がストップしてしまいました。活発に、熱意を持って自然を理解しようとする先進的な、立派な研究者の代わりに、コルネイチュク[210]の戯曲「翼」の中のヌドニクのタイプの生半可な知識を持った連中が今我が国を支配しています。

　一度チェスの試合で負けたプレイヤーはチェスをする権利を奪われるとするときにチェスのプレイヤーに起るのと似たようなことが我が国の哲学に起りました。こうすると、最後に1人の最強のプレイヤーが残りますが、彼にはチェスをする相手がいなくなり、ゲームはもはや成立しなくなります。我が国では唯物主義哲学者だけが残り、彼らは論争し、闘い、考えることを忘れて、その能力を失いました。研究者には、非常に立派な研究者でさえ、自

210）アレクサンドル・エヴドキモヴィチ・コルネイチュク（1905-1972）はソ連の劇作家。

分の見解のために闘う相手がいなければ、必然的に、同じことが起るでしょう。もしA. A. ボグダーノフ[211] やE. マッハ[212] やその他の人々がいなくて、当時彼らが臆することなく自説を述べられなければ、果たしてレーニンがあの天才的労作「唯物論と経験批判論」を書けたでしょうか？負けたプレイヤーを敬い、気遣うことが出来なければなりません。さもないと、ゲームが出来なくなるでしょう。レーニンは論争相手の考えを完膚なきまでに粉砕しましたが、相手に敬意を払う素晴らしい例を示しました。

　これらすべては単純な真理です。我が国の研究者たちはなぜ科学における新しいアイデアの検討への努力と意欲を失ったのでしょうか？科学アカデミーの総会における科学についての討論はなぜ一般向きの教訓的なレクチャーに堕落したのでしょうか？現在、科学アカデミーの会議はコルネイチュクの戯曲の中のコルホーズ員の集会とほとんど変わりません。科学アカデミー会員の「ヌドニクたち」は、実生活から遊離した歴史的な問題に関して報告をし、偉大な学者や偉大な出来事の思い出を讃えています。討論も審議もありません。このような報告は、家にいて読むと、非常に快適で、有益です。科学アカデミー会員の会合は、今、科学の先端的課題の解決に従事し、我が国の文化からの要求と向上に密接に結びついた重要な科学の集会ではなく、むしろ、前もって計画を立てられた儀式に従って行われる教会の礼拝を思い出させます。これは先進的社会主義国家にとって、また、その科学にとって屈辱的であるばかりでなく、健全な世論と健全な先端的科学の息を止めてしまう危険な兆候です。

　科学の発展のための第2の条件は、指導者たちが世論を考慮に入れて、その上に我が国の研究活動を組織することです。もちろん、世論は自発的では有り得ません。それは組織され、健全な方向に向けられねばなりませんが、決して法令で決められるべきではありません。党と世論との関係は命令に基づいてはならないというレーニンの遺訓を忘れてはなりません。

211）アレクサンドル・アレクサンドロヴィチ・ボグダーノフ（1873-1928）はロシアの革命運動家で医者、哲学者。
212）エルンスト・マッハ（1838-1916）はオーストリアの物理学者で哲学者。

　今我が国の生物学に起っていることに目を向けないわけにはいきません。おそらく、科学の組織における誤りの結果がこれほど明瞭に出ている分野は他にありません[213]。

　健全な世論を無視し、科学的真理を法令として発布しようとすれば、間違いなく強力な雑草（ボシヤン[214]、レペシンスカヤ[215] など）をはびこらせる原因になります。健全な科学はほとんど絶滅してしまって、私たち他分野の研究者にさえ、我が国の生物学が現在のような質の低いレベルに落ちたことが分かります。これは特に悔しいことです。なぜなら、以前は、生物学のいくつかの基礎的分野で、我が国は世界的レベルで見てトップクラスだったからです。これについては、セチェノフ[216]、パヴロフ[217]、ティミリャーゼフ[218]、ツヴェート[219]、メチニコフ[220]、ヴィノグラツキー[221] その他多数の名前が証明し

213）ここでは名前が挙げられていないが、ルイセンコが引き起こした大混乱を指す。トロフィム・デニソヴィチ・ルイセンコ（1898-1978）はメンデルとダーウィンの学説を否定し、スターリンの庇護の下で、彼に従わない優れた生物学者や農学者を弾圧して、国家に多大な損失を与えた。弾圧の犠牲者の中には傑出した遺伝生物学者ニコライ・イヴァノヴィチ・ヴァヴィロフ（1887-1943）がいる。スターリンの死後もフルシチョフはルイセンコを支持し、フルシチョフが失脚して、ようやくルイセンコは引退した。
214）ゲヴォルグ・ムナツァカノヴィチ・ボシヤン（1908-1997）はウィルスと微生物についてのえせ科学論文の著者。
215）オリガ・ボリソヴナ・レペシンスカヤ（1871-1963）は生物学者。ロシア革命運動の活動家。
216）イヴァン・ミハイロヴィチ・セチェノフ（1829-1905）は生理学のロシア学派の創始者。
217）イヴァン・ペトローヴィチ・パヴロフ（1849-1936）は生理学者。条件反射の研究で有名。1904年にノーベル賞を受賞。
218）クリメンティ・アルカーディエヴィチ・ティミリャーゼフ（1843-1920）は植物生理学のロシア学派の創立者。
219）ミハイル・セミョーノヴィチ・ツヴェート（1872-1919）はロシアの生理学者で植物生化学者。クロマトグラフィを導入した。
220）イリヤ・イリイチ・メチニコフ（1845-1916）はロシアの微生物学者。免疫の研究で1908年ノーベル賞を受賞。
221）セルゲイ・ニコラーエヴィチ・ヴィノグラツキー（1856-1953）はロシアの微生物学者。パスツール研究所で研究リーダーとして活躍した。

ています。

　我が国の多数の最先端を行く研究者たちが共産党中央委員会に手紙を書き[222]、その中で我が国の生物学が悲しむべき状況にあることを指摘しています。このようなメッセージを出すこと自体歓迎されねばなりません。なぜなら、これは世論の復活の兆候だからです。この手紙の中には多くの正しいことが述べられていますが、1つだけ不健全な主張があります。それは再び共産党中央委員会から生物学に、前とは違った方向に、法令を出すことを求めていることです。手紙を公表して、誠実な議論が行われればもっと良かったでしょう。それによってのみ生物学における健全な方針は出てくるはずです。

　我が国の生物学の発展のためにも、また、学問の他の分野の発展のためにも、最も重要なことは、遺伝学、サイバネティクス、宇宙論、科学と実生活との繋がり、核エネルギー学、空間と時間の理論その他の分野での議論をよんでいる興味深い多くの問題を提起して、健全な世論の声が公表されるようにすることだと思います。科学アカデミーの集会や印刷物でのこれらの問題についての議論は、厳しく、率直に、いろいろな見解を持つ海外の研究者、哲学者も誘ってなされるべきです。手を後ろに縛られた状態の反対の意見を持つ人々と我が国の哲学者たちが闘うのは止めさせねばなりません。彼らは自由な闘いで勝つべきなのです。そのような自由討論の結果を心配している人はレーニン主義の力を信じていないのです。このような闘いで勝利することは、我が国にとって、国際的スポーツのオリンピックでの勝利に比べても、比較できない位大きい意義を持っています。

　学会の声によって先進的科学の発展に有益な影響を与えるもう1つの非常に効果的な方法があります。なぜだか分かりませんが、私たちは今それを利用するのを止めています。それはスターリン賞です。以前には毎年行われていたスターリン賞委員会での研究の検討と評価は我が国に大きな利益をもたらしました。よく知られていることですが、この委員会は指導的研究者たち

222）300人の研究者が共産党中央委員会に宛てて書いた手紙を指す。そのメンバーの
　　中には、カピッツァとランダウが入っていた。

の中から選び出された委員で成っていました。何らかの形でスターリン賞委員会を復活させるだけでなく、その際その民主的性格を一層強めることが必要です。例えば、選挙によって、一定期間に限って、委員を互選することが考えられます。

　もちろん、我が国には研究者の低い労働生産性をもたらす深刻な組織上の欠陥があります。それは海外と比べてはるかに低いのです。組織上の課題の解決は一歩ずつ段階的に進めて初めて可能になることが知られています。しかし、このプロセスを早めるためには、我が国の研究機関が自分の研究をもっと自立してできるようにしなければなりません。研究者の低い労働生産性、スタッフの流動性の悪さ、研究テーマの細分化などのよく知られた我が国の研究組織の欠陥は、研究者自身によってのみ根絶できます。秩序ある世論によって、我が国のアカデミー会員たちやその他の研究の指導者たちにこのことを理解させねばなりません。閣僚会議と共産党中央委員会の指導部はほとんど助けることができません。しかし、世論を活気づけ、それを公表し、健全な発達の道筋に向けて方向付けをし、さらに、官僚機構が研究の発展のための施策を行う組織になるようにすることです。これらはもちろん共産党の課題です。というのはレーニンがそのように理解していたからです。

　このように、この手紙では、学会の世論なしでは先進的科学を創造することが出来ないにもかかわらず、最近我が国の科学界の世論が放置され、科学の発展のために活用されていないことを指摘致しました。

　　　　　　　　　　　　　　　　あなたの　P. カピッツァ

発信者：カピッツァ　　　　　　　　　　　　　　　　　　　　**[A]**
受信者：A. V. トプチーエフ　　　　日付：1955年12月18日　発信地：モスクワ

敬愛するアレクサンドル・ヴァシーリエヴィチ
　研究員の養成法の改善に向けた施策についてのあなたのお手紙への返事が遅れ、申し訳ありません。
　研究員の養成の問題は、研究組織における最も重要な問題です。というの

は、その問題をうまく解決して初めて、我が国の科学を高いレベルに維持することができるからです。この問題については絶えず検討を続けねばなりません。科学組織の財政と規模の増大に応じて、研究員養成のシステムを発展、充実させねばなりません。ですから、あなたが提起した質問に簡潔で、十分に納得できるように答えるのは容易ではありません。いまや、科学アカデミーだけでなく、全ソヴィエト連邦の規模で、大学院制度に関する一連の施策を実施する時が来ました。私の考えでは、この方策は次のような目標を持っていなければなりません。

　まず、大学院制度において選抜法を改善すること、学生時代からすぐに大学院生を採用しないで、大学院生になる前に、1年未満の仮採用期間をおくこと。

　次に、訓練の質を上げること。例えば、大きな研究機関でのみ大学院制度を導入し、優れた研究者（博士）にのみ、大学院生を持つ資格を与えること。

　大学院の期間を延長し、外国への留学を含めること。

　大学院生の研究へのチェックを強化すること。大事なことは、学位論文への要求水準を上げること（学位論文審査までに論文を発表することが必要です。また、論文審査は学位論文の研究がなされた研究機関の外部で行われなければなりません）。

　大学の博士コース大学院生はどうかと言いますと、それは必要ないと私は思います。博士の学位は出版された論文の総和の審査に基づいて授与されるべきです。これが私の意見の要点です。

　科学アカデミーの目前の課題は、全ソヴィエト連邦の規模での大学院制度の改革での指導的役割を果たすことであると私は考えます。そのための機は熟しました。

あなたを尊敬する　P. カピッツァ

発信者：カピッツァ	**[A]**
受信者：N. A. ブルガーニン	日付：1956年3月25日　発信地：モスクワ

ソヴィエト連邦共和国閣僚会議議長　N. A. ブルガーニン[223] 宛

敬愛するニコライ・アレクサンドロヴィチ

　航空産業大臣の同志デメンティエフへの苦情の件でお手紙を差し上げます。

　私たちの研究所の向かいに航空産業の工場があります。ここではターボジェットのエンジンの実験が絶えず行われています。それに伴って、昼も夜も酷い騒音を起こしています。研究所の私のアパートは工場に面していて、河の向う300-400メートルの距離にあり、騒音は非常に大きいので、隣に立っている人と話をすることさえ困難です。モスクワの街に移って来てから、いくら努力しても、この騒音には順応できません。眠ることが出来ませんし、仕事もできません。もしこの状態が続くならば、郊外に戻らねばならないでしょう。

　約3-4ヶ月前、この工場の工場長トゥマンスキーが私のところにやって来ました。彼と彼のスタッフは科学的、技術的問題について私からの助言を必要としていたからです。私は彼らに助言をした後、自分は町に引っ越す予定だが、彼らの工場からの騒音に悩まされているのだと言いました。工場長は、近いうちにこの実験設備を工場から運び出す予定で、計画では1月から設備の音が出ないようにすると請け合いました。この約束は果たされなかったので、私はトゥマンスキーに電話をし、彼の約束について催促しました。それに対してトゥマンスキーは、それはデメンティエフの指示で出来なかったのだと答えました。我が国は地球の6分の1を統治しているにも拘らず、我が国の人口の最も多い都市の真ん中で、ターボジェットエンジンの実験を行うことは余程いい加減な人間ですら思い付かないことだ、と私はトゥマン

223）ニコライ・アレクサンドロヴィチ・ブルガーニン（1895-1975）は1955年から
　　1957年までマレンコフの後継者として閣僚会議議長（首相のこと）であった。

スキーに言いました。あらゆる文化都市と同じように、モスクワでは、法律によって市民の静かな生活が保護されています。例えば、もし運転手が夜うっかりクラクションで市民の睡眠を妨げるならば罰金が課されます。ところが、工場は、ほとんど絶え間なく、一晩中数千の自動車のクラクションと同じ強さの音を、罰せられることなく、出しています。トゥマンスキーは、指摘された点については全く同意するが、すべてはデメンティエフの指示で行われているので、自分にはどうしようもないと答えました。

　あなたにこのように詳しくお手紙を差し上げますのは、工場からの騒音についての苦情を多くの人から絶えず耳にするからです。その中には医科大学の学長のバクーレフ教授がいて、大学病院は私たちの研究所よりも工場からずっと遠くにあるにも拘らず、この騒音が病院の病人たちを非常に悩ませていると言っていました。おそらく、今、工場からの騒音でモスクワの数万の住民がひどく苦しんでいると考えねばなりません。

　現代的観点からは、多分、より正しいやり方はあなたを煩わすことではなくて、ソヴィエトの法律に定められている通りに、社会の静かさを絶えず破っていることに対して同志デメンティエフの責任を問うことでしょう。現在私たちはすべての人が法律を守ることの必要性を強く言われています。こうして、民主的体制を特徴付けるよく知られた原理「法律は権力より強くなければならない」が活発に言われ始めました。おそらく、この決まり文句が完全に一般的になるには、一年もかからないでしょう。しかし、我が国の大臣を告訴する時はまだ来ていません。ですから、あなたから、街の静かさを破らないように同志デメンティエフを説得して、夜（6時から翌朝8時まで）ターボジェットエンジンの実験を停止するようにして頂けないかお願いする次第です。実験台を郊外に移転するまでは、昼間の実験を行う場合は有効な防音装置を付けるように説得して頂きたいのです。すべての実験装置を運び出すために期間としては6ヶ月以内に定めて頂きたいと思います。

あなたを尊敬する　P. カピッツァ

追伸：ついでながら、私は航空産業の従業員に、この実験設備のモスクワか

らの移動については次のような理由もあることを指摘しました。モーターの騒音をテープレコーダーに録音し、その記録された音の振動数解析を行えば、航空タービンの多くの重要な技術特性を推定することができるでしょう。例えば、回転数、臨界速度、プロペラの羽根の数、振動の存在、さらに馬力まで。もし「海外の強国」の1つがこのような録音をすることを考え付くならば（それは、もちろん、別に難しいことではありません）、我が国で秘密にしている多くの情報を間違いなく手に入れることができます。こうして、航空機のエンジンからの騒音は、公表すべきでない技術情報が全世界に漏れる可能性が十分あることを示しています[224]。

	[A]
発信者：カピッツァ	
受信者：N. S. フルシチョフ	日付：1956年8月23日　発信地：モスクワ

親展

敬愛するニキータ・セルゲーエヴィチ

　研究を成功させる上で必要な倫理的条件について問題提起をする権利があると考え、この手紙を差し上げます。あなたと初めてお話したときに、研究の成功に最も重要なことは「（周囲と）研究者とのよい関係」だと申し上げました。

　認められたり、信頼されたり、自分の研究が興味を持たれているという感覚なしに創造活動をするのは、研究者であれ、作家であれ、画家であれ、集中力を持って、大胆に仕事をすることはできません。国の科学と芸術の水準は、主として、トップレベルの創造的な活動をする人々と彼らを取り囲む環境との関係によって決まると歴史家たちが述べていますが、私もその通りだと思います。例えば、テーヌ[225] は、そのような観点から、イタリア・ルネ

---

224)　手紙の本文は普通の苦情だが、追伸は科学者カピッツァらしい指摘である。

225)　イポリート・テーヌ（1828-1893）はフランスの文芸研究者で、哲学者である。

サンスの時代に世界がこれまでに見たことがないような天才的芸術家群が出現した理由を説明しました。実際、例えば、自分の演奏をより完全にし、深化しようとしている音楽家が、耳の聞こえない聴衆だけを前にして演奏しなければならない場面に置かれた状況を想像できるでしょうか？

　私の場合には、現在、「良い関係」が存在しないということは一連の事実から明らかです。

　カルカッタ大学が私にサルヴァディカリ金メダルを授与することになりました。この賞は、おそらく、インドにおける最高の科学賞です。私は9月1日に開かれる祝賀式典でこの賞を受けるためカルカッタに行かねばなりませんでした。それに加えて、インドのいくつかの研究機関が私をボンベイとデリーに招待しています。しかし、私がインドへ行くことは認められませんでした。

　このような信頼の欠如は別のケースでも現れました。最近モスクワにイギリスの研究者たちが来ましたが、その中に私が13年間働いたケンブリッジ大学の何人かの古い友人たちがいました。私が彼らを自宅に招いたのは当然のことです。その後で科学アカデミー会長のネスメヤーノフが私を特別に呼び出し、アカデミー会員トプチーエフも同席して、第三者の同席なしに外国人研究者と面会しないように、と私に言いました。厳しい表現で申し訳ありませんが、この会話の後私の心に重苦しい沈殿物が残りました。私には、まるで、友人の研究者とではなく、憲兵の将校と話をしたように感じました。

　次の事実はさらに一層遺憾です。我が国の科学アカデミーの常任委員会には物理学者の委員はただ1人（クルチャートフ[226]）しかいませんが、化学者からは3人、数学者からも3人います。このような状況は変則的だと思います。というのは、現在物理学は主導的な役割を演じていて、最大の資金を使っているからです。これについてはネスメヤーノフも同意しています。こ

226）イーゴリ・ヴァシーリエヴィチ・クルチャートフ（1903-1960）は原子核物理学者で、ソ連の原子爆弾の開発（1949年）、水素爆弾の開発（1953年）で指導的役割を果たした。

うして常任委員会の中の物理学者の数を増やすことが決まりました。物理・数学分科は私を常任委員会への選出のための候補に推薦しました。ネスメヤーノフがこの問題に関して共産党中央委員会（スースロフ[227]に対してだと言われています）に申し出たとき、私を選出することは「避ける」ようにと言われ、選挙はなくなりました[228]。

　さらに次のケースを挙げたいと思います。1949年に、スターリンの70歳の誕生日を祝う会議に出席しなかったという理由で、私は大学の学科主任の職を免職になりました。免職の手続きは非常に好奇心をそそるものであったので、免職の理由を説明している科学アカデミー会員フリスティアノヴィチの手紙[229]とモスクワ国立大学の当時の学長（ネスメヤーノフ）が署名した私に対する免職の命令書のコピーをあなたにお送りします。最近、科学アカデミー会員であり、モスクワ国立大学の学長のペトロフスキー[230]は、おそらく、この歴史を償いたいと考えて、私が彼に面会したときに、私をモスクワ国立大学の教授会のメンバーにすると提案しました。しかし、その後何の進展もありませんでした。高等教育省は私を候補者にすることを承認するのを拒否しました。

　しかし、私を最も悩ませているのは、酸素に関する件です。1946年8月17日付の決定によって、閣僚会議は酸素に関する私の仕事と、研究者としてだけでなく、酸素工業本部長としての私も非難しました。当時私はあらゆる地位から解任され、今日まで「酸素事件」のために解任されたままです。その他に、スターリン賞委員会によって酸素に関する研究で私に授与された賞が

227）ミハイル・アンドレーエヴィチ・スースロフ（1902-1982）は共産党の指導者の1
　　人で政治家。1947年から共産党中央委員会書記、1966年から共産党政治局員。

228）カピッツァは、1957年2月23日に、科学アカデミーの全体会議によって常任委員
　　会のメンバーに選ばれた。

229）セルゲイ・アレクシエーヴィチ・フリスティアノヴィチ（1908-2000）は力学の専
　　門家で、モスクワ国立大学副学長を務めた。1949年12月28日付のフリスティアノ
　　ヴィチの手紙は本書に掲載されている。

230）イヴァン・ゲオルギエヴィチ・ペトロフスキー（1901-1973）は数学者で、1951年
　　からモスクワ国立大学の学長を務めた。

取り消されました[231]。その時、多くの研究者とエンジニアが、酸素に関する私の仕事は正しく、世界の技術において先駆的なものであると述べた特別の意見書を提出しました。2-3年後、低圧を用いる私の方法によって酸素を得るための装置がイギリス、フランス、アメリカで作られ始めると、私が正しいことが示されました。これらの国々では私の特許が必要になりました。それを買いたいと多数の問い合わせが来るようになりました。海外の産業のこの態度は、酸素に関する私の研究の先進性と新しさの最もよい証拠でした。そこで、当時の科学アカデミー会長のS. I. ヴァヴィロフは科学アカデミーの名で閣僚会議に手紙を書き、政府の決定を見直す必要があると述べました。さらに、彼は私に、私の特許を売る必要性について同志ミコヤン[232]に手紙を書くようにと助言をしてくれました。しかし、これらの手紙に対する返事は私にも、科学アカデミーへも届きませんでした。

　今では、我が国でも、低圧を用いる私の酸素の装置をトゥーラに建設することになりました。我が国が建設を進めているインドの冶金コンビナートでは私の装置の設置を始めたことを指摘しておきたいと思います。それはその装置が他の装置より優れていて、構造が簡単であるだけでなく、我が国が装置の特許を持っていて、外国でそれを建設する権利を持っているからです。何しろこの装置は何百万ルーブルもかかる巨大な施設になります。

　昨年、科学アカデミーは再度（おそらく三度目）共産党中央委員会と閣僚会議に対して、酸素に関する私の仕事についての以前の決定の見直しを求めました。しかし、この件は一年経っても中央委員会において何の進展もありません。

　全世界で最も先進的であると認められ、成功している仕事に対して研究者

---

231) 酸素に関する研究に対するスターリン賞の「撤回」は、文書の上では、証拠がない。ソヴィエト連邦のレーニン賞および国家賞に関する委員会にはこれについて資料が全くない。[A]

232) アナスタス・イヴァノヴィチ・ミコヤン（1895-1978）は国家および党の活動家。1938-1946年外国貿易人民委員［外国貿易相に相当］、1946-1955年閣僚会議副議長［副首相］、1955-1964年同第一副議長、1964-1965年ソヴィエト連邦最高会議幹部会議長で、長く政府の中枢の座を占めた。

の処罰を続けるのは馬鹿げています。研究者への影響は、この手紙の初めに記した耳の聞こえない人たちを前に演奏をする音楽家への影響よりも遥かに悪いものがあります。人々をこのように処遇すると、大胆に、創造的に活動しようとする人が少なくなるでしょう。我が国の指導部の科学や研究へのこうした態度は、我が国が広めようとしている先端科学の発展の方針とは全く相容れません。

　私が重要な意義を持つ科学研究から遠ざけられていた時期でさえ、広い科学のコミュニティは私の成果を高く評価していると、ずっと感じていました。私の仕事は我が国や海外の教科書に書かれているだけではありません。科学アカデミーの名誉会員、あるいは、名誉博士に選ばれる、あるいは、メダルが授与されるという形で私の研究活動が顕彰されなかった海外の大国は存在しません。この事実は私の研究が評価されていることを客観的に証明します。もちろん、通常の条件下ではこれらすべての外国からの名誉は個人的自尊心の満足に過ぎませんが、私がその時置かれていた状況では自分が正しいことを確信する源であり、精神上の活力を維持する助けになりました。

　実生活では、新しいアイデアを提起するときは、常に支えとなる場所が必要です。私にとっては、それは科学のコミュニティです。

　しかし、仮に私の酸素に関する研究が秘密にされ、我が国でも、海外でも広く知られていないとしてみましょう。そのときには、私は世論に基礎を置き、それによって自分の正しさを証明する可能性が実際上奪われた状態になるでしょう。

　私がこのように詳しくあなたにお手紙を差し上げますのは、この問題に注意を向けて頂きたいからです。なぜなら、この問題は私だけでなく、十分な評価を受けていないために全力で働けない我が国の多くの優れた創造力ある研究者たちにも関わりがあるからです。私見では、これこそ我が国が科学と芸術の分野で指導的地位を失いつつある最も重要な理由の1つです。

　どんな種類の創造活動であっても、その発展への好意的な雰囲気こそ、どんな物資的恵みよりも重要です。

あなたを尊敬する　P. カピッツァ

全ソヴィエト連邦酸素用機械工作研究・建設研究所所長　G. M. バラノフ宛
尊敬するゲオルギー・マクシモヴィチ

　11月21日付のお手紙を受け取りました。その中であなたは研究所の研究
会議を代表して、「産業への工業用酸素の広範な導入のための総合的設備の
創造と開発」への貢献を理由としてレーニン賞の候補者グループに私の名前
を含めることに同意を求めておられます。その理由は低圧法によって酸素を
得ることに関する私の提案と私のタービンエンジンが利用されているからと
いうことです。

　研究所の研究員たちのこの提案は、既に10年以上前の共同研究について
忘れない同志たちの好意ある関係の印として、私には非常に嬉しいものでし
た。当時、安価に酸素を得る問題の研究においても、また、酸素の生産組織
の仕事でも、数年間、私は自分の持っている力すべてを捧げました。酸素
はいくつかの巨大な工業のプロセスを強化するために必要です。ところが、
1946年に私は研究からも、組織の活動からも排除されました。これは私が
研究活動を間違った道へ導くと見なされたからです。しかし、その後、まず
外国で、次に我が国で、私が当時詳しく研究していたタービンエンジンを利
用して低圧で酸素を得る方法が実用上優れていることが示され、安価に酸素
を得るための最も正しい方法であることが証明されました。私はこれを誇り
に思っています。多くの基本的な技術プロセスを酸素によって強化するとい
う問題はどうかと言えば、それは国民経済の発展に最も重要な意義を帯びつ
つあります。

　レーニン賞への応募に参加するという提案は、酸素工業分野での我が国の
指導的専門家グループから出されたものですが、それは私にとって嬉しいだ
けでなく、私の当時の研究活動の方向が先進的なものであることを示すもう
1つの説得力ある証拠になります。全ソヴィエト連邦酸素用機械工作研究・
建設研究所のグループによって最近トゥーラに実現された低圧を用いる強力

な酸素装置の成功を私は心から喜んでいます。これは我が国における酸素工業の大きな成果です。さらに、これによって私たちの低圧法を用いる酸素工業は急速に発展するだろうと私は予想しています。1946年に間違いを犯したと正直に述べるのを恐れてはなりません。なぜなら、数年に亘って低圧法の発展が一時完全にとめられたからです。この遅れによって、私たちのアイデアと研究結果が、初めに海外で広く実際に利用され、それによって彼らは我が国を追い越すということになりました。今こそ指導的地位を再び我々のものとしなければなりません。

　しかし、それでもやはり、現在の状況を入念に検討して、私は全ソヴィエト連邦酸素用機械工作研究・建設研究所のグループと共にレーニン賞候補の応募に参加するのはお断りすることを決断しました。実は、今私の研究は酸素問題からは遠く離れており、それに加えて、過去の記憶は、当然ながら、当時受けた不公正への苦い感情と結びついています。時間と現実が、私の以前の酸素に関する研究の正しさと先進性を、議論の余地なく、証明した今でさえ、以前の決定が全く正しくないことは、やはり、まだ認められていません。

　ですから、研究所のメンバーにレーニン賞候補への応募に参加するようにという提案に私が深く感謝していることをお伝え下さるようお願い致します。提案をお受けできませんが、私に提案して下さったことに深く心を動かされ、有難く思っています。

　全ソヴィエト連邦酸素用機械工作研究・建設研究所のグループがさらに仕事で成功されますようお祈りしています。いつか、酸素問題の解決のための新しい可能性の探索で、再びグループの方々と仕事が出来ることを希望しています。

あなたを尊敬する　P. カピッツァ

発信者：カピッツァ　　　　　　　　　　　　　　　　　　　　　　　　　　**[A]**

受信者：N. S. フルシチョフ　　　　　日付：1958年10月21日　　発信地：モスクワ

敬愛するニキータ・セルゲーエヴィチ

　最近、科学アカデミーの会員たちのグループが共産党中央委員会に「科学」という名前の新聞を発行する許可を求める請願を提出しました。その手紙のコピーを添付いたします[233]。我が国における研究がうまく進むために、このような定期的に刊行される機関紙の創刊の必要性が高まりました。

　誰でも知っていることですが、今至る所で研究の規模が大きくなっています。我が国ではその増大は特に顕著です。研究の合理的な組織化には、社会主義国家は基本的に有利です。なぜなら、社会主義国家では科学の計画的発展を最も有効に実現できるからです。しかし、研究の発展のための計画が実効のあるものであって、実生活と国民経済の要求と科学との密接な結びつきが達成されるためには、すべての研究者の意見によって計画が支持されていることが必要であることを、私たちはしばしば忘れています。科学アカデミー常任委員会の多くの決議は、計画の問題でも、組織の問題でも、紙の上に留まっていますが、それは決議が悪いからではなく、決議が世論を考慮せずに、また、決議への支持なしに行われているからであることはよく知られています。もし科学が研究者たちの世論に立脚しているならば、その時に初めて、科学の計画的な発展のみならず、先進的で大胆な科学が我が国で存在できます。怠け者やほら吹きやえせ学者を暴き出して根絶することは、世論を拠り所にすることによって可能になります。官僚的方法が無力であること

233）中央委員会へのこの手紙はカピッツァが準備した。手紙に署名した科学アカデミー会員は以下の通りである。L. A. アルツィモヴィチ、I. P. バルディン、V. V. ヴィノグラードフ、P. L. カピッツァ、M. A. ラヴレンティエフ、V. S. ネムチーノフ、A. N. ネスメヤーノフ、K. V. オストロヴィーチャノフ、I. G. ペトロフスキー、N. N. セミョーノフ、A. V. トプチーエフ、L. D. シェヴャコフ。30年後の1989年5月に、ついにソヴィエトの研究者の週刊の学術誌「Поиск（探求）」の第1号が刊行された。[A]

はずっと以前に示されています。

　研究の組織化や方向付けにおいては、科学分野ほど研究者たちの意見が主導的で重要な役割を果たしている分野はありません。国内で科学研究が発展し始めるや否や、すぐに学会や、科学アカデミーやその他の類似の研究者の団体が出来て、それによって研究の健全な成長が起ることになります。今は科学研究の規模が大きくなったので、いくつかの先進的資本主義国では、週刊の学術誌が刊行され、そこでは研究組織の問題、ニュース記事や情報を取りあげています。その点で、現在、我が国はアメリカとイギリスに遅れをとっています。アメリカでは3つの学術誌が、イギリスでは2つの学術誌があることを私は知っています。我が国では学術誌が少なく、週刊の学術誌がありません。

　我が国の状況を見ると、全国のすべての研究者を広く巻き込み、最速で情報を伝える手段として、定期的に刊行される新聞を創刊するのが最も有効だと思われます。新聞は最も活発で、広範な審議、討論を行うための最も有力な武器となるものです。

　研究者の間ではこのような機関紙が必要であり、あった方がいいことは皆痛切に感じています。これは共産党中央委員会への訴えに署名するよう誘われた人々がいかに喜んでそれに応じたかを見れば明らかです。もし署名数を増やすことが望ましいのであれば、それは容易に実行できます。

　国の方策を遂行するとき、あなたが世論の協力をいかに重視しているか、私は知っています。ですから、共産党中央委員会への訴えへの支持をお願いするため、あなたに手紙を差し上げる決心をしました。

あなたの　P. カピッツァ

追伸：あなたに是非次の点に再度注意を向けて頂きたいと思います。それは、先進諸国では研究が大規模になり始めていることを我が国では相変わらず過小評価していて、それに然るべき注意を払っていないということです。例えば、私たちが求めていたにも拘らず、共産党中央委員会に研究者を集めて、ソヴィエト連邦における科学研究の発展の最

も健全な道筋について研究者たちとの話し合いをしていません。科学研究が今後到達するであろう規模はどうかと言えば、遠くない将来、例えば、約50年後、科学に従事している人の数は非常に多くなって、産業界で働いている人の数に匹敵するであろうと国内、国外で言われていることに私は賛成します。実際、科学における成功のお陰で、エネルギー資源が非常に増大し、自動化、機械化が広く普及し、肉体労働の役割が事実上消える時はそう遠くないでしょう。もちろん、その時には、多くの人の仕事は新しい生産プロセスを見出し、新しい機械を発明することに向かうでしょう。そして、国民経済を特徴付ける社会経済的ファクターは変わるでしょう。例えば、科学研究を行う研究所、建設部局、実験工場の数と質が国民経済の力と発展速度を決める基本的指標になり、国家の主要な資金はそれらに費やされることになるでしょう。

P. K.

8.3 若い世代の育成と支援

カピッツァは自国の科学の未来のために若い世代の育成を重視した。若い研究者の研究環境を改善するため、困難に直面している若者のため、政府の首脳に手紙を書いて訴えた。また、若い世代向けの数学・物理学分野の雑誌「クヴァント（量子）」の刊行を開始した。この雑誌は今でも電子版の雑誌として発行されている。

発信者：カピッツァ　　　　　　　　　　　　　　　　　　　　**[A]**
受信者：N. S. フルシチョフ　　　　日付：1961年6月18日　発信地：モスクワ

敬愛するニキータ・セルゲーエヴィチ

クレムリンでの面会の時、あなたは年取った人々は若い世代に道を譲らねばならないと述べ、このプロセスを容易にするための可能な方策として、名

誉所長という職を新設してはどうかと指摘しました。あなたの発言を受けて、研究スタッフを若返らせることを妨げる障害は、年寄りが職を去ることに抵抗することだけにあるのではなくて、有能な若手を採用することが困難になっている点にもあると私は申し上げました。それに関連して、ミハイル・ロモノーソフ[234]は居住証明書[235]をもっていなかったので、彼をモスクワに引き留めることができなかったということも申し上げました。あなたはご立腹されているように私には見えました。そして、才能ある若者がいれば、必ず居住証明書ももらえるだろうと、おっしゃいました。

　実際に起っている例を挙げましょう。一般化出来るようにすべてを詳しく記します。

　1955年に大学を終えたばかりの22歳の学生がサラトフから私たちの研究所に大学院の試験を受けにやって来ました。私たちは誰もこの学生レフ・ペトローヴィチ・ピタエフスキー[236]を知りませんでした。研究所の若い連中は彼と話をして、彼は傑出した能力を持っていると私に言いました。私は自分で彼の試験をして、このことを確認しました。そして彼は理論物理学分野の大学院生に採用されました。彼は3年間に7編の論文を書き、1958年、審査の日に、学位審査を立派な成績で合格し、物理・数学分野の研究員候補の肩書きを獲得しました。研究所の研究員たちはピタエフスキーを研究所で採用するよう求めました。しかし、彼は居住証明書を持っていませんでした。肝心なことは、彼が理論に夢中なところがあり、また、研究が実生活から離れた性格を持っているので、彼を実地の仕事に親しませるために、もっと応

---

234) ミハイル・ヴァシーリエヴィチ・ロモノーソフ（1711-1765）はロシアで最も尊敬されている万能の科学者。モスクワ大学の創立者。

235) ある地域に国民が入ってくるのを規制する制度で、革命前のロシア帝国で導入され、ソヴィエト時代にも国民の移動を制限するために行われた。

236) レフ・ペトローヴィチ・ピタエフスキー（1933-2022）は後にロシアを代表する理論物理学者となった。重要な研究としては、超流動の基礎研究がある。彼はランダウの弟子で、ランダウとリフシッツの有名な教科書「理論物理学教程」の中で欠けていた「統計物理学第2部」と「物理学的運動学」の2巻を、ランダウの死後、リフシッツといっしょに書き、シリーズの完成に貢献した。

用的な面を持つ研究所に職を見付けてやるのが有益だと私は考えました。モスクワの近くにそのような研究所があり、そこで働けば、彼は私たちとのつながりが切れないようにできました。この研究所で3年間働いて、彼は15編の立派な論文を発表しました。そのうち優れた論文は隕石とか、ロケットが大気の上層を通るときの大気のイオン化の問題と関連していて、これは十分に実際的な課題でした。

　皆が休暇を取る8月は、研究所が空っぽになるので、私にとっては仕事をするには最もよい季節です。科学アカデミーの常任委員会は活動していません。誰も邪魔しませんので、私は研究に専念できます。去年この時期にピタエフスキーが、どういう風の吹き回しか、私のところに立寄りました。私は彼にプラズマ中の波の吸収率に関する問題を解く必要があるのだと話をしました。私はその問題を近似的に解いただけでした。研究所の研究員たちは休暇を取っていたので、ピタエフスキーに助けてくれないかと頼みました。3日後、彼はまさに私が必要としていた回答を持ってやって来ました。こうして、私は彼といっしょに研究を始めました。私は彼に私の研究所に戻る気はないかと提案しました。もちろん彼は喜んでいました。しかし、その間に同じサラトフ出身の学校の女友達と結婚し、彼らには子供がいました。私が科学アカデミーに訴えたところ、彼らはピタエフスキーのために住居を約束しました。私は共産党中央委員会の科学部長のキリーリンと話をしました。彼はピタエフスキーのモスクワでの居住証明書についての私の依頼の件を支援すると約束しましたが、5ヶ月間何の成果もなく過ぎました。モスクワ市勤労者代表会議は薄情で、それは壁でした。私は手紙を書き、彼は非常に有能な若者（27歳）で、科学アカデミーが住宅を提供し、私と共に重要な問題やその他の問題について研究していることを述べました。同志キリーリンもまた何度か同志ボリソフ（モスクワ市勤労者代表会議の責任者）と話をしました。同志ショーミンが議長になって開かれたモスクワ市勤労者代表会議の何か重要な委員会の方針決定の会合に科学アカデミーと私たちの研究所から3人のメンバーから成る代表団が出席しました。ショーミンは次のような決定を持って来ました。「そのアカデミー会員に、我々にうるさく付きまとわ

ないように言って下さい。我々は今回モスクワの居住証明書を出しません。」
私は同志キリーリンにどうしたらいいか聞きました。彼は「同志フルシチョ
フに手紙を書きなさい。私が何かしようと思っても無力です。」と助言して
くれました。

　こんな状況です。アカデミー会員の研究者の私からのお願いです。共産党
中央委員会科学部が依頼しています。科学アカデミーも願っています。モス
クワ市勤労者代表会議にとってはすべて小さいことで、住民登録を受け付け
ないように指示されています。このように決まっているのです。

　これは科学に対する敬意と言えるでしょうか？若者への配慮と言えるで
しょうか？

　しかし、もしピタエフスキーがサラトフの女性でなく、モスクワの女性と
結婚していればこの問題は回避できて、自動的にピタエフスキーは居住証明
書が得られるのです。結婚は永久でなく一時的であっても、居住証明書を得
るには十分で、その後で離婚してもいいのです。これはすべて「合法」で、
一部の人々はそれを実行しますが、有難いことに、多くの人はこれに反対で
す。これでは最良とは言えない若者が仕事のためモスクワに集まることにな
りますが、同意して頂けると思います。すべては一時的なことだと私は理解
しています。もちろん、約5-10年後には居住面積の危機が過ぎ去って、そ
のときはこの状況はすべて馬鹿げたことと見えるでしょう。しかし、この
5-10年の間この状況は多くの害を引き起こす可能性があります。

　私が自分でできるあらゆる可能性を試さない間は、あなたに面倒をかける
決心がつきませんでした。しかし、クレムリンであなたとお話をし、同志
キリーリンの助言を得た今、私はあなたにお手紙を差し上げ、援助をお願い
する次第です。長い手紙になりました。モスクワ市勤労者代表会議がいか
に冷淡で、科学に敬意を払わない組織であるか、それがもたらした状況がい
かに有害であるか、ご理解頂けると思います。何しろ、ピタエフスキーのよ
うなケースは、単独の問題ではなくて、全体として害をもたらします。なぜ
なら、才能ある若者が辞めてしまうか、若者が嘘をつくことを助長するから

です[237]。

あなたの　P. カピッツァ

発信者：カピッツァ　　　　　　　　　　　　　　　　　　　　　**[A]**
受信者：L. I. フリーマン　　　　　　　　日付：1961年12月20日　発信地：モスクワ

ヤロスラーヴリ市プーシキン記念第43中学校長　L. I. フリーマン宛
尊敬するレフ・イサーコヴィチ

　数ヶ月前、「実験および理論物理学誌（Журнал экспериментальной и теоретической физики）」の編集部にあなたの生徒のボリス・ルミャンツェフの論文が送られてきました。この論文は私たちの雑誌に掲載できるレベルではありませんでしたが、中学校の生徒の論文としては、並のレベル以上の論文で、ルミャンツェフのたいへんな学識と教養を証明しています。そこで私たちは論文の著者に会うことを決断し、ルミャンツェフにモスクワに来てほしいと依頼しました。

　ルミャンツェフは、物理学に関心がある非常に控えめな若者という印象を私たちに与えました。研究所の若い研究者たちは、研究者としての能力を伸ばすために、喜んでルミャンツェフを援助する用意があります。

　私個人としては、ルミャンツェフがさらに勉強する上で最も適当な道はモスクワ物理工科大学の電波物理学部に進学することだと思っています。この大学は若い研究者を育成するのを任務としています。大学は十分な奨学金を支給し、寄宿舎を提供します。そして、3年次から学生はさまざまな研究機

237）カピッツァがこの手紙を書いたとき、ピタエフスキーは既に物理問題研究所のジュニア研究員になって半年経っていた。彼は全く合法的に仕事につくことが決まっていた。彼はモスクワ地区の居住証明書を持っていて、ポドリスク地区にある科学アカデミーの地磁気・電離層・ラジオ波伝搬研究所のニュータウンに住んでいた。しかし、カピッツァは、ピタエフスキーを招いたとき、彼のためにモスクワにアパートを手に入れることを約束していた。彼は自分の約束を果たさないわけにはいかなかったのである。[A]

関に配属され、そこで研究に参加することになります。この大学に入学する
には大きな試験を受けねばなりません。しかし、私たちはルミャンツェフが
そのための準備するのを喜んで援助します。私たちはモスクワ物理工科大学
の教師のYu. A. ブィチコフにルミャンツェフの支援を引き受けてくれるよ
う頼みました。ブィチコフは、ルミャンツェフが入学試験に向けて間違いな
く準備できるように、見守るでしょう。もしルミャンツェフが助言を受ける
ため2ヶ月に一度モスクワに来ることができるなら、大学への入学が確かな
ものになると私は思います。そこで、ルミャンツェフを助けるために、彼の
モスクワへの旅行を許可して下さることを希望しています。もしルミャン
ツェフについてより詳しくお考えを書いて頂ければ、たいへん嬉しく思いま
す。というのは、彼は控えめで、内気な性格の持ち主なので、彼に関する報
告書を私たちが作成するのは難しいと思われるからです。

　ルミャンツェフの言葉から、あなたが彼に対して暖かい態度で接していらっ
しゃることを知り、この手紙を書きました。私たち研究者にとっては、若いス
タッフの選抜と育成こそが、私たちの研究の将来の成功を保障するものです。
若者が自分の才能を伸ばすのを援助するのは私たちにとって常に喜びです。

あなたを尊敬する　P. カピッツァ

発信者：カピッツァ	**[A]**
受信者：A. N. コルモゴロフ	日付：1971年11月17日　発信地：モスクワ

敬愛するアンドレイ・ニコラーエヴィチ[238]

　あなたのお手紙をたいへん興味深く読みました。若者の育成と初等段階の
教育は最も責任の重い課題で、それに多くの注意を払い、今よりももっと大
きな意義を与える必要があるとのお考えは私も同じ意見です。

　多くの国々で初等および中等教育の重要性が理解され始めています。ス

---

238) アンドレイ・ニコラーエヴィチ・コルモゴロフ（1903-1987）は確率論の分野で大
　きな功績のある傑出した数学者である。

ウェーデンでは、初等と中等教育に最も能力が高い人々を集めるために、これらの学校の教師には上級の学校よりも高い給与を払っているということを聞きました。

　学校が直面している最も困難で、新しい課題は、若者たちが創造力を持つように育てることが必要だということです。学校外の教育、すなわち、サークルやコンクールなどを出来るだけ広く展開しなければならないという点でも私はあなたと同じ意見です。また、中学校の生徒にとっては雑誌が必要です。ですから私は常に物理学と数学の雑誌を作ることを応援してきました。雑誌「量子」はそのような雑誌です[239]。しかし、このような雑誌としては、さまざまな専門の、さまざまな傾向のものが必要です。

　最後に、特別学校の問題があります。「哲学の諸問題」中の論文において、私は自分の考えを述べましたが、それは十分明瞭なものではなかったようです。私は特別学校に反対ではありませんが、おそらく、私はあなたとは考えが異なり、特別学校が追求すべき課題についていろいろ考えています。

　私の見解では、特別学校は、普通の学校と比べて、追求している課題の点で特徴があり、それはちょうど大学付属病院が普通の病院と比べて追求している課題を持っているのと似ています。

　大学付属病院は診断と治療のための新しい方法を研究し、それを確立することを目指します。そのために最も技能の高い職員を擁しています。彼らの課題は先進的な方法を定着させ、それによって普通の病院における患者への医療サービスのレベルを上げることにあります。この際、当然ながら、大学付属病院はある種の病気に関して専門性がなければなりません。国民の保健のために、このような組織は有用であり、必要であることは疑う余地がありません。同じことが教育においてもあるはずです。

　特別学校の課題は、教育と育成の先進的方法を研究して、作り上げること

---

239) 一般向け科学雑誌「量子（クヴァント）」は、カピッツァのアイデアで、1970年に創刊され、初代の編集長は物理学者のI. キコインと数学者A. コルモゴロフであった。紙版の発行は2011年に終了し、以後は電子版の雑誌として現在でも続いている。

です。特別学校は精選された教師たちと模範的な組織を持たねばなりません。もちろん、そのような学校は学問の全領域に亘る教育を網羅することはできません。数学、物理学、生物学その他のようないくつかの分野に専門化されるべきです。

この点で私とあなたの意見は食い違っているようです。あなたの手紙では、あなたの学校の活動の特徴が記され、あなたの教え子たちの研究の成果に基づいて、特別学校の重要性を明確にしていらっしゃいます。これは、もちろん、あなたの数学の教授法が他の方法よりも完全なものであることを示しています。しかし、この教育方法をより広く普及させて、この方法が普通の学校の数学教育の質にどのような影響を与えるかについては述べておられません。より広範な我が国の教育の水準を向上させることは特別学校の重要な課題でなければならないと私は思います。もしそうならば、そのことからの帰結として、この学校の組織の特徴や教師と生徒の選抜はこの課題に合わせなければなりません。

さらに、特別学校の中にはその基本的な学習科目が、実際上、普通の学校にはないような学校があります。例えば、バレエ学校、サーカス学校、音楽学校、芸術学校等々です。このような種類の専門的能力のある子供たちを育てるには若い時からの少人数教育が必要ですから、このような学校があることは全く当然なことです。

もちろん、他のタイプの特別学校もあります。例えば、以前の陸軍幼年学校、今ではスヴォーロフ陸軍幼年学校とナヒーモフ海軍幼年学校と呼ばれているような学校、さらに職業学校があります。このような学校の任務は、特別な任務のための人員を、大規模に、より効果的に育てることです。これらの学校は、軍隊や産業やその他の分野のために十分能力ある人員を育成するという国家的な課題によってその位置づけが決まっています。

時が経って、社会の構造が向上すれば、このような学校は、おそらく、存在する必要がなくなるでしょう。

全国的規模での教育の最も先進的方法を作り上げ、導入することを課題としている基礎的な学問分野に関する特別学校は常に必要でしょう。

あなたと私は、教育における機械的方法には非常に批判的な見方をしている点で、同意見です。おそらく、そのような方法を利用する範囲は制限されるでしょうし、もちろん、それは若者の創造力を育てることが目標であるところでは使えません。なぜなら、創造力の育成では個別的なアプローチが要求されるからです。

　あなたのような希有の偉大な科学的才能を持つ研究者が若者の育成の問題に力を注がれるのは、非常に有意義なことです。現在、若い世代の育成は我が国の文化の発展にとって最も重要な課題であると私は思います。かつてクレマンソー[240]は次のように言いました。戦争は余りにも厳粛な事柄で、1人の軍人に任せるわけにはいかない。同じことは創造的若者の育成にも当てはまります。私は若い世代の育成の仕事には研究者たちが参加しなければならないと思います。

　そのうち、これらの問題について話し合うため、あなたと一晩をご一緒できればたいへん嬉しく思います。なにしろそれが意見の違いを解消し、新しい問題を提起するための最も有効な方法ですから。

　ごきげんよう。

あなたの　P. L. カピッツァ

追伸：「哲学の諸問題」の中の論文は、ハンガリーで開かれた物理教育国際会議の開会式で私が行った演説を少し修正したものです。ですから、若者の育成に関するより広い範囲の問題に触れています。おそらく、取りあげられた問題は一般的な興味があるのでしょう。というのは、既に8つの言語で印刷され、「ニューヨーク・タイムス」などの新聞紙上で議論されていますから。もちろん、ご指摘の我が国の中で起っている特別な問題、例えば、地方大学の力不足については私の論文では触れていません。

P. K.

---

240) ジョルジュ・クレマンソー（1841-1929）はフランスの政治家。

8.4　国際会議への出席に対する妨害

発信者：カピッツァ	**[A]**
受信者：M. V. ケルディシュ	日付：1972年6月5日　発信地：モスクワ

ソヴィエト連邦科学アカデミー会長　M. V. ケルディシュ [241] 宛

深く尊敬するムスティスラフ・フセヴォロドヴィチ

　我が国では、海外への旅行に対して容認しがたい情況が生じています。

　おそらくご存知と思いますが、デンマークのニールス・ボーア研究所への私の旅行が不可能になりました。というのは、旅行の許可が出発日として定められた日よりも一日遅れて届いたからです。（中略）

　コペンハーゲン駐在の我が国の大使 I. G. エゴルィチェフの電報から明らかなように、予め合意した私の到着の日時の数時間前にキャンセルされたので、デンマーク側にたいへんな失礼をしてしまいました。彼らは私の訪問の予定を非常に念入りに準備していたからです。これには、もちろん、金銭上の出費も伴っています。今のところ再度招待する話はありません。

　当然ながら、私も深く感情を傷つけられました。なぜなら、今回起ったことは軽蔑的な対応以外では説明できないからです。私は年長者で、研究者であり、科学アカデミーによって委任されたことを実行したので、常識の範囲での敬意を期待してもいいのではないかと思います。

　同様のことは現在ブリュッセルで開催中のヨーロッパの安全保障問題に関する会議への私の参加についても起りました。

　私はヨーロッパの安全保障に関する我が国の委員会のメンバーで、その活動に共鳴しているので、喜んで援助をしています。実現しなかったデンマークへの私の旅行の数日前の5月22日に、科学アカデミー準会員のG. K. スク

---

241) ムスティスラフ・フセヴォロドヴィチ・ケルディシュ（1911-1978）は数学者で、1961年から1975年まで科学アカデミーの会長であった。

リャービン[242) から、初めて、ブリュッセルへの代表団の中に私も含まれていることを知りました。

　もしある人に敬意を抱き、その人の活動を評価しているのであれば、代表団を結成するとき、その人に、行くことを望んでいるのかどうか、行くことが可能かどうかを予め尋ね、参加する場合にはどのようなことが予定しているのか伝えるのが自然でしょう。ブリュッセルでの会議で私が演説することを予定していたのか、それとも、私はそこにただ体面のためにいなければならなかったのか、今でもはっきりしません。

　このような会議への旅行の経験が示しているのは、通常、私にとって旅行には大きな準備作業を伴うということです。私はいくつかの外国語を使えて、よく名前を知られているので、私のところには多くの人、とりわけ、ジャーナリストがやって来て、しばしば答えるのが厄介な質問をします。ですから、会議への参加がうまく行くためには、事前の十分な準備と、代表団の指導部との密接な連携が不可欠ですが、それがありません。例えば、代表団の団長A. P. シティコフ[243) は私と一度も話をしたことがありません。

　私はサッカーのボールのように扱われているのを感じます。選手がボールを蹴るとき、ボールの意見は考慮されません。当然ながら、この情況では私がブリュッセルに出掛ける状態にはありません。ヨーロッパの安全保障会議という立派な企てに力になれないのは残念なのですが。

　おそらくご記憶と思いますが、ほんの半年前、科学アカデミーは、ロンドンで開かれる王立協会のラザフォード生誕100年記念のセッションに科学アカデミーを代表して出席することを私に委任しました。ラザフォードは我が国の科学アカデミーの外国人会員でした。私は講演の準備をしましたが、出発の数日前、私の旅行はキャンセルになりました。当時、あなたが私に語ったところでは、ロンドンにあるソ連通商代表部の職員のイギリスからの追放

---

242) ゲオルギー・コンスタンティノヴィチ・スクリャービン（1917-1989）は微生物学者、生化学者。1971年から1988年まで科学アカデミー会長秘書。

243) アレクセイ・パヴロヴィチ・シティコフ（1912-1993）はソヴィエト共産党の政治家。1970年から1979年までソヴィエト連邦最高会議議長であった。

と関係した外交的確執の結果起ったのです。私は2つの出来事の論理的な繋がりが今も理解できません。この外交上の出来事を理由に、なぜ私たち研究者から偉大なイギリスの研究者に敬意を表する機会を奪わなければならないのでしょうか？

　ここに挙げた例から、外国の研究者たちとの関係をめぐる情況は正常でないだけでなく、それを実行しようとすると研究者への侮辱的で、無礼に近い対応がしばしばつきまとうことが明らかになります。

　外国人研究者とのこの連携は科学アカデミーによって調整されるので、私は、科学アカデミーのメンバーとして、会長であるあなたにこの連携が行われている情況は正常でないことをお伝えしておく必要があると考えます。次回からは、同じような侮辱的な扱いから自分を守るために私がどんな手を打たねばならないか、お知らせ頂きたいと思います。侮辱的な対応は神経をひどくいらいらさせるのです。

　私は今年9月にいくつかの海外訪問を計画していました。それはオックスフォードでのパグウォッシュ会議[244]と、あなたからフランス科学アカデミーに伝えられていると思いますが、ポール・ランジュヴァンの生誕100年に当たって、我が科学アカデミーを代表してパリに行くことです。今年12月には、インド政府の招待で、デリーへの旅行が予定されています。これらの旅行はすべてソヴィエト連邦科学アカデミーの国際友好計画に持ち込まれたものです。

　これまで起ったあらゆる出来事を見ると、海外訪問に関する現在の情況では委任された任務を遂行できるとは思いません。あなたにこのことをお伝えしておきます。

　あなたにご面倒をお掛けするのを申し訳なく思いますが、国際的な科学の連携は私たちに必要であることはよく知られています。なぜなら、それは我が国のみならず、どんな国においても科学の発展を成功させるのに必要であ

---

[244] 1957年にカナダのパグウォッシュで開始された核兵器廃絶問題などを科学者が議論する場で、最初の会議には日本からは湯川秀樹、朝永振一郎が出席している。

るからです。我が国で現在起っている情況においては、この連携の正常な発
展は不可能です。この状態は変えねばなりません。

　多くの科学アカデミー会員も同じ意見であることを申し添えます。

あなたを尊敬する　P. カピッツァ

追伸：デンマークの研究者との間で起った情況を何とかして正す必要があ
　　　り、あなたにそれに対して目を向けて頂きたいと思います。ニール
　　　ス・ボーア研究所はあなたに手紙を送り、私をゲストとして、学問上
　　　の連携と講義のために招待すると記していました。我々の科学アカデ
　　　ミーはそれに同意することを公式に伝えました。我が科学アカデミー
　　　の現在の情況は極めて見苦しく見えることを認識しなければなりませ
　　　ん。

8.5　核エネルギー問題への関心

発信者：カピッツァ	**[A]**
受信者：A. P. キリレンコ	日付：1976年5月31日　発信地：モスクワ

ソ連共産党中央委員会政治局員　A. P. キリレンコ宛
深く尊敬するアンドレイ・パヴロヴィチ

　この手紙に私の論文「全地球的規模の問題とエネルギー」[245] を添付いたし
ます。この論文の発端は次のようなものです。私は共同研究者たちと制御可
能な核融合を生み出す問題に取り組んでいますので、原子核エネルギーのい
ろいろなプロセスの利用に関連した問題に興味を持っています。

　私は科学アカデミーの創立250年記念大会でこのテーマについて報告しま

245）1976年5月5日のストックホルム大学での講演で、Успехи Физических Наук
　　122, 327（1977）に出版された。その英訳は Sov. Phys. Uspekhi 20, 547（1977）
　　"Global Problems and Energy" にある。

した[246]。先日、ストックホルム大学から招待を受け、ストックホルムで、同じテーマについて、広い聴衆を対象として講演をしました。添付した論文はその時の私の講演です。

　私の基本的な考えは、目前に迫っているエネルギー危機は核エネルギーによってのみ解決することができるであろうということです。また、現在用いられている核エネルギーの利用法は満足すべきものと見なせません。なぜなら、それには多くの困難があり、それを克服する道がまだ見出されていないからです。重要な問題の1つは、事故の可能性を排除できないということです。事故は広島に投下された原子爆弾の犠牲者数に匹敵する破滅的な結果をもたらす可能性があります[247]。私の論文の中の事実に関するデータはアメリカの資料からのみ取っています。基本的には、それは、最近、カリフォルニアにある巨大なブラウンズフェリー原子力発電所で起った大事故[248]の調査委員会が公表した結論です。それはまた、アメリカ上院の特別委員会における原子炉と発電所の建設の指導者と発電所の公表された証言でもあります。

　これらの資料の内容を知ることは、我が国にとって、原子力エネルギー分野が正しく、信頼できる道に沿って発展するために必要です。しかし、我が国では私の論文の公表は困難に直面しています。これはたいへん問題です。なぜなら、提起された問題は、間違いなく、広く議論されねばならないことだからです。それはエネルギー分野の健全な発展のために必要です。

　あなたとの会話を振り返りながら、私が提起した我が国にとって重要な問題について、あなたが関心をお持ちだろうと推測しています。

　もしあなたがこれらの問題に関心をお持ちで、私がどう行動すべきか指摘して下さるならば、嬉しく思います。

246）この報告「エネルギーと物理学」は1975年10月8日に行われた。カピッツァの
　　論文集「実験、理論、実践 ― 論文と講演（Эксперимент, Теория, Практика -
　　Статьи, Выступления（Наука, Москва, 1974））に掲載されている。
247）チェルノブイリの事故はこの手紙から10年後の1986年4月26日に起った。
248）これは1975年3月22日にブラウンズフェリー原子力発電所（沸騰水型原子炉）の
　　火災事故を指す。

発信者：カピッツァ		**[A]**
受信者：P. ドーティ	日付：1977年4月21日	発信地：モスクワ

親愛なるポール[249]

　マーシャル・シュルマンを通して「核エネルギー：結果と展望」という本を私に送って下さったことにお礼を申し上げます。

　これは非常に興味深い、多くの情報が含まれている有用な本です。

　エネルギー問題は、間違いなく、研究者にとっても、エンジニアにとっても、最も重要な問題です。私の見るところ、それは、最終的に、核エネルギーの助けによって解決されると思います。

　あなたに是非お会いしたいと思っています。近いうちにソヴィエト連邦にいらっしゃる予定はありませんか？

　あなたはミュンヘンで開かれるパグウォッシュ会議に出席される予定でしょうか？

　私はこの会議に参加する予定はありません。

　今私は全地球的問題、特に、エネルギー問題にたいへん興味を持っています。残念ながら、この問題はパグウォッシュ会議で審議される問題の中で主要なテーマにはなっていません。この問題をパグウォッシュ運動の活動における基本的な問題にしようという私の試みは成功していません。

　現代における軍縮問題は、基本的には、政治家の権限内にあり、研究者の問題解決への影響は非常に限られています。相互の信頼なしに軍縮問題をどう解決できるか、私には分かりません。他方、全地球的問題の解決には国際的規模での研究者の緊密な協力が必要です。パグウォッシュはこのような協力に適しています。しかし、残念ながら、パグウォッシュ運動の活動の方向

---

249) ポール・ドーティ（1920-2011）はアメリカの生化学者。平和と安全保障問題にも
　　関わった。

を決める人々はこのような見方をしていません。(中略)

　あなたとあなたのご家族が健康でありますよう。心からの挨拶を送ります。

心よりあなたの　P. L. カピッツァ

8.6　ノーベル物理学賞の受賞

ノーベル賞授賞式でのカピッツァ

　1978年カピッツァはノーベル物理学賞を受賞した。評価された業績は「低温物理学分野における基本的な発明と発見」であった。ノーベル財団は、授章理由として「物質は非常に低い温度まで冷やすと、その性質が変化する。この点で、液体ヘリウムはそれ自体の性質のみならず、他の物質を冷やす手段として非常に興味深い。1934年ピョートル・カピッツァは大量の液体ヘリウムを生成する方法を開発した。これは多くの実験にとっての重要な方法になった。1937年に、ピョートル・カピッツァは極低温で、液体ヘリウムが抵抗なしに流れることを発見した。この現象は超流動として知られるようになった。」と述べている。カピッツァはノーベル賞をもっと早く受賞すべきであった。実際、カピッツァの実験に刺激を受け、液体ヘリウムの超流動の理論を創ったL. D. ランダウは1962年にノーベル物理学賞を受賞していた。

カピッツァといっしょに1978年のノーベル物理学賞を受賞したのはA. ペンジアスとR. W. ウィルソンで、「マイクロウェーヴ背景宇宙輻射の発見」が評価された。この発見は宇宙の起源の解明への重要な一歩であった。

カピッツァのノーベル賞講演は異例であった。通常、講演ではノーベル賞で評価された業績について受賞者が話をするが、カピッツァは「...低温物理学分野を離れて30年になり、現在は熱核反応に必要な極めて高温でのプラズマ現象を研究している。」として、「プラズマと制御された熱核反応」というタイトルで核融合問題について講演した。1946年の公職剥奪によって、低温物理学の研究の継続が出来なくなったことがここに反映している。

以下には、ノーベル賞授賞に寄せられたお祝いへのカピッツァの返事の一例を示す。

発信者：カピッツァ	**[C]**
受信者：J. ヴァン・ヴレック	日付：1979年4月11日　発信地：モスクワ

親愛なるジョン[250]

私のノーベル賞受賞への祝賀のお手紙への返事が遅れたことをお詫びいたします。

あなたの暖かいお祝いの言葉に厚くお礼申し上げます。私はお手紙にたいへん心を動かされました。

ところで、ノーベル賞の晩餐会でのスピーチで、あなたの主張に基づいて、私がノーベル賞を受賞したとき最高齢の人間であると述べたのですが、後で、ノーベル賞受賞時に最高齢の人物は、1966年ノーベル生理学・医学賞を受賞したP. ラウス（アメリカ）で、受賞時には87歳であったと指摘されました。

あなたのご健康をお祈りします。

---

250) ジョン・ヴァン・ヴレック（1899-1980）はアメリカの理論物理学者。物質の磁性の研究で、1977年ノーベル物理学賞を受賞した。

　私は今でも実験室で仕事をしています。

　心よりの挨拶をお送りし、ご多幸をお祈りいたします。

心よりあなたの P. L. カピッツァ

8.7　サハロフ問題へのカピッツァの立場

　アンドレイ・サハロフ[251]はソ連の水爆開発に参画した物理学者で、その功績によって「社会主義労働英雄」の表彰を受けている。しかし、1960年代に社会的発言を強め、反体制的科学者として活動が目立つようになった。1975年には人権擁護活動が評価されてサハロフはノーベル平和賞を受賞している。一方、ソ連政府はサハロフを1980年1月にゴーリキー市に隔離した。サハロフの活動には科学アカデミーの会員の一部から強い批判があった。しかし、カピッツァの立場はそれとは異なっていた。以下のアンドロポフ宛の長い手紙で、カピッツァは自分の立場を詳しく説明している。

発信者：カピッツァ　　　　　　　　　　　　　　　　　　　　　　　**[A]**

受信者：Yu. V. アンドロポフ[252]　　　　日付：1980年11月11日　発信地：モスクワ

敬愛するユーリー・ヴラディミーロヴィチ

　多くの研究者と同じ様に、我が国の傑出した物理学者 A. D. サハロフと Yu. F. オルロフ[253]の状況と運命が私にはたいへん気になっています。現状

251）アンドレイ・ドミートリエヴィチ・サハロフ（1921-1989）は理論物理学者。I. V. クルチャートフの下で原爆、水爆の開発に参加するが、1960年代から社会的発言をするようになり、反体制派と見なされて、政府のみならず、国内の研究者からも批判を受けた。1975年ノーベル平和賞を受賞した。

252）ユーリー・ヴラディミーロヴィチ・アンドロポフ（1914-1984）はソ連の政治家。1973年から共産党中央委員会政治局員。1962年から中央委員会書記。1967年から1982年まで国家保安委員会議長。1982年から中央委員会書記長。

253）ユーリー・フョードロヴィチ・オルロフ（1924-2020）は原子核物理学者で、人権活動家。1987年にアメリカに移る。

は次のようなものです。サハロフとオルロフは、彼らの研究活動によって、大きな貢献をしていますが、一方、反体制派としての彼らの活動は有害と考えられています。現在、彼らはいかなる活動もできない状況に置かれています。その結果、利益も害ももたらしていません。果たしてこれは我が国にとって有益なことなのだろうか、という疑問が生じます。この手紙では、出来るだけ客観的に、この問題を検討したいと思います。

研究者たちに尋ねれば、彼らははっきりとサハロフとオルロフのような立派な研究者が普通の研究活動に従事する可能性を奪われるなら、それは人類に損害をもたらすと言うでしょう。一方、もし研究者の研究活動をよく知らない社会活動家に尋ねれば、彼らは現状に対して逆の評価を与えるでしょう。

人類の文化の歴史においては、ソクラテスの時代から、反体制的考えに積極的に敵対的な態度をとる事例がよくありました。もちろん、国がそのときに置かれている具体的な社会状況と関連して、目の前の課題を偏見なく解決することは必要です。新しい社会体制を建設している我が国の状況では、レーニンの考えに依拠するのが最も正しいと私は考えます。なぜなら、レーニンは偉大な思想家、学者であるだけでなく、卓越した社会活動家であるので、彼の考えは多面的だからです。同じような状況における研究者へのレーニンの態度はよく知られていて、それは彼のI. P. パヴロフへの対応に最も明瞭に、完全な形で見ることが出来ます。

革命後にパヴロフが反体制的考えを持っていたことは、国内のみならず、海外でも、よく知られていました。社会主義に対する彼の拒否的な態度は明瞭に見えるものでした。彼は、遠慮なしに、最も厳しい表現で、指導部を批判し、教会では必ず十字を切り、革命まで注意を向けていなかったツァーリの勲章を着けていました。レーニンはパヴロフが反体制的思想を表明しても気にしませんでした。レーニンにとってパヴロフは偉大な研究者であり、レーニンはパヴロフによい研究環境を保障するために出来る限りのことをしました。例えば、よく知られているように、パヴロフは、犬を使って、条件反射に関する彼の重要な実験を行いました。1920年代のペテログラードでは食料事情は破局的なほど悪い状況でしたが、レーニンの指示によって、パ

ヴロフの犬の食料は正常な状況に保たれていました。科学アカデミー会員の
A. N. クルィロフ[254] が話してくれたところでは、彼がカメンノオストロフス
キー通りでパヴロフに会ったとき、パヴロフにこう話しかけました。「パヴ
ロフさん、1つあなたにお願いしてもいいでしょうか？」「もちろんです。」
「私をあなたの犬として連れて行って下さい。」これに対してパヴロフは「あ
なたは頭の良い方なのに、そんな馬鹿なことをおっしゃるのですね。」と応
じました。

　レーニンが研究者に例外的な配慮を示した他のいくつかのケースを、私は
知っています。それはK. A. ティミリャーゼフ[255]、A. A. ボグダーノフ[256]、カ
ルル・シュタインメッツ[257] その他の人々へのレーニンの手紙から分かりま
す。D. K. チェルノフ[258]へのレーニンの接し方は私に強い印象を与えました。
チェルノフは現代の最も優れた金属学者で、鋼鉄の合金に関する彼の古典的
研究は現代の金属学の基礎になっています。

　革命の時に、チェルノフは既に80歳位で、ミハイロフスキー砲術アカデ
ミーの教授であり、将軍で、宮廷の侍従の称号を持っていました。国内戦の
時に彼はクリミヤの自分の別荘に住んでいましたが、その別荘は白軍のヴラ
ンゲリ将軍が占領していました。ヴランゲリがクリミヤを去らねばならなく
なった時、彼はチェルノフに彼と一緒に亡命しようと提案しましたが、チェ
ルノフは断り、1人で自分の別荘に留まりました。別荘は既に赤軍に取り囲
まれていました。軍はレーニンに、チェルノフをどうしましょうか、と問い
合わせました。レーニンは出来る限りチェルノフを守るようにと指示を与え

254）アレクセイ・ニコラーエヴィチ・クルィロフはP. カピッツァの妻アンナの父親で
　　もある。

255）クレメンティ・アルカーディエヴィチ・ティミリャーゼフ（1843-1920）はロシア
　　の植物生理学の研究学派の創立者の1人。

256）アレクサンドル・アレクサンドロヴィチ・ボグダーノフ（1873-1928）はロシアの
　　革命運動の活動家であり、医者、哲学者でもあった。

257）チャールズ・シュタインメッツ（1865-1923）はポーランド生まれの電気工学者、
　　数学者。

258）ドミトリー・コンスタンティノヴィチ・チェルノフ（1839-1921）は金属学者。

ました。そこで、彼の別荘で赤軍水兵からの特別な保護が彼に与えられました。私はこれらすべてについて Ya. I. フレンケリ[259] から聞きました。彼は当時若い研究者で共産党員でした[260]。クリミヤの解放後すぐに、フレンケリはシンフェローポリ大学を設立することになり、研究者のチェルノフに声をかけ、助力を頼みました。チェルノフは大学で講座を持つことを引き受けました。こうしてレーニンの賢明な決断の結果、学問においてボリシェビキと宮廷の侍従の協力が実現しました。

　さらに、1つの教訓的実例について述べたいと思います。それは現代に起ったことで、反体制派の芸術家から生じた対立と関連しています。1945年に私の研究所にヨシップ・ブロズ・チトー[261] がやって来ました。この訪問はパーヴレ・サヴィチの発案によるものでした。サヴィチは物理学の研究者であり、戦時中はユーゴスラヴィアの科学分野を専門とする大使館員で、大使館の仕事がないときには、私たちの研究所で研究をしていました。今、サヴィチはベオグラードで科学アカデミーの会長をしています。研究所を案内しながら、同志チトーと話をしたとき、メシュトロヴィチをどう思うかと私は聞きました。私はメシュトロヴィチの作品が好きだったからです。彼はオギュースト・ロダンの弟子で、現代の最も優れた彫刻家の1人です。チトーはメシュトロヴィチについては非常に否定的な話を始めました。チトーは、メシュトロヴィチは自分には縁の遠い人間だと言いました。というのは、メシュトロヴィチはユーゴスラヴィアに作られる国家体制には反対で、手厳しい発言をしていたからです。さらに、彼は信心深い人間で、ローマ法王と親しい関係にあるなどと話しました。私はチトーと言い争いを始めました。私は彼に、メシュトロヴィチのように、芸術において創造の高みに

259）ヤコーフ・イリイチ・フレンケリ（1894-1952）は量子力学、凝縮状態の物理学などの分野を専門とする理論物理学者。カピッツァの学生時代からの友人であった。

260）ここの記述は不正確で、フレンケリは共産党の党員であったことはないようである。

261）ヨシップ・ブロズ・チトー（1892-1980）はユーゴスラヴィアの大統領で、その職に長く在任した。

到達した人間については、標準的な尺度で判断すべきでないと言い、例として、レーニンのパヴロフとの関係を挙げました。チトーはなかなかの論争好きで、会話は熱を帯び、私たち2人は激しく対立しました。しかし、チトーは突然話を中断し、私の主張を聞いて自分の信念を変える気になったので、ユーゴスラヴィアに帰ってからメシュトロヴィチに対する対応を変えると述べました。

　ご存知のように、その後我が国とチトーの間には大きなもめ事が起こり、正常な関係にもどったのはフルシチョフの時代でした[262]。この頃私にはいやな出来事がありました。しかし、後に私の状況は良くなり、私は社会主義諸国を旅行できるようになりました。私は自分で車を運転し、初めのうちは民主主義共和国の国々に行きました。

　1966年に、インツーリストで旅行の支払いをして、ユーゴスラヴィアへ行くことにしました。ユーゴスラヴィアの国境で、私は温かく迎えられ、ベオグラードの到着後すぐに、チトー元帥が私と面会することを希望していると言われました。私たちはベオグラードに夜遅く到着しましたが、朝10時にチトーは自動車をよこしました。面会したときに私に言った最初のことは、彼がモスクワでの論争にたいへん感謝していて、それ以後、彼はメシュトロヴィチとの自分の関係を変え、その結果、メシュトロヴィチもユーゴスラヴィアにおける新体制への彼の態度を変え始めました。関係はよくなり、メシュトロヴィチがユーゴスラヴィアのために積極的に働き始めました。私の記憶では、彼の彫刻の1つにテスラ[263]の肖像があります。メシュトロヴィチが死んだ時、彼の遺言によって、すべての作品がユーゴスラヴィアに遺贈

262）チトーはユーゴ共産党の指導者として、第2次世界大戦ではドイツに対する抵抗
　　運動を組織し、1945年に首相になった。チトーは、戦後、スターリン政権のソ連か
　　らの圧力に屈せず、独自路線（チトー主義）を歩んだ。スターリンの死後、フルシ
　　チョフの時代になって、二国の関係は修復された。一方、カピッツァは1946年から
　　9年間、スターリンとベリヤによって、公職から追放されていた。
263）セルビア出身の電気技師で、エジソンと異なり、交流の重要性を指摘した。

されました。スプリト[264]には、彼の彫刻のために、特別な美術館が建設され、その隣にメシュトロヴィチが埋葬されています。

　その後、チトーは私に、彼が発展に努めていたユーゴスラヴィアにおける社会システムについて話をしました。ここで再び論争になりました。その結果、チトーは私にザグレブにあるいくつかの工場を訪問して、私の意見を聞かせてほしいということでしたので、私はそうしました。

　ユーゴスラヴィアを去るとき、ユーゴスラヴィアの最高の勲章である「蝶結びのリボンの付いたユーゴスラヴィアの旗」勲章が私に授与されることが伝えられました。この時までにメシュトロヴィチは既に亡くなっていました。恐らくメシュトロヴィチは彼へのチトーの対応がなぜ変わったのか、知らなかったと思われます。チトーは第一級の彫刻家アヴグスティンチチに私の彫像を作るように依頼しました。モスクワに帰ってから、彫像は既に完成し、勲章と一緒に私に届けられる予定であると伝えられました。しかし、それは遅れていました。というのは、勲章は我が国の政府から許可が出ていなかったからでした。そこで私はソヴィエト連邦科学アカデミー副会長のB. P. コンスタンチノフに聞きました。すると彼は、彼が直接あなた［アンドロポフのこと］に話をすれば、許可は出る、と言いました。実際、しばらくして、モスクワ駐在のユーゴスラヴィア大使から彫像と勲章が手渡されました。

　これらの例が示しているのは、反体制的な考えの人たちには、レーニンがしたように、よく考えて、慎重に、接しなければならないということです。異端的な考えは有益な創造活動と密接に結びついていて、文化のどんな分野でも創造活動は人類の進歩をもたらします。

　あらゆる分野における人間の創造的活動の源には現存するものへの不満があるのは容易に理解できます。例えば、研究者は彼が興味を持っている学問領域における認識の現状に不満を持っているとき、新しい研究方法を探索します。作家は社会における人々の相互関係に満足していないとき、芸術とい

264）旧ユーゴスラヴィア（現クロアチア）の都市。

う方法によって、社会の構造や人々の振舞いに影響を与えようとします。エンジニアは技術的課題に対する現代の解決法に不満を持っているとき、解決のための新しい建設の方式を探します。社会活動家は国家がその上に作られている法制や伝統に満足できないとき、社会の機能のための新しい形をさがします、等々。

　このように、創造活動を始めたいという希望が生まれる背景には、その根底に現状への不満がなければなりません。すなわち、その人は異説を唱える人間でなければなりません。これは人間の活動のどんな分野にも当てはまります。もちろん、不満を抱く人はたくさんいますが、創造活動が生産的であるためには、才能がなければなりません。優れた才能を持つ人は少ないことを私たちは知っています。ですから、そのような人たちを評価し、守らねばなりません。これはよき指導者の下でも実行するのは難しいことです。桁外れの創造には桁外れの情熱も必要で、それは激しい形の不満の表明をもたらします。それ故、才能豊かな人々は、普通、いわゆる「難しい性格」の持ち主です。それは、例えば、大作家たちに見られます。なぜなら、彼らはすぐに言い争いをし、抗議するのが好きなのです。現実には、創作活動は、通常、冷たく扱われます。人々は、全体として、保守的で、静かな生活を志向しているからです。

　結局、人間の文化の発展の弁証法は、保守主義と異説の間の対立にあります。そして、それはどんな時代でも、人間の文化のすべての領域で起ります。

　サハロフのような人間の振舞いを観察すると、彼の創造活動の基礎にも現存するものへの不満があることが分かります。彼が大きな才能を持っている物理学に関して言えば、彼の活動は極めて有用です。しかし、彼が活動を社会的問題に広げると、それはそれほど有用な結果をもたらすことなく、普通、創造的な想像力を持たない役人的気質の人々からの強い否定的反応を引き起こします。その結果、レーニンのように、異端的考えを表明してもそれに目をつぶるのではなく、管理者的なやり方で彼を押さえ込もうとします。こうすると、研究者の有用な創造的活動も駄目にしてしまうことに気付かな

いのです。つまり、水と一緒に風呂桶から赤ん坊も流してしまうことになります。大きな創造的仕事には思想としての性格があり、力による官僚的な働きかけには屈しません。そのような場合にどう行動しなければならないかはレーニンがパヴロフとの関係において示しました。それについてはこの手紙の初めに記しました。その後、レーニンは、パヴロフが社会的問題について表明した極めて異端の考えを無視して、パヴロフにも、また彼の研究活動に対しても、個人として極めて丁重に対応しました。レーニンのこの態度が正しかったことはその後現実に証明されました。その結果、パヴロフはソヴィエト時代に生理学者として世界の科学で先進的な役割を演じ、条件反射に関する輝かしい研究を中断しないで済んだのです。社会問題に関係する課題については、パヴロフが話したことはすべてずっと昔に忘れられています。

　興味あることに、レーニンの死後、パヴロフにそのように丁重に接したのはS. M. キーロフ[265] でした。ご存知の通り、キーロフは個人的にパヴロフに大いに注目していただけでなく、パヴロフの研究のためにコルトゥシ[266] に特別な実験室を建設して、援助しました。最終的に、これらすべてがパヴロフの異端的考えに影響を与え、その考えは次第に消えてゆきました。

　既に記しましたように、チトーは人間の創造的活動へのレーニン的アプローチの賢明さを評価して、この時生ずる矛盾をどのように解決しなければならないかを理解すると、彫刻家メシュトロヴィチの場合にも反体制派に同じような変化が起りました。

　私たちは、今、なぜか研究者への対応でのレーニンの遺訓を忘れています。サハロフとオルロフの例では、これが悲しむべき帰結をもたらしているのを目の当たりにしています。これは一見するよりも遥かに深刻な事態です。なぜなら、それによって重要な意義を持つ科学の発展において、資本主

265）セルゲイ・ミロノヴィチ・キーロフ（1886-1934）はソ連の共産党の政治家。レニングラード市第一書記であったキーロフは1934年に暗殺された。暗殺の背後にはスターリンがいたのではないかと推測されている。

266）レニングラード近くの村である。キーロフは共産党レニングラード市委員会第一書記であった。

義国より我が国が遅れることになるからです。なぜなら、それは傑出した研究者の創造的活動への敬意ある対応が必要であることを私たちが過小評価していることの結果だからです。レーニンの時代と比べて、今は我が国の研究者への配慮が著しく少なくなり、非常にしばしば、官僚的悪平等が広まっています。

　競技に勝つためには、速く走る馬が必要です。しかし、賞金を獲得できるような馬は多くいません。そういう馬は、普通、強情ですから、上手な馬の乗り手とよき心配りが必要です。普通の馬はおとなしく、乗るのはずっと簡単ですが、もちろん、競技には勝てません。

　サハロフとオルロフに対してお役所的働きかけを強めても、私たちは何も達成できませんでした。その結果、彼らの反体制的考えは一層強まり、今ではその圧力は非常に大きくなって、外国でさえ否定的反応をするようになっています。反体制思想を理由として、オルロフの自由を12年間奪って罰し、それによって彼が完全に研究活動を出来ないようにしています。そのような厳しい処置の必要性を正当化するのは困難です。これは多くの人の当惑を引き起こし、我が国の弱さの現れと解釈されています。現在、外国では我が国との研究上の連携に対して広範なボイコットが起っています。ジュネーブにあるヨーロッパ原子核研究機構（セルン）では我が国の研究者たちも働いていますが、研究員たちがオルロフの名前を織り込んだセーターを着ています。もちろん、これらはすべて一時的な現象ですが、科学の発展にブレーキをかける効果があります。

　反体制的研究者への役人の圧力は昔から存在し、最近でも西欧で起ったことを知っています。例えば、有名な哲学者で数学者のバートランド・ラッセルは自分の反体制的考えのために、本当に短い期間だけですが、二度投獄されました。しかし、これは知識層に怒りを引き起こすだけで、ラッセルの行動には何の影響も与えないことを知って、イギリス人たちはこの働きかけのやり方を放棄しました。

　我が国の反体制的研究者たちにどのように働きかけるべきか、私には分かりません。

もし私たちが力による対応をさらに強めるならば、何も喜ばしいことは見込めません。いっそのこと、逆のやり方がましではないでしょうか？

敬意を持って　P. L. カピッツァ

発信者：カピッツァ	**[C]**
受信者：L. I. ブレジネフ	日付：1981年12月4日　発信地：モスクワ

敬愛するレオニード・イリイチ

　私は既に相当に年取った人間です。人生から学んだことは、寛大な行いは忘れられることがないということです。

　サハロフを大事にして下さい。確かに彼には大きな欠点があり、厄介な性格の持ち主です。しかし、彼は我が国の偉大な研究者です。

敬意を持って　P. L. カピッツァ

第9章 ディラックとランダウが見たカピッツァ

　本書の締めくくりとして、カピッツァの親友であるP. ディラックとL. ランダウのカピッツァについての短い文章を掲載する。ディラックは孤高の理論物理学者として知られる。それに対してカピッツァは実験物理学者である。研究スタイルは対照的、性格もまた対照的でありながら、意外にも2人は生涯の親友で、共著の論文もある。一方、ランダウはロシアの最高の理論物理学者で、極低温の液体ヘリウムが示す「超流動」についてカピッツァが実験で解明し、ランダウがそれを理論で裏付けた。

9.1　ディラック「私の知るカピッツァの人生」[267]

　これからカピッツァのこれまでの人生についてお話ししたいと思います。カピッツァ自身は自分の人生について語ることを好みませんでした。しかし、私の考えでは、彼の人生がいかに興味あるものか、彼の人生の詳細を理解することが我々にいかに喜びを与えるかを、カピッツァは分かっていないようです。ですから、私が知る範囲で、カピッツァについてお話ししたいと思います。

　カピッツァと私は非常に長い年月、正確には59年間、友達であり続けていることを申し上げておきたいと思います。友人が、そのような長い年月、お互いに知り合いであるというのはかなり稀なことです。この59年間に私たちは何度も会いました。これからお話しするのは、カピッツァが私に語ったことです。私はカピッツァから聞いたことを繰り返すのです。

　1920年にはカピッツァは若い実験物理学者としてレニングラードで研究

---

267) この文章はInternational Seminar on Nuclear War, 2nd Session "How to Avoid a Nuclear War"（1982年）におけるP. ディラックの特別講演 "Kapitza's Life as I Know It" の翻訳である。カピッツァの親友であるP. ディラックがカピッツァをどう見ていたかが記されていて興味深い。

をしていました。彼には妻と2人の小さい子供がいました。そのとき発疹チフスの流行が街を荒れ狂っていて、この流行でカピッツァの妻と2人の子供が亡くなりました[268]。これはカピッツァにとって辛い打撃でした。そこで外国に行って、新しい人生を始めることを決断しました。当時はロシア人は希望すれば外国に行くのに困難はありませんでした。誰でも希望すれば自由に出国できました。カピッツァはケンブリッジに行くことを選びました。というのは、当時、ケンブリッジは物理学において世界の先端を行くセンターだったからです。そこにはラザフォードが所長を務めるキャヴェンディッシュ研究所がありました。

　カピッツァは1921年にケンブリッジに来ました。彼の能力はすぐにラザフォードに強い印象を与えました。ラザフォードはカピッツァのよい友人になり、カピッツァの研究を強力にサポートしました。カピッツァは積極的な人間で、ケンブリッジに小さい物理学者のグループを作りました。メンバーの半分は実験家、半分は理論家でした。このグループはカピッツァ・クラブと呼ばれました。メンバーは毎週火曜日の夜、夕食後に集まり、当時の物理学者が興味を持っていた問題について議論しました。カピッツァ・クラブの活動記録は覚え書き帳に残されました。それは歴史家に大いに興味があるものです。

　ケンブリッジにおけるカピッツァの研究は主として2つから成りました。彼は強い磁場を生成することに興味があり、非常に短い時間強い磁場を生み出す装置を発明しました。それは短い時間だったとはいえ、実験をするには十分でした。カピッツァが興味を持っていた2番目のテーマは液体ヘリウムの生成でした。当時、生成できる液体ヘリウムは少量に過ぎませんでした。カピッツァはもっと大量に生成する機械を作ることに興味を持っていました。これら2つの研究では精巧な装置が必要でした。しかし、ラザフォードはカピッツァを援助し、カピッツァは数1,000ポンドもの必要なお金を手に

268）最初の妻と2人の子供は、実は、スペイン風邪と呼ばれるインフルエンザで亡くなったと言われている。したがって、ディラックの記憶違いと思われる。これ以外にも、カピッツァの手紙と照らし合わせると、ディラックの文章には記憶違いと思われる記述があるが、それについては大目に見ることにしたい。

入れました。それは当時の科学研究ではとてつもない金額でしたが、お金が得られ、カピッツァは彼の装置を作り上げました。

　カピッツァのために特別実験室がキャヴェンディッシュ研究所の隣りに建設され、モンド研究所と呼ばれました。カピッツァは、多くのトラブルに直面しましたが、ついに、装置を動かすことに成功しました。こうして彼はイギリスで物理学者としての地位を確立しました。彼は特別な名誉である王立協会のフェローに選ばれました。カピッツァより2年後の1923年に私はケンブリッジに来ました。私はすぐにカピッツァと親しくなり、しばらくしてカピッツァ・クラブへの入会が認められました。

　カピッツァは彼の実験室で実験をするように私に勧めました。そこで私は機械的に動くパーツなしに、回転する気体の入った装置を用いて、遠心力で同位元素の分離を試みる問題について実験をしました。カピッツァは私のアイデアを実現する非常に簡単な装置をどう作るか示し、私はこの仕事を進めました。私はこの方法で同位元素の分離を達成できませんでしたが、予期しなかった熱的効果を見出しました。それはなかなか面白いもので、それについて研究を進めました。

　カピッツァと私はある小さな仕事も共同で行いました。それは光の定在波による電子の反射の問題です。光が反射面に垂直に入ると、入射波と反射波の間で干渉が起こります。光の定在波に小さい角度で電子のビームを入射することができます。これは有用な実験です。なぜなら、当時電子の波動的性格はまだなお不確かで、もし電子が結晶格子で起こる反射と同じように反射されるなら、電子の波動的性格のチェックになるからです。カピッツァはこの実験のアイデアを提案し、私は理論を作りました。私たちはこれについて連名の論文を発表しました。論文は1931年にProceedings of the Cambridge Philosophical Societyに印刷されました[269]。

269）1931年というのは記憶違いで、P. L. Kapitza and P. A. M. Dirac: Proc. Camb. Philos. Soc. 29, 297（1933）"The Reflection of Electrons from Standing Light Waves" の論文のことと思われる。

何年か後に実験が行われました。驚いたことに、実験は理論が予言したよりもずっと大きな効果、すなわち、電子の反射ビームは遥かに強いことを示しました。それに対する説明は、光のビームが一様でなく、このビーム中の揺らぎによって効果が強められたのです。それは光の強度の2乗に依存します。ですから、この揺らぎによって光のビームが一様である場合と比べて、より強い電子の反射ビームが得られます。

　カピッツァ自身の研究は、主として、2つの問題から成っていました。非常に強度の強い磁場を生成すること、それに加えて、液体ヘリウムを大量に生成することでした。

　当時カピッツァは毎年夏になるとロシアへ旅行する習慣がありました。これには少し危険がありました。というのは、ソヴィエト側が彼を拘留する可能性があったからです。しかし、それでもなお、カピッツァはイギリスで仕事をしている物理学者として地位が確立しているので、それが彼を守り、ロシアの政権は彼を引き留めることはないだろうと考えていました。1934年まではそれはうまく行っていました。その後ソヴィエト政権は弾圧を強め、カピッツァがケンブリッジに帰ることを認めませんでした。

　実は、カピッツァは1927年に再婚し、ロシアへは妻と一緒に行きました。妻はイギリスに帰ることを許されましたが、カピッツァ本人が帰ることは許されませんでした。強調しておきたいことは、カピッツァは共産党の党員ではなく、また、党員であることは一度もなかったということです。しかし、たとえ共産党員でなくても、価値がある可能性があると政府は考えていました。政府は、カピッツァはそのような価値のある人間であり、彼をロシア国内に留めておきたいと考えていました。ですから彼の妻は1人でケンブリッジに戻りました。カピッツァはソヴィエト政府に自分の装置を必要としていること、自分の実験室と装置が要ること、それらがなくては仕事ができないことを述べました。政府は大いに同情し、モスクワに彼のために新しい研究所を建設すると言い、そのように進めました。その研究所は「物理問題研究所」と呼ばれました。政府は寛大にも、カピッツァが必要としているあらゆる装置を与えました。政府はケンブリッジにあるカピッツァの装置をイギリ

スから買い、それをモスクワに送り、新しい研究所に入れたのです。政府は
彼のために家を与え、また、モスクワの近くの40マイルほど離れた所にあ
る小さい田舎の家を「ダーチャ」として与えました。多くの著名なソヴィエ
トの市民がそのような「ダーチャ」を持っていました。そこは、静かな時間
を持ちたい時に過ごせる場所でした。

　カピッツァは、外国へ行く自由を除いて、欲しいものは何でも得られまし
た。装置をケンブリッジからカピッツァの新しい研究所の建物へ移すのに約
2年かかりました。カピッツァは、もちろん、これを悲しく思っていました。
何故なら、その2年間は彼の人生から切り取られたもので、無駄だったから
です。しかし、彼は新しい状況に自分を適応させねばなりませんでした。カ
ピッツァがモスクワにいなければならないことがはっきりすると、彼の妻は
ケンブリッジを去って、2人の息子たちを連れてカピッツァに合流しました。
蛇足ですが、この2人の男の子はケンブリッジにいる間ずいぶん自由奔放な
生活振りで、「手に負えないロシアの少年たち」として知られるようになり
ました。しかし、彼らがモスクワに移ってからは、「手に負えないイギリス
の少年たち」として知られるようになりました[270]。

　当時、私はカピッツァを毎年夏に訪問しました。彼の助けになればと思っ
ていたのです。私は彼にケンブリッジについての最新のニュースを伝え、新
しい生活を始めたカピッツァを出来る限り励まそうとしました。これは第2
次世界大戦の勃発で不可能になるまで続きました。こうして、一時期カピッ
ツァとの接触が断たれました。

　ここから私の話の第2部になりますが、これからお話しすることの概略は
“Physics Today”の最近の論文に既に発表しました。1945年にアメリカは
爆弾、すなわち通常の原子爆弾、を爆発させました。するとソヴィエト政府

---

270) P. A. M. Dirac: Physics Today **33**, No.5, 15（1980）にも記されている。長男はセ
　ルゲイ・ペトローヴィチ・カピッツァ（1928-2012）で物理学者、テレビの科学番組
　のキャスターになり、科学の普及に尽くした。次男アンドレイ・ペトローヴィチ・
　カピッツァ（1931-2011）は地理学者で南極探検家、特に南極の氷の下に湖がある
　ことを発見したことで知られる。

はそれのコピーを開発したいと考えました。この開発の責任者にすべき人間は、当然、カピッツァでした。そこで政府はカピッツァに原子爆弾を開発することを命じました。カピッツァは断りました。彼にはそのような武器を開発することに反対する強い道徳的根拠がありました。ですから、彼はその仕事をすることを率直に断りました。申し上げておきたいのは、もしあなたが独裁政治下に生きていて、独裁者が言うことに従うのを拒否するならば、あなたは極めて勇敢でなければならないということです。その後でどういうことになるか分からないからです。

　しかし、カピッツァはあくまで自分の原則を守りました。ソヴィエト政府は厳しく彼に圧力をかけました。カピッツァは、彼のために特別に建設された研究所の所長の職を剥奪されました。研究所に付属していた家に住む可能性も奪われました。当然ながら、研究所の所長としての給与も失いました。彼はあらゆる名誉も取り上げられました。彼の収入はソヴィエト科学アカデミー会員であることによって受け取るわずかな収入だけになりました。もしあなたがソヴィエト科学アカデミー会員ならば、この地位に伴うわずかな年金が与えられるのです。カピッツァはこのわずかな年金で生きて行くように生活を順応させねばなりませんでしたので、「ダーチャ」に引っ越し、この切り詰めた状況で生き続けました。私の知る限り、カピッツァは実際には自宅監禁の状況にはありませんでした。彼は望むなら自由に旅行できました。しかし、旧友たちは彼と交際し、彼と親しく見えることをちょっと恐れていました。彼らはそれが自分のためにならないと恐れていたのです。もしあなたが政府から冷遇されている誰かと親しくすると、あなたの立場はいくらか危険なものになります。そのような事情でカピッツァは孤立し、孤独でした。

　カピッツァは活動的な人間で、自分のダーチャで何もしないでいたくないと考えていました。彼はダーチャに小さな実験室を建設しました。彼はそのためのいくらかの設備を手に入れることができました。この小さな実験室の運営で彼を助けてくれるのは彼の妻を除いてだれもいませんでした。このような条件の下ですら、彼は価値がある研究をしました。彼はボール状稲妻や

276

プラズマ物理学について研究し、これらの問題について有用な結果を得ました。

　カピッツァはそれから非常に大胆なことをしました。彼はベリヤに関してスターリンに手紙を書きました。彼は、ベリヤは信用できない人間で、監視しなければならないと言いました。カピッツァがこのようなことをするとは、非常に勇気あることだと私は考えます。というのは、彼はそのような手紙が何をもたらすか、知らなかったのです。しかし、彼は手紙を書くのは自分の義務と感じていました。手紙はカピッツァからスターリンへの高度に内密のものでした。結果は、実際、カピッツァにとって最悪のものでした。というのは、ベリヤが何かの方法で手紙を手に入れ、もちろん、非常に腹を立て、カピッツァを始末したいと考えました。しかしながら、スターリンが介入しました。彼はベリヤに、カピッツァに近づくなと言いました。それでしばらくの間カピッツァは安全になりました。しかし、それはかなり異常な状況でした。何しろ、スターリンはカピッツァに対して本質的に敵対的でしたが、もっと悪い敵に対しては保護者であったからです。

　時間の経過と共に、スターリンはカピッツァに対していくらか態度を軟化し、カピッツァが小規模で講義を再開することを認めました。カピッツァにとって他の物理学者に会い、彼らと正常な条件の下で議論できるのは非常に心地よいことでした。それはスターリンの70歳の誕生日まで続きました。ロシアではスターリンの70歳の誕生日のため大きな祝賀会がありました。カピッツァはそれに参加することを拒否しました。スターリンはそれに怒って、講義を許可するというカピッツァに与えた特権を剥奪し、カピッツァは元の地位に戻りました。この状況はスターリンの死まで続きました。

　当然ながら、当時、カピッツァの地位は極めて危険なものでした。彼にはベリヤから彼を守ってくれる人がいませんでした。彼には自分の身を救うために何もできませんでした。彼に出来ることといえば、自分のダーチャで非常に静かに、目立たないように生きて、ベリヤが他の難しい問題で手一杯で、カピッツァのことを心配する余裕がないことを期待することしかありませんでした。カピッツァはその後の出来ごとについて面白い話を聞かせてく

れました。

　ある朝2人の男が彼のダーチャにやってきて、彼の実験室を見せてほしいと頼みました。カピッツァは彼らに実験室を見せました。すると訪問者たちは彼の装置を詳しく見て、それがどう動くのか、装置の各部の役割を正確に理解したいと言いました。カピッツァはそれを彼らに説明しました。この説明があまり進まないうちに、この2人は本物の物理学者でなく、彼らに話していることを彼らが本当は理解していないことにカピッツァは気付きました。しかし、それでも彼らは質問を続けました。カピッツァは2人の男に忍耐強く応対し、詳細を説明しました。しかし、カピッツァには彼らの訪問の理由が理解できませんでした。すると、12時に2人は「十分拝見しました」と言い、突然去り、カピッツァはこの訪問の理由が何だったのかについて疑問に包まれた状態のままでした。それは次の日に明らかになりました。カピッツァはその日の12時にベリヤが逮捕された事を知りました。彼は、この2人の男は味方であって、ベリヤがカピッツァに対して何か最後の手段を取るならば、そのときカピッツァを守ろうとしてやって来たのだと考えました。幸いそれは必要がないことになりました。

　ベリヤの失墜によって、ソヴィエト政府のカピッツァへの支持が回復しました。カピッツァは再び彼の研究所の所長になり、研究所の所長に属する家が返還されました。

　彼のこれまでの全ての名誉が彼に戻りました。彼はソヴィエト連邦の、尊敬され、名誉ある市民になり、以後それは変わりませんでした。彼はプラズマ物理学について貴重な研究を続けています。

　私がお話しようと思っていたことは以上です。もし私が何か不正確なことを話していましたら、カピッツァがそれを注意するでしょう[271]。

271）カピッツァは1984年4月8日に亡くなった。ディラックの講演は亡くなる少し前に行われたことになる。

9.2　ランダウ「勇気を持って行動するように生まれて」[272]

　研究者の個性とその人の研究活動は常に結びついています。ピョートル・レオニードヴィチ・カピッツァの場合にはこの結びつきはすぐに眼につくものです。もし研究者を2つの言葉で特徴付けよと言われれば、カピッツァの場合、それは無限の発明の才能に無尽蔵の好奇心を掛け合わせたものだと私は言うでしょう。

　科学アカデミー会員P. L. カピッツァは今世紀の最も偉大な実験物理学者の1人です。しかし、彼を現代の傑出したエンジニアと呼ぶことも十分根拠があります。なぜなら、彼によって鮮やかに解決された課題はエンジニアとしての発明の才能なしには解決不可能であり、高度の技術的インスピレーションなしには不可能だからです。そのような課題の数は非常にたくさんあります。

　1918年にペトログラードの理工大学を卒業した後、彼は放射線と電子の運動の研究に夢中になりました。彼の出会った最初の素晴らしい先生は「パパ ヨッフェ」、すなわち、科学アカデミー会員アブラム・フョードロヴィチ・ヨッフェです。ヨッフェは実験物理学の天空に輝く一等星で、多くの点で才能ある自分の学生の進路を決定しました。

　カピッツァは、1921年に、研究のための出張でイギリスに行き、そこで13年過ごすことになりました。そして今度もまた、この若い研究者は「ついていました」。というのは、彼の2番目の教師になったのはアーネスト・ラザフォードであったからです。ラザフォードはニュージーランドの養蜂家の息子で、物理学実験における第一級の学者になりました。

---

272) http://elib.biblioatom.ru/text/fiziki-o-sebe_1990/Л. Д. Ландау: Дерзать рожденный これは1894年7月8日生まれのP. L. カピッツァの70歳の誕生日のお祝いとして1964年7月8日付のコムソモールスカヤ・プラウダ［旧ソ連の共産党の青年向け日刊紙］に発表されたランダウの文章である。ランダウは1962年1月7日に重大な交通事故に遭い、大怪我をした。したがって、おそらく、この文章はランダウが口述筆記で書いたものであろう。

この時期、カピッツァは磁場に「取り付かれていました」。彼は世界で初めて30万ガウスを超える磁場を実現し、長い間「磁場の世界チャンピオン」でした。彼はこの磁場の中で金属の電気抵抗が磁場の強さに比例して増大することを発見し、磁場中でのスペクトル線の分裂を観測し、反磁性物質の磁場中での歪みを研究しました。

　その後、彼は低温に注意を向けるようになり、ユニークな磁場の装置に替わって水素とヘリウムを液化するための装置に取り組むようになりました。ここでもまた、物理学の実験の科学で彼が行ったようなことは前例がありませんでした。彼が提案した方法は全く新しく、独創的でした。

　こうして、カピッツァから新しいカピッツァが生まれました。

　1935年[273]にカピッツァはソヴィエト連邦に戻り、彼が創設した科学アカデミーの物理問題研究所のトップになりました。私自身はカピッツァの実験室には滅多に行きませんでした。というのは、私には何も解らないような場所で利口そうなふりをするのが嫌だからです。カピッツァと私は既にイギリスで知り合いになっていました。この付き合いはハリコフでもモスクワでも続きましたが、まさにこの時期に私たちの緊密な協力が始まりました。それは実験家と理論家の間での可能な限りの緊密な関係でした。1938年にカピッツァは当時の多くの知性を驚かせる液体ヘリウムの超流動現象を発見しました。私はその現象を理論的に説明したのです。当時私たちは頻繁に会って、長い時間話し合いました。私は彼から他の誰からも聞けない多くのことを聞くことができました。

　この時期はもう1つのことで私にとって忘れがたいものになっています。こちらは極めて悲しい出来事です。私は馬鹿げた密告によって逮捕されたのです。私がドイツのスパイだという嫌疑がかけられたためです。今になるとそれは時折滑稽にさえ感じられるのですが、当時は全く笑い話どころではありませんでした。私は1年間監獄で過ごしました。この状態がたとえ半年でもさらに続けば、私は持たないことが明らかでした。私は全く死にかかって

---

273) これはランダウの記憶違いで、正しくは1934年である。

いました。この時カピッツァはクレムリンに行って、私の解放を要求し、もし解放されない場合は、彼は研究所を辞めるであろうと表明したのです。その後、クレムリンは私を解放しました。その当時は、このような行為をするには、とてつもない勇気、大きな人間愛、汚れのない誠実さが必要であることは言う迄もないでしょう。

　戦時中は、空気の液化に関するカピッツァの努力のお陰で、我が国のエンジニアたちは冶金工業において酸素を送り込む方法を速く活かすことができました。よくあることですが、抽象的で「無駄な」実験がタンクの装甲の強化に変わったのです。

　カピッツァを特徴付けているのは万能の知識です。彼はいつでも新しいテーマに取り組む用意ができており、新しい情報を探しています。最近、彼のグループは科学的な関心を一層広げています。その中には、海の波と風との相互作用の定量的理論を生み出した運動している液体の薄い層における波動的な熱プロセスの研究とか、軸受の潤滑油の流体力学的理論の発展とか、球状の稲妻の性質に関する仮説などがあります。これから判るように、彼は大地、水、天空で起るすべての現象に興味を持っています。

　本日7月8日ピョートル・レオニードヴィチ・カピッツァは70歳になります。彼は学者が夢想するすべてを既に手にしています。彼の研究成果は認められているし（社会主義労働英雄、ソヴィエト連邦科学アカデミー常任委員会メンバー、ロンドン王立協会員、デンマーク、米国、インド、アイルランドの各科学アカデミー名誉会員、パリ大学、オスロ及びアルジェリアの大学の教授などの名誉を受けています）、彼には才能ある門下生がいます。つまるところ、真の研究者にとってこれ以上は必要ないでしょう。彼にはもう休息することが許されているように思われますが、毎日長時間実験室でただ座っていることができないようです。以前と同じように、自分の研究を止めることがないし、以前と変わらず、彼の好奇心と発明の才には限界がありません。以前と同じように、物理問題研究所の有名なカピッツァ・セミナーでは熱い討論をしています。このセミナーでは権威への敬意よりも真理への敬意が上回っています。また、以前と同じように、理学部の卒業予定者はカ

ピッツァの弟子と呼ばれるようになる日を夢見ています。

　最後に、心からピョートル・レオニードヴィチ・カピッツァの誕生日をお祝いし、今後すべてがずっと以前と変わらないことを私は希望しています。

本書で参考にしたカピッツァについての本

　本書の執筆の際参考にした本を以下に挙げる。カピッツァの個々の論文
は、必要に応じて、脚注に示している。

1. П Л Капица: Письма о науке 1930-1980 [P. L. カピッツァ：科学に関す
　　る手紙—1930年から1980年まで] （Московский рабочий, Москва,
　　1989）
　　本書で取り挙げた手紙の大部分はこの本から選ばれた。

2. J. W. Boag, P. E. Rubinin, D. Schoenberg （editors）: Kapitza in
　　Cambridge and Moscow - Life and Letters of a Russian Physicist -
　　（North-Holland, 1990）
　　カピッツァの助手を務めた著名な物理学者D. シェーンベルグとカピッ
　　ツァの秘書のルビーニンというカピッツァを最もよく知る2名がまとめ
　　たカピッツァの生涯に関する本で、カピッツァの手紙が多数掲載されて
　　いる。

3. Петр Леонидович Капица: Воспоминачия, Письма, Документы
　　[P. L. カピッツァ：回想、手紙、記録] （Наука, Москва, 1994）

4. Петр Леонидович Капица: Эксперимент, Теория, Практика -
　　Статьи, Выступления [実験、理論、実践—論文と講演—] （Наука,
　　Москва, 1974）
　　カピッツァの講演と広い読者向けの解説、エッセイを集めている。

5. D. ter Haar （ed.）: Collected Papers of P. L. Kapitza Vol.1-3 （Pergaman,
　　1964-68）
　　カピッツァの研究論文の英訳を収めている。第2次世界大戦以前に書
　　かれたカピッツァの論文のうちソ連で出版されている雑誌に掲載されて
　　いる論文は入手が困難なことがあるが、そのような論文を見るにはこの
　　論文集は便利である。

6. Анна Алексеевна Капица: Воспоминания и Писима [アンナ・

アレクセーエヴナ・カピッツァ：回想と手紙］（Москва, 2016）
　カピッツァの妻の交換した手紙などを集める。
7. カピッツァ「科学・人間・組織」金光不二夫訳　（みすず書房、1974年）
　カピッツァの科学評論の一部を集めている。

あとがき

　ロシアは独創的で、深い洞察力を持つ多数の科学者を輩出してきた。それを可能にしたのはしっかりした教育と文化の伝統であると思われる。一方、20世紀のロシアの科学者の置かれた状況は特異であった。1917年のロシア革命から1991年のソ連崩壊まで、独裁的な共産党政権下にあり、研究者は、西欧の自由な体制下とは異なり、政権からの厳しい圧力にさらされた。実際、根拠不十分なまま才能を十分に発揮できずに命を奪われた優れた科学者がいるし、共産党政権によって研究活動の自由を奪われる可能性を予見して、海外に逃れた科学者もいる。

　筆者はこのような厳しい状況下で研究してきたロシアの優れた物理学者の実像に関心を持ってきたが、本書ではその1人ピョートル・カピッツァに焦点を当て、研究者としての人生を追跡した。カピッツァは物理学の基礎研究を行う科学者であると同時にエンジニアとしての才能を併せ持ったスケールの大きな研究者であった。具体的には、強磁場を生み出す全く新しい方法を開発して、それまで誰も実現できなかった強い磁場を実現し、強磁場下の物理現象の解明への道を開いた。また、液体ヘリウムを大量に手に入れる新しい方法を考案し、多くの科学者が極低温の研究を行うことを可能にした。そして、その液体ヘリウムを利用して、低温における液体ヘリウムが起こす「超流動」という新しい現象を発見し、その功績により、晩年、ノーベル物理学賞を受賞している。さらに、産業に利用できる大量の酸素の液化法を考案し、ソ連の産業に貢献した。

　本書が示しているように、カピッツァは多くの手紙を残した。カピッツァが手紙を書いた相手は3つのグループに分けられる。第1は母親と妻、第2は国内および海外の研究者たち、第3はソ連の政治家と科学アカデミーの指導者たちである。第3のグループ宛の手紙の数が驚く程多いのがカピッツァの特徴である。

　第2グループの研究者としては先輩の研究者たちや著名な第一級の物理学

者たち（E. ラザフォード、P. ディラック、N. ボーアなど）がいる。特に、ラザフォードとの出会いがなければ、カピッツァの画期的な研究は生まれなかったであろう。彼が最も心を許した人物はラザフォードであることが手紙からわかる。我々の予想に反して、カピッツァと同じ低温物理学分野の研究者との手紙のやりとりはほとんど無かったようである。例えば、彼と研究テーマが近い低温物理学者レフ・シュブニコフのハリコフの実験室を何度か訪問しているようであるが、カピッツァは新しい未発表の自分の研究成果を手紙によってシュブニコフに伝えることはしなかったようである。おそらく、これはカピッツァの用心深い性格を示していると思われる。

ソ連の政治家（スターリン、モロトフ、フルシチョフ、マレンコフ、アンドロポフなど）宛の手紙の大部分は自分の研究環境に関するものであるが、仲間の研究者を困難な状況から救うために書かれたものもある。まず、優れた理論物理学者ヴラディーミル・フォックとレフ・ランダウが逮捕されたときに、カピッツァは共産党の政治家へ手紙を書き、2人の釈放に貢献した。さらに、余り知られていないことだが、反体制物理学者アンドレイ・サハロフ（1921-1989）を非難する声明を一部の科学アカデミー会員が連名で発表した時、カピッツァはこれに賛同して名前を連ねることはしなかった。その理由はYu. V. アンドロポフへの1980年の手紙に詳しく記されている。

カピッツァの手紙を読むと、第2次世界大戦中に書いた一部の手紙の中では、社会主義政権を賛美する言葉が見られる。しかし、カピッツァは共産党員ではないので、これはどちらかと言えばカピッツァの熱い愛国心を示すものに違いない。実際、スターリンの70歳の誕生日の祝賀行事には健康を表向きの理由に欠席している。これは一種の抗議行動であろう。したがって、カピッツァは現実の社会主義政権の指導者たちを批判的に見ていたと思う。

もう1つ気になるのはカピッツァの原爆問題と大出力エレクトロニクス問題への対応である。以下は筆者の推測であるが、アメリカが原爆を広島、長崎に投下した時、カピッツァは武器としての原爆がソ連にとって必要だと考えた。彼の手紙には広島と長崎への原爆投下に対する倫理的な観点からの批判は全く見られない。ソ連政府の原爆開発委員会への参加を誘われて、メ

ンバーになったが、委員会の議長は秘密警察のトップのL. P. ベリヤで、カピッツァは教養のない彼とは考えが全く合わず、彼を批判する長い手紙をスターリンに書き、ベリヤが主導する委員会の委員の仕事から自分を免除してほしいと訴えた。結果として、カピッツァは科学アカデミー会員の地位を除くすべての公職を奪われた。カピッツァは核分裂を利用する原子力の平和利用に期待していたが、同時に、1975年3月22日にアメリカのブラウンズフェリー原子力発電所で起った火災事故の報告を読み、災害が起ることを心配していた（それは10年後に起るチェルノブイリ事故を予見していたとも言える）。晩年には、カピッツァは核融合に期待するようになった。この核融合はカピッツァの死後約40年経つ現在でも実用化の見通しが立っていない。また、大出力エレクトロニクス問題は「レーザー」に先立つもので、研究は道半ばで終わったが、カピッツァは兵器としての軍事的応用を考えていた。

カピッツァは、公職追放からスターリンが死亡後少し時間が経つまでの9年間、自分のダーチャを実験室とし、そこで出来る小規模な研究を続けた。しかし、この9年間は自分の理論問題研究所で行ってきた基礎研究を継続できず、カピッツァにとって、また国家にとって、大きな損失となった。

共産党政権は、その初期には、ロシアの優れた若い物理学者をヨーロッパに派遣して、20世紀初頭の新しい潮流を学ぶ機会を与えた。ランダウ、カピッツァ、シュブニコフはその代表的な研究者である。しかし、1930年代になると、スターリン政権はヨーロッパで学んだ研究者に対して極度の警戒心を抱き、国外に出ることを止めた。国際的共同研究を展開している研究者を潜在的な反党分子と見て、秘密警察が過剰に警戒し、これが多くの悲劇を生み出した。カピッツァの場合も、欧米とは異なる不自由な環境で後半の研究者人生を送ることになった。その間に書かれた手紙から、カピッツァが経験したソ連における科学と政治の関係について多くを知ることが出来る。実際、研究というものを知らない官僚による理不尽な支配との闘いでカピッツァがいかに苦労したかが手紙から浮かび上がる。

カピッツァの手紙はこのように極めて興味深いが、これまでほんの一部の

手紙しか翻訳されていないので[274]、今回重要な手紙の大半を翻訳した。これによってカピッツァへの理解が深まることを期待している。

　筆者のロシア語の知識は十分ではないので、カピッツァの手紙が正確に日本語に移し替えられているか自信がないが、カピッツァという類い稀な人間の魅力は読者に伝えられたのではないかと思っている。

　最後に、本書の原稿の段階で、強磁場、超低温の専門家である本河光博、矢山英樹、高木伸、久保田実の4人の教授から丁寧なコメントを頂き、原稿を修正できたことを記しておきたい。4氏のご援助に心よりお礼を申し上げる。もちろん、この本に不適切な、あるいは間違った記述があれば、言うまでもなく、それは筆者の責任である。

斯　波　弘　行

2023年6月

274）ランダウの釈放を求めるカピッツァの手紙のみは佐々木力他編訳「物理学者ランダウ スターリン体制への叛逆」（みすず書房、2004）に掲載されている。

〈編・訳者略歴〉

斯波　弘行（しば ひろゆき）

1941年　横浜に生まれる
現在、東京工業大学および東京大学名誉教授

主な著作：
『基礎の固体物理学』（2007年、培風館）
『新版 固体の電子論』（2019年、森北出版）
寄稿「低温物理学者レフ・シュブニコフの研究と生涯」（物性研究 Vol. 7, 2018年）

カピッツァの手紙

2023 年 8 月 24 日　初版発行

編・訳　　斯波　弘行

発　行　**ふくろう出版**
〒700-0035　岡山市北区高柳西町 1-23
友野印刷ビル
TEL：086-255-2181
FAX：086-255-6324
http://www.296.jp
e-mail：info@296.jp
振替　01310-8-95147

印刷・製本　　友野印刷株式会社
ISBN978-4-86186-883-2 C3023　ⒸSHIBA Hiroyuki 2023
定価はカバーに表示してあります。乱丁・落丁はお取り替えいたします。